UPWARD
BODY.MIND.SPIRIT

身、心、靈，
全面向上提昇！讓自己更好！

不要和
鯊魚接吻，
但要和
勇敢一起睡覺

My Year with Eleanor

NOELLE HANCOCK
諾艾兒・漢考克 著
畢非 譯

各界一致讚譽！

爆笑中帶著無限力量的勵志故事。看到女主角拿出勇氣面對所有恐懼的事，
像是挑戰籠中觀鯊，素顏在路上走還遇見前男友，都讓我好感動啊。
我也要把內心的恐懼做成一隻不求人界的「不怕你」，害怕時就拿它來刮痧！

——**部落客／青小鳥**

這本書好笑、真實、深具啟發性，而且特別貼近我的心聲。
我們每天都應該如此的生活，勇敢的、好奇的，
不被自己內心恐懼操控、限制的度過生命中的每一刻。
這本書會讓你思考、讓你笑，而且如果你準備好了，它也許會改變你的人生。

——**演員／胡婷婷**

動人、豐富又搞笑……
能跟著諾艾兒走過這一趟路，是我們這些讀者的好運。

——**《美味關係》作者／茱莉．鮑爾**

請別害怕買這本書，但若是你怕的話就更該買了，
因為諾艾兒會讓你知道面對恐懼是多麼歡樂的一件事！

——**紐約時報暢銷作家／A．J．雅各**

在歡笑滑稽、緊張刺激的探險背後藏著一個蘊含智慧又溫暖人心的故事，告訴你人如何成為自己理想中的人。

——**紐約時報暢銷作家／吉兒・A・戴維斯**

我真的很愛這本書，它有完美性愛所具備的一切特質：緊湊、好玩，但有些過程令人不太舒服、掌心流汗。

——**紐約時報暢銷作家／吉姆・諾頓**

諾艾兒・漢考克實實在在地證明了和愛莉諾・羅斯福度過的一年是多麼收穫良多，同時更讓你相信和諾艾兒・漢考克度過一本書的閱讀時光有多美好！

——**專欄作家／安迪・包洛維茲**

年輕記者為她征服深層恐懼所寫下的過程紀錄，這本迷人的書可說是年度最佳回憶錄的候選之作……從頭到尾都極具啟發，又帶著神經兮兮的喜感。

——**寇克斯評論**

不論是在籠中面對駭人鯊魚，或是娓娓道來對男友的情感糾葛，諾艾兒一再親身示範面對恐懼是多麼令人振奮的一件事。你敢打開這本書嗎？不敢吧?!

——**好書情報**

在這輕鬆又有許多風趣片段的回憶錄中，漢考克把她的經歷寫得極為生動，在熱切了解愛莉諾的過程中，也對自己越來越寬心。充滿娛樂性和啟發性的一本書！

——**出版家週刊**

獻給「麥特」，
在我挑戰的過程中，
他一直是我的磐石。

獻給我親愛的父母，
他們教導我
腳踏實地的重要。

獻給愛莉諾，她教我飛翔。

Chapter 1

你的人生是你自己的，是你塑形、建造的。
其他人能做的，就是為你點出從以前到現在對別人有用的方法。
也許這些建議會刺激你的思考，直到你知道什麼能夠滿足你，幫助你找出人生想做的事。

——**愛莉諾・羅斯福**

我接到裁員的電話通知時，正躺在阿魯巴島的海灘上喝著第三杯熱帶雞尾酒。諷刺的是，這通電話是打到我的公司手機，而我將手機帶到海灘，則是為了避免工作出事。沒想到真的出了事。

「他們要收掉整間公司了！」我的同事羅芮娜尖聲說。

「什……什麼？」我想她說不定只是開玩笑。

「整個網站都關閉了，」她聽起來像是哭過。「我們全都失業了。」

我在休閒椅上往前彈坐，使勁讓陷入彈簧帶的屁股重獲自由。「什麼意思？」我提出質問。

「今天下午他們叫我們去開會，就宣佈了這件事，大家都很震驚。」

「為什麼沒人通知我？」

「他們一直試著要通知，但公司的國際線有些問題，我現在是用手機打給妳的。」她說著說著，突然像要講什麼秘密般地放低聲音說：「我想這種事情由朋友告知會比較好受點吧。」

「但沒道理啊，我們業績很好耶！」我們的線上讀者數一直穩定攀升，上個禮拜，網站一天就有高達百萬的瀏覽人次。

「好像說什麼要裁減經費。」她的聲音透出一點放空的感覺。我仔細聆聽，聽到喧嘩的交談聲以及邦喬飛的背景音樂。

「妳在酒吧？」我困惑地問。

「嗯，全部的工作人員都在公司對街的那間愛爾蘭酒吧。欸，我得掛了，晚點再打給妳吧。」

我掛掉電話，看著剛曬成焦糖色的手指微微地顫抖，眼神空洞地直盯著前方。

「誰打來的？」麥特慵懶地問。

「公司打來的。」我沒精打采地說：「我被裁員了。」

「等等……什麼?!」麥特丟下報紙，移腳轉身過來面向我。

「他們要收掉整間公司，」我繼續用不帶感情的奇怪聲音說：「今天下午在會議中宣佈的。」

「喔親愛的，我很遺憾，有沒有什麼我能幫上忙的？」

他抓住我的手，我聽到我們的太陽眼鏡碰撞在一起的細微擠壓聲。然而，我無法讓自己看著他。我整個人處於恍惚中，彷彿有隻無形的手在亂塗弄髒我的世界（就某方面來說，的確是這樣）。這情景可以畫成一幅印象派的畫作：二〇〇八年油畫——「坐在海邊的失業女孩」。

手機的來電鈴聲讓我回了神，我轉身看麥特翻著海灘包找手機。身為《紐約時報》的政治記者，麥特已經習慣在度假時接聽工作的電話了。就在他找到手機時，手機卻不響了。叮，通報鈴聲顯示他有語音留言。

他在刺眼的烈日下看了一眼來電顯示。「可惡，是工作的事，明天要報導新聞，編輯叫我打幾通電話。」他的手指焦慮地梳過他茂密的褐髮。

「我沒事啦，去回電吧，反正我也需要獨處一下來消化這消息。」

「別開玩笑了，我怎麼可能這時候丟下妳。」

「哪時候？」我說，強迫自己擠出一個微笑，希望看起來很有說服力。「坐在熱帶度假天堂的時候？我是說真的，快去回電吧。」

麥特急匆匆地跑向我們的飯店房間，擔憂地回頭看了我幾眼。當他消失在轉角，我的笑容也跟著消失了。我覺得自己彷彿是坐在車裡，而司機卻猛踩煞車。一切都突然停止了，我不但既震驚又困惑，還很尷尬。因為幾分鐘前的我根本沒想過這事會發生。

我的視線飄到椅子旁的一疊名人雜誌上。最上面的一本大剌剌地攤開，在阿魯巴島強勁的貿易風下翻飛著，創造出一小部迷你動畫電影。名人世界裡的潔西卡、珍妮佛和凱特等都彼此交織在一起，跟真實生活中的她們沒什麼兩樣。為了工作，我一直都在讀這些雜誌。過去幾年來，我的工作是流行文化部落客，每半小時就寫篇報導，而名人也以結婚、離婚、被捕、發胖、厭食或是離開家去喝杯咖啡來回報我，不斷提供我寫作的題材。沒錯，這工作是很荒謬，連薪水也是。我的報酬將近六位數美金。

離我六公尺遠的棕櫚樹激烈擺盪著，飯店叫我們別把椅子放在樹下，因為大家都知道椰子掉下來會讓人腦袋開花、失去意識。我突然有股衝動想把我的椅子搬到樹下，不過我沒這麼做。我站起來踩過沙灘朝飯店前進，一路走到泳池旁的階梯，涉水走過淺的那端，一步步緩慢前進，就像太空人漫步月球一樣，最後到達了泳池畔的附設酒吧。

這次的度假是我給自己的犒賞，之前我每天早上六點抵達辦公室，不到晚上九點沒法離開，聖誕節也得工作，還得逼自己注意到底是誰贏得了火紅節目「單身漢」裡那位帥哥的心。這是幾個月來我第一次開始放鬆，把一切都拋諸腦後。我需要讓大腦休息一下，來點強化劑。我坐在浸入水中的矮凳上，揮手叫過去幾天服務我們的酒保過來。

「海特，我現在出了點狀況，」我說，「把威士忌和酒杯拿過來。」我簡短敘述發生了什麼事，他體諒地點點頭，各倒了一杯給我和他自己，我們朝空中舉杯。

酒杯碰撞發出噹的一聲！烈酒一路流竄而下燒灼我的喉嚨。他立刻倒了第二杯，接著我點了大杯家庭號的熱帶水果酒，強迫海特一直加萊姆酒進去，加到整杯都變褐色為止。四十分鐘後，麥特發現我躺在一張休閒椅上不省人事，戴著海特的棒球棒，上面還寫著：「阿魯巴島：酒吧營業中！」

*

三個禮拜之後，我從泳池畔的酒吧移師到一間又一間咖啡館。每天我都去住處附近的咖啡館，快速翻閱職缺分的類廣告。經濟似乎一夜之間傷痕累累，經濟學家預估美國處於長期蕭條的邊緣——他們稱為「大蕭條」。沒有公司要招聘新員工，甚至連這間咖啡館也是，我已問過了。

今天早上我去的一間咖啡館，裡面所有的咖啡調理師臉上都有穿環和刺青。我清楚感覺到，他們對於我點拿鐵這個選擇有些不以為然。我把老舊的筆電放在靠近窗邊的桌上，它發出呻吟啟動了，彷彿很氣惱這麼早就被叫醒。電腦還在開機暖身時，我啪一聲翻開報紙，斗大的首頁標題哭訴著：「三月有八萬人失業」。我就是其中之一。

現在這種無所事事的感覺好奇怪。我以前一天工作十四小時，快速更新部落格報導，歇斯底里地瀏覽約三十個名人的網站，以便得知最新消息。我的黑莓機會因為其他記者傳來的八卦花絮而不停振動，有一次我不過搭了一班九十分鐘的飛機，著陸時卻已經收到一百一十九封電子郵件。以前就算下班後，我還是會感受到上班的壓力。我一工作起來幾乎是「隨時待命」，所以不用工作時，我會希望盡量讓自己處於失聯的狀態。這意味著我每天下班後就直接回家，撲向我的宜家沙發，看著電視中的人做著我累到無力去做的事情。不到幾個月，我就密切追蹤起大約五十個虛構電視人物的生活，卻不知道我的朋友到底過得如何，光是想到「社交」這個念頭都變得令人疲憊。我開始拒絕大部分的邀約：早午餐、生日宴會、晚餐派對等，甚至連早晨的健行都不去（雖然我支持這樣的活動，但叫朋友早上十一點前就去爬山很不應該）。我開始透過電子郵件、簡訊和臉書的狀態和朋友溝通，同時也一點都不想認識新朋友。有一天晚上，麥特溫柔地對我說，交往三年以來，我沒交過任何一個新朋友。

「但我本來就很少跟朋友碰面啊，」我氣急敗壞地說，「我就是沒辦法交新朋友，卻又不跟他們任何一個人碰面，到後來我的朋友只會比一開始更少！」

「妳有沒有聽見自己剛剛說什麼？」他問。

「沒有！」我回答，把電視的音量轉大。

過去一年半以來，麥特都在紐約州首府阿爾巴尼市報導州政府的新聞，所以他好一陣子後才發現我變得離群索居。我不想讓他擔心，所以有時候他打來我會調高電視音量約五十分貝，對著電話大喊：「親愛的！我馬上要出門和朋友吃晚餐了！晚點回家後打給你喔！」我編造晚上出去從事了哪些活動的故事，最後卻記不住這些虛假的社交生活。我跟他說前天晚上和潔西卡出去是看了哪部電影？我之前去的是誰的生日派對？好幾次說謊被抓包後，他開始懷疑我劈腿，我只好全盤托出。我告訴他自己不可能外遇，因為要變心還得先離開沙發才行。

我猜想，麥特應該會認為失業後的我會利用多到不行的空閒時間，重新開始投入社交活動，但工作就是生活在紐約的通行證呀。「你是做什麼的？」這是人們初次見面最常問的問題，跟對方說沒有工作就彷彿在說：「我什麼都不是。」這樣的回答會讓派對中的對話戛然而止，而我寧願跳過那些尷尬的片刻。麥特一直都很能諒解，但我明白他已經厭倦一直要把我拖出公寓這件事了，他不想再找藉口對朋友說，為何我又無法出席另一個社交場合。我覺得他一直想找回我們剛開始交往時，那個風趣又活躍的女孩，但他內心某部分又擔心現在的我會不會就是原本的樣子。

我盯著電腦看的時候，腦裡在想的就是這些。我的螢幕沒有動靜，以前它曾經操勞過度，只差沒引發癲癇。不知為何，那樣的靜止更讓人無法承受。活到現在，我第一次不知道該做什麼，該何去何從？

幾星期前我從阿魯巴島回來時，已經準備好要訂立新的人生計畫了。我不想再寫藝人八卦。

以前我很喜歡寫A咖明星報導，但是過去幾年演藝界已經不復以往。我發現自己越來越常報導的新聞都和實境秀明星、青少年和名人子女有關，這讓我想起幾年前的一場談話，當時我正為一篇自由撰稿訪問喬昆・菲尼克斯，他打斷我問：「你真的想一輩子都這樣？報導做有趣事情的人，而不是自己去做有趣的事？」現在的喬昆好像有些精神崩潰，他蓄了長鬍子，開始在室內戴起太陽眼鏡，把名字改成J・P，不再演戲，而成了嘻哈樂手。他還在紅地毯上攔下一位記者問：「我頭髮裡是不是有隻大青蛙？有東西要從我頭皮裡爬出來了，我擔心腦袋會被吃掉。」看來他也沒什麼立場批評我的人生抉擇，不過他的問題卻在我腦海裡縈繞久久不去。事實是，我不介意報導做有趣事情的人，我無法忍受的是浪費時間去報導沒做有趣事情的人。

所以回到紐約後，我就用微軟的文件檔列了一張清單，標題叫「我的一年計畫」，在這張清單裡我會寫下隔年的目標。沒工作代表我的人生有無限可能的空間。事實證明，空間果然太多了。幾個禮拜後這張清單還是空空如也。我現在看著白色的螢幕，覺得好像看著自己的未來，一片空白；閃爍的游標像是某人不耐煩地用腳輕敲地面。我又看了一眼報上的頭條，知道自己算是幸運。我不用養家、有個耶魯的學位、拿到了相當豐厚的離職金、銀行帳戶裡還有些錢讓我可以撐一陣子，而且還有個頭髮都還健在的好男友。我應該要為自己未來的無限可能而高興。

我才一上線，電腦螢幕馬上就跳出一條即時訊息，把我從白日夢中搖醒。輕快的即時訊息鈴聲迴盪在整間咖啡廳，我匆忙按下靜音鍵。丟訊息的是克里斯（暱稱是：「同志人生」）。克里斯是紐約雜誌的部落客，隨時都在上網，所以每天早上查看彼此近況已經成為大家的例行公事。

同志人生：在做啥？

諾艾兒：除了納悶附近誰的無線網路名稱叫「陰莖臉」之外，啥都沒做。

同志人生：嗯，我一直在思考你的情況。

諾艾兒：怎樣？

同志人生：我覺得你現在正在經歷「三分之一人生」危機。

諾艾兒：什麼危機？

同志人生：說你有中年危機太年輕，說是四分之一危機你又太老，很快你就要二十九歲了。所以呢，假設你活到快九十歲，那你現在經歷的就是三分之一的人生危機。

就是這個，下禮拜是我的二十九歲生日，我知道自己的三十歲會以驚人的速度接踵而來，這又是另一個壓力來源。二十多歲的時候，隨興的人生還可以說是迷人，到了三十多歲還找不到人生方向就會令人感到有些羞愧了。

我和克里斯聊完離線後，喝光了最後一口咖啡，起身靠近櫃台想要續杯。在等待的時候，我漫無目的地掃視著這間咖啡館。結帳櫃台旁有張傳單廣告免費的吉他課程，稀奇古怪的明信片貼在桌面上。接著，某個東西引起了我的注意。在遙遠牆面上有個小黑板，上面寫著每日一句的勵志格言。今天的格言，用粉紅色的粉筆歪歪斜斜地寫著：

「每天做一件自己害怕的事。」——愛莉諾．羅斯福

*

「這句話的什麼地方讓妳覺得有共鳴？」幾天之後，我的精神科醫師包柏在兩週一次的會診中問我這個問題。我大約是在一年前開始看診，當時我意識到我對自己根本就不了解，相較之下我還比較了解珍妮佛安妮斯頓。

「我不知道。」我的眼神在房裡到處飄移，逃避他的目光。這間房裡到處都是帶有磨圓邊角的家具和褐灰色的牆面，不帶有任何威脅性，整體風格很中性，甚至連包柏醫生給人的感覺也很中立。他有精神科醫師那種「不評斷他人」的眼神、不高也不矮、體型適中，頭髮是帶灰褐色的蓬鬆鬈髮。儘管他已經五十多歲了，這些外表特徵讓他看來還有點孩子氣。他當醫生太可惜了，長成這樣很容易混入人群中，天生適合犯罪。

我坐在（我總是坐著，從不躺下）他的軟皮躺椅上，他坐在我對面，兩人的姿態都很懶散，我總覺得我們像是要看球賽，而不是要討論我的想法。

「該怎麼說呢？我以前會**來點不一樣的**，你懂吧？」

「來點不一樣的？」

「我現在不做任何新鮮事了，年紀越大我越不想嘗試新挑戰。」

他一邊沉思，手指在下巴來回地揉壓。「你能想到任何『恐懼不讓你做某事』的經驗嗎？」

「嗯，我不確定那是不是因為**恐懼**。不過幾年前，我和朋友在一間卡拉ＯＫ裡，我點了首歌，我記得是迪凡諾的〈愛撫自己〉……」

包柏醫生眉毛往上一揚。

「只是想說好玩嘛！」我辯解道：「反正就是這樣，結果排我前一位的男生，竟然唱了旅行合唱團的〈你要相信〉，還是載歌載舞的驚人版！唱到一半，他還真的踢倒了張椅子！全場都為之瘋狂。結束後觀眾都還繼續鼓掌喝采，接著就換我的歌登場，我整個人傻住了。我明知道只是好玩而已，但是前面的人唱成這樣，我哪敢上去?!」

「結果妳怎麼辦？」

「還能怎麼辦？我假裝不是我點的歌，就落跑了。」

「妳如果上台勁歌熱舞一番會怎樣？」他若有所思地說。「妳上一次出糗有怎樣嗎？」

我在腦海中迅速翻閱過去幾年的人生片段，但看到的就只有工作、和麥特吃吃晚飯，以及偶爾看場暑假賣座強片，僅此而已。「嗯，去年我和麥特去打保齡球，我連續洗溝十次。」

「之後呢？」

「之後我就不再去打保齡球了！」我惱怒地說。「這跟**恐懼**無關，我只是不喜歡做自己不擅長的事。」

「逃避**就是**恐懼。」他輕聲說，「我們恐懼時，就會避開引發恐懼的場合。」

「就算我不會打保齡球或是唱卡啦ＯＫ又怎樣？」我說。

「逃避的問題在於，一旦開始逃避一件事，就會開始逃避生活中的其他事。舉例來說，妳逃避認識新朋友、逃避休閒娛樂、逃避原本的朋友……」

我打斷他說的話：「你說的最後一項不合理啊，我並不害怕我原本的朋友啊。」

他的語調依舊很有耐心，「妳是不害怕，但是當我們感覺自己的世界失控時，我們就會退縮以維持安全的假象。」

我開口想要反駁，但又閉上了嘴。我承認他說的話有道理，這讓我有點不自在。

他繼續說：「恐懼會癱瘓我們的人生，害怕犯錯讓我們什麼事都不敢做。」

我電腦裡那張什麼都沒寫的一年計畫清單突然浮現腦海，張牙舞爪地向我展示它的一片空白。包柏醫生說對了嗎？恐懼是不是漸漸蠶食了我的人生，我卻沒有察覺？我腦中閃過以前開會時的片段畫面：我擔心自己的想法聽起來很蠢，所以都不發表意見。我拒絕在小組中發言的機會，只因為我痛恨在眾人面前演講。即使工作很爛我還是繼續待著，只因為留下比離開容易。甚至連雞毛蒜皮的小事也是如此，我去跳蚤市場都是照定價付錢，只因為我覺得和小販討價還價很尷尬。我錯過了多少機會？我的人生到底有多少日子是在逃避？

「回到剛說的那句格言，」包柏醫生說，「我覺得這對妳來說會是好計畫，你應該試試！」

「啊？」我回過神問，「試什麼？」

「每天做一件自己害怕的事！」包柏醫生對某件事感到興奮時，他的頭會來回擺動。「妳不能再逃避下去了，要練習面對妳的恐懼。」他說。「妳克服越多障礙，會覺得自己越有能力，然後就會想要克服更多的障礙。」

他說**計畫**這字眼時讓我很緊張，但是說到**障礙**，我就完全一頭霧水了，這詞彙讓我想到攀岩活動或是穿短袖的人經營的走迷宮遊戲。

「我能不能……」我心裡想著有沒有替代方案，最後想到可以吃抗憂鬱藥物「我能不能吃安定文錠就好，或是別的藥？」

「吃藥只是治標，妳需要的是改變生活方式。」

改變生活方式是那些病態肥胖，或是不停貯存報紙、把報紙疊成一堆又一堆，直到居住空間被報紙塞到只剩零點一坪都不到的人才需要的吧？叫我**改變生活方式**？拜託，講點正經的好嗎？

包柏醫生的目光在我臉上停留了一會兒。「諾艾兒，焦慮會造成憂鬱，損害妳的身體健康、破壞妳的人際關係，也會降低妳的工作效率。」他的聲音聽起來很為我擔心，不像一般醫生就事論事的語調。「但妳如果讓自己充分體會恐懼的感覺，最終妳會學會如何面對恐懼，而不被恐懼的浪潮淹沒。」

他這樣說我能怎麼回應？這真的是進退兩難，如果拒絕的話，我就成了逃避者。不過包柏醫生並沒有等我回應，他知道最好讓這想法慢慢在我腦海中發酵。他反倒是站了起來，把上衣兩邊往中間一拉，像謝幕一樣預告了會診時間的結束。

「想想愛莉諾．羅斯福說的話，」他一邊打開辦公室的門說，「這句話也許就是妳一直在尋找的方向。」

在回家的路上，我去了聯合廣場的邦諾書店，這裡有一整區賣羅斯福的書，其中有一些是愛莉諾寫的。我對於「面對恐懼」這想法抱持懷疑的態度，但愛莉諾的話卻讓我很好奇。突然間，我非常想要探索她的一生，就像以前我追安潔莉娜裘莉的八卦那樣。我從書架上拿下幾本書，一屁股坐在有點刺的工業地毯上。她為自己寫了三本自傳，可想而知她的人生有多精采。

快速瀏覽這些自傳後，我發現這位近代歷史中相當知名的女人，小時候很缺乏自信。她的父親艾略特很溺愛她，但對於她的膽小很沒耐心。她很崇拜父親，所以會努力在他面前隱藏自己的恐懼。她六歲時全家去義大利旅遊，在騎驢子穿越山區的過程中，愛莉諾碰上一個陡峭的下坡。她害怕地顫抖，拒絕往下走，艾略特眼神盯著她說：「妳不會是害怕吧？」五十年後，愛莉諾寫道：「我到現在還記得父親那種不以為然的語調。」

但最初在她心中種下自我懷疑種子的人，是她母親。「我從小就覺得自己很醜。」愛莉諾寫道。她被迫穿上背部支架來矯正脊椎側彎，也痛苦地意識到自己平凡的長相讓美麗的母親沒有面子。「我還記得我常把手指頭常放在嘴裡，站在門內，」愛莉諾回憶：「她對我說『拜託！妳像個老奶奶！』的眼神和語調我都記得一清二楚。如果有訪客來，她可能會轉個身說：「她是個古怪的小孩，很老派，所以我們都叫她老奶奶。我羞愧到都想鑽進地板了。」愛莉諾的母親安娜有慢性偏頭痛，愛莉諾常常要幫她按摩太陽穴好幾個小時。

「覺得自己有用處，」愛莉諾之後說：「也許是童年我體會到最大的快樂。」

我想這就是寫部落格文章的問題所在——我一直很忙碌，但是卻不覺得自己有用。愛莉諾書中某句讓我一凜的格言是：「偉人討論想法；凡人討論事件；心胸狹小的人討論他人。」多年以來，我一直都是領薪水的八卦一族。

我放下手中的自傳，注意到另一本書的邊角從書堆探出來。那是愛莉諾寫的建議小書，風格低調，叫做《實踐生活學習法：十一個生活更充實的竅門》。書背摘要為：「人稱第一夫人的愛莉諾提供了自己的生活哲學，帶領讀者走向信心、教育、成熟以及更豐富的人生道路。」我把書翻過來，仔細研究封面上愛莉諾的照片。照片中的她四十多歲，對著鏡頭大膽微笑，穿著皮草外套，還戴著三股交錯的珍珠項鍊。她不是美麗的女人，但神采飛揚又自信滿滿，跟我在書中讀到的那個沒自信的小孩完全是兩回事。我這才明白自己的情況跟她剛好相反。年輕時，我一直很大膽，但是隨著年紀增長，我卻沒有持續挑戰自己，凡是在生活中對我構成威脅的，我一概不碰。我覺得自己需要花點時間來好好消化愛莉諾的人生故事，於是拿了自傳及建議書到櫃台結帳。

隔天在咖啡館，我快速翻閱了《實踐生活學習法：十一個生活更充實的竅門》。讀完時，我翻回〈恐懼——人生大敵〉那章仔細研讀。愛莉諾把恐懼視為人生最大驅動力。「我是個特別膽小的孩子，我怕黑、怕老鼠、根本什麼都怕。我一步步痛苦地學會正視每一項恐懼，加以克服，獲取得來不易的勇氣，讓自己再去進行下一次的挑戰。」

我往後靠在椅子上，目光飄到了黑板上。愛莉諾說的那句話已經不在了，取而代之的是瑪雅·安吉洛的某句話，但反正我早就已經記住了：「每天做一件自己害怕的事。」如果愛莉諾是靠克服恐懼來決定自己的人生目標，也許這個方法也能幫我釐清我的未來？這樣做還有一個額外的好處，就是搶救我那岌岌可危的人際關係。也許為了找到我**真**的想做的事，我必須先做我**真**的**不想做**的事。每天克服一項恐懼讓我有個要達成的目標，能給我一種使命感。

我在讀《實踐生活學習法：十一個生活更充實的竅門》時，覺得愛莉諾這本書好像是專門寫給我看的：**「世界上最不快樂的人，是那些每天過日子卻不知道要做什麼的人。如果你想做的事情比你擁有的時間還多，你就不會是不快樂的人。有沒有想像力和好奇心是個問題，能不能實際制定計畫也是。」**

「妳這計畫打算進行多久？」我打給麥特討論這想法時，他問。

身為一個部落客，我每隔半小時就有截稿的壓力，我的工作一直都得草草收尾。現在我想要有足夠的時間來好好做我要做的事，確保自己不會重回以前的惡習，但是這時間不能長到讓我失去熱情。

「我想試一年吧，從我二十九歲生日開始。」三十歲生日似乎成了理所當然的截止日期。

「一年?!」他重複地說，似乎無法置信。「所有能讓妳走出家門的計畫，我都雙手贊成，但親愛的，妳有好好想過嗎？這段時間妳要怎麼養活自己？」麥特是記者所以總愛唱反調，而我的個性固執，別人越反對我越要做。

「我想我兼差做自由撰稿應該足夠撐一陣子吧——反正現在也沒人要請正職，況且我還有儲蓄啊。」我越是辯解，就對這念頭越執著。

「嗯，你知道我無論如何都會支持你的。」他說，但是語調聽起來卻沒什麼信心。

克里斯更不給面子：「這點子聽起來有點瘋狂，我不想看見妳作繭自縛啊，諾艾兒。這種做法一點都不討喜，只會增加負擔。」他還說：「不過我必須承認，休個一年假，把重心放在自己身上，這想法聽起來挺不錯的。」

也許這的確很瘋狂，但話說回來，我們的文化一直都在向各種名人尋求生活方式的建議，其中有人是因為性愛錄影帶而成名，有人則是住在電視台提供的華廈裡，演著在鏡頭前跟別人吵架的實境秀。這樣就不瘋狂嗎？愛莉諾她不光是一位享譽國際的名人，還是個典範。她從焦慮不堪的小女孩蛻變成第一夫人，定期舉行記者會、一個禮拜寫六天報紙專欄、身上帶著槍，還是活躍的社會主義分子。她利用空餘時間協助聯合國成立工作，幫助以色列建國，還協助羅斯福推行新政——進行一系列政府主導的實驗，對各式計畫投入資源，藉以恢復經濟成長及重建大眾士氣。

我告訴自己這項計畫是我的新政版本：投資現在的自己，以創造未來的成長。但是我內心某部分又懷疑克里斯會不會說對了，這一切都只是個自我放縱的練習？我該不該做點對其他人有用的事？接著，我又想起包柏醫生說焦慮會降低工作效率。過著恐懼的人生是不是也是一種自我放縱呢？如果我總是因為恐懼而退縮，我就無法對這世界有充分的貢獻。不只這樣，總是恐懼害怕的人還會把自己的恐懼一點一滴擴展到別人身上。包柏醫生說恐懼會讓恐懼永恆存在，如果他是對的，我的恐懼可能也在不知不覺中傳染給和我有接觸的人了，而我不想把別人也拖下水。

我打開電腦文件檔，找出那張空白清單：我的一年計畫。我終於知道該從何著手了。我先列出和包柏醫生討論過的保齡球和卡拉ＯＫ……當時我真正怕的是什麼？我寫下「當眾丟臉，失敗。」接著我想到其他我一直在逃避的事情：我的老朋友、認識新朋友、在眾人面前演講等。

「拒絕。」我打上這兩個字，還有和男朋友討論未來。「麥特會離開我，我會孤單一人。」我停了一會兒，又看了一次剛剛寫的那句話，喉嚨裡升起一陣痛楚，但我很快就把這股思緒硬是拋諸腦外。「除了大量的名人八卦醜聞，沒留下甚麼給這世界。」接著我寫：「還沒準備好，就離開人世。」我一輩子都很擔心自己早死。

我現在文思泉湧，游標快速地在螢幕上移動，我打算把從前到現在的每一項恐懼、每一樣我曾經退怯不敢做、或是努力逃避的事情，都列出來。十分鐘後，我終於停筆了。清單上這個猶豫不決的人竟然是我，真令人震驚。我有些恐懼是生理上的（怕高、怕飛行、怕撞到東西），有些是情緒上的（怕在眾人面前演講、怕批評別人、怕和人起衝突、怕得不到認同），有的甚至還有點可笑（怕鯊魚、怕清醒的時候跳舞、怕爸爸生氣，所以騙他我把票投給了麥肯）。

看著眼前的這張清單，我想我知道該怎麼樣去執行了。我的確可以一天挑戰一項恐懼，有些也的確需要很大的勇氣，像是從懸崖上往下跳或是高空跳傘（這肯定算得上是挑戰我的懼高症吧），有的是採取簡單行動就做得到的，例如坦白說出我對他人的想法（怕起衝突、怕得不到認同）。恐懼因人而異，對某些人而言，站上舞台沒甚麼了不起，但對我來說，光是想到這個念頭就足以讓我心跳加速。如果做某件事會讓我緊張不已或是有想逃走的衝動，那這件事就值得一試。正當我想要往上點開電腦裡的日曆頁去計畫未來一年的活動時，我突然想起愛莉諾說的某件事。我抓起一本書翻閱直到我找到這句話：「如果你不做某種形式的計畫，你就無法好好善用時間。」這點難不倒我，我一直都是個善於計畫的人，但是她又提醒了一點：「我覺得人生如果有某種模式會令人滿意得多，不過**這模式不能太死板不知變通**。」

我想她的意思是凡事不要過頭。如果你把計畫訂得太死，就沒有彈性可以隨意發揮，也無法處理每天生活中意想不到的各種瑣事。此外，如果我把每件事都事先計畫好，我就不算是面對所有的恐懼。因為過去幾年來，我已經養成了凡事按部就班的習慣。我回到清單上，又在底部加了一行字：「害怕未知和害怕沒有計畫。」

這雖然稱不上是完整的計畫，但面對迫在眉睫的未來我至少有一個方向了，這點令人開心。我把檔案的名稱改為「面對恐懼的一年」，並快速地把游標移回螢幕最上方。我帶著比過去幾個月更多的自信點了一下滑鼠，一則短訊出現在螢幕上：已存檔。

Chapter 2

任何生物都不可能靜止不動，不是往前就是後退。
人生只有不斷成長才會有趣；或者，換種方式來說，只有對事物感興趣才能讓我們成長。

——**愛莉諾．羅斯福**

幾天後，我躺在沙發上讀著愛莉諾的書，但思緒一直飄到即將到來的二十九歲生日上。麥特不會來參加，因為我的生日在平常工作日，而他星期一到五都在阿爾巴尼市工作，所以這個週末他要帶我出去吃頓大餐。雖然已經決定要吃大餐了，我還是得好好思考該怎麼慶祝生日，因為這天會是我「面對恐懼的一年」計畫開始的第一天。我想要舉辦生日派對，同時挑戰令人害怕的事。但是該挑戰什麼呢？

我心裡其實希望愛莉諾的書可以給我一點靈感，但是我翻來翻去，在她的自傳裡都沒提到過生日，反而是她那富有卻一點都不快樂的童年，深深吸引了我。她父母親的婚姻關係相當緊繃，艾略特有嚴重酗酒的毛病，在愛莉諾五歲那年鬧了一宗醜聞，和其中一位傭人生了私生子。傭人雇用了律師，威脅要提出賠償十萬美金的訴訟。愛莉諾八歲時，她年方二十九歲的母親就死於白喉病。艾略特當時在心理治療機構想要克服酗酒的問題，所以愛莉諾和她的兩個弟弟搬去和陰沉的祖母一起住在曼哈頓的高級住宅裡。五個月後，她的弟弟小艾略特也死於白喉病。愛莉諾和父親大多是透過信件來聯絡，有一天父親就突然不再來信了。她母親過世不到兩年，愛莉諾的父親就從窗戶跳了下去，結束自己的一生。她和小弟依舊和祖母霍爾一起住，同一個屋簷下的還有已成年卻還像脫韁野馬的四個叔叔。她的嬸嬸莫黛和茵布（叫這名字真是夠慘了）個性古怪，花心的叔叔維里和艾迪則愛惡作劇又愛拈花惹草。有一天，大夥在夏日避暑莊園度假，維里和艾迪趴在樓上窗口，輪流對坐在草坪上的家人開槍。祖母霍爾認為這個家太吵鬧了，不適合十五歲的女孩，就把愛莉諾送到倫敦郊外的艾倫斯伍女子學院就讀。

校長叫做蘇凡特，很難應付。她是法國女人，所以要求所有學生都得講法語。她要學生獨立思考，如果學生交的作業只是摘要上課內容，她就會把作業在全班面前撕碎，把碎片丟到地上。

「腦袋是拿來做什麼的，就是拿來思考的！」蘇凡特大聲說。

讀到這我停了一會，努力想像如果是我在這樣的學校就讀會是怎樣的光景。我讀的高中，學生有時還會帶自己的孩子來上課。有一次某個人背包掉到地上，裡面的槍不小心走火，射中另一個人的小腿。學校無法禁止學生不帶槍，最後只好禁止學生帶背包。

令人訝異的是，愛莉諾在蘇凡特小姐嚴格的教導下過得如魚得水。她積極參與國際事務的討論，儘管這輩子沒看過任何一場曲棍球比賽，她還是參加陸上曲棍球隊選拔，而且還組了第一支隊伍。「我覺得那是我人生中最值得驕傲的時刻。」之後她這樣說。

學校放假時，校長邀請這位最鍾愛的學生陪她去歐洲旅行。和蘇凡特小姐一起旅行對愛莉諾來說是種性靈的啟發。「她做所有事情的方式，會讓你隱約覺得那就是你一直想要效法的。」她們走沒有標示的路，又常常隨興改變行程計畫。有一天傍晚搭火車經過義大利，蘇凡特心血來潮抓了行李就叫愛莉諾下車。她想要在沙灘上散步，看看月光下的地中海。

「我發誓不要像以前那樣死板地過日子。」有過這旅行經驗後，愛莉諾如此寫道。她的表妹柯琳在幾年後進入艾倫斯伍就讀，幾乎認不出當年的愛莉諾。她那彆扭、優柔寡斷的表姊已經蛻變成一位自信滿滿的少女。「我入學時，校內各種活動她『幾乎全都參與』。」柯琳之後如此回憶。「每個人都很愛她。」三年後，祖母要引介她進入紐約社交圈，在祖母的堅持下，愛莉諾離開了艾倫斯伍女子學校。之後愛莉諾再也沒受過其他正式教育，但她發誓這輩子要不斷學習。

「每次你學到新東西，就必須重新調整整個知識的框架。」她說。「不過，對大部分的人來說這一直是個問題，因為大家似乎都有害怕改變的天性，不管是哪一種改變：改變人際關係、改變社交或是財務狀況。嶄新與未知在他們心中是充滿敵意甚至是惡意的東西。」

我得學新的東西。我把自傳放到一旁。我小時候總會嘗試新事物：新的數學算法、學校話劇、各種體育老師當天決定要拿來折磨我們的運動等。我並不特別擅長運動（我記得躲避球的分數出奇的低），但我還是會試，我們沒得選擇，當時有老師和父母逼我們一定得挑戰自己，後來我長大了。當個大人的好處就是你不需要做讓你不自在的事。

我撲向軟趴趴的扶手椅，拍掉把手上的一些鳥飼料。鳥籠就在椅子旁，裡面關著我養的鸚鵡老天和斯圖亞。當你住在只有八坪左右的工作室，任何東西旁邊一定都緊挨著別的東西。我靠著我那張兼作書桌的奧圖曼方塊椅，打開了電腦。我的恐懼清單出現在螢幕上，我從頭到尾瀏覽一遍尋找靈感。清單裡的第一項是：**怕高**。我搜尋了一下「高度與紐約」，結果找到四千五百萬條資訊。

「老天啊！」我大叫，然後看著一旁名叫老天的鸚鵡說：「不是在叫你。」

我轉身，看到我留在沙發上的愛莉諾自傳，突然想起艾倫斯伍女子學校。我決定在搜尋時加個**學校**。第一個出現的網站是紐約高空鞦韆學校，我覺得自己內心瑟縮了一下，這是我面對不熟悉事物的本能情緒反應。這間公司的口號還真適合我：「忘掉恐懼，擔心上癮吧！」我不得不承認這非常符合我的計畫：還真的是「跳下去」挑戰我的恐懼。我想努力不讓自己找藉口逃避，於是拿起電話打給克里斯。

「我已經想好生日要做什麼了。」我對克里斯全盤托出高空鞦韆學校的計畫。「我還要找潔西卡一起去。」潔西卡是我們最熟的朋友之一，也是克里斯網站的執行編輯。

他乾笑了一聲說：「你能不能在我們一起上班時再打給她？這樣我才看得到她的表情，打死我都不要錯過這一幕。」

「不好笑耶……」

不過，克里斯說得不是沒道理，潔西卡是我周遭朋友裡身材最好的，但是她上一次健身已經是幾年前的事，那還是因為當地健身房提供一次免費的上課體驗。「那地方可能根本就是座監獄健身房。」之後她在文章寫道，「碰過任何器材後都必須洗個化學藥浴，打死我都不會再去。」

電話響了第二聲她就接了起來，我馬上就切入主題，「我生日快到了，慶祝計畫是你、我還有克里斯，我們一起去上高空鞦韆學校吧！」

「天啊，妳是認真的嗎？我們是在演『慾望城市』翻版，還是怎樣？」

「什麼意思啊？」

「有一集凱莉去學高空鞦韆啊。」

「嗯，那大概就像是『慾望城市』吧，但沒有慾望那段。」

「至少有間酒吧（bar）吧？」

我停一會兒思考這問題，應該算是有把手（bar）吧，只不過是要從高空上盪過去的那種。

「當然有啊。」

就這樣，我在二十九歲生日的傍晚抵達了紐約高空鞦韆學校，左右兩邊跟著我兩個最好、以及最容易被我煽動的朋友。這間學校位於曼哈頓西側哈德遜河的沿岸，是座五層樓高的戶外篷頂運動複合式建築物，往外可以瞰整座城市，還看得到下方的翠綠田野，上面到處是在日落時分玩足球和陸上曲棍球的人。

「呃！」潔西卡瞇眼看著這些人，搖著頭嫌惡地說：「看看這些健康的人！忘了那些毒窟吧！這才是曼哈頓真正黑暗的一面。」我是四年前透過一個部落格認識潔西卡的，她是那個網站的編輯，我偶爾會幫忙寫專欄。我們的友誼進展得很緩慢，一開始是透過郵件，接著改傳簡訊，後來又演變成面對面的聚會，而現在則是一天不說話都不行。

她把剛挑染好的褐髮綁成一束馬尾，往後拉緊，配合度滿點的表情頗嚇人的。昨晚她打來說她唯一一條最像健身時穿的褲子，是上一季的內搭褲。這條褲子是要拿來搭洋裝穿的，褲襠部分還是透明的。「妳覺得我到底能不能穿這條褲子去啊？」她問。「反正我對我陰部的樣子是挺有信心的。」還好，隔天早上辦公室有人碰巧有一件多的瑜伽褲。

「對了，忘了稱讚一下你的T恤。」我對克里斯說。他穿了一件緊身女版T恤，上面寫著：「Vogue算什麼！」

他笑著說，「網站上說要穿合身的衣服耶！」他看起來有點笨拙，但實際上就算我和潔西卡兩人加起來再無限平方，擁有的運動細胞都沒克里斯來得多。我高中時足球踢得不是最爛的，但卻是唯一不小心為對方踢進一分的人。而克里斯在緬因州長大，做的都是緬因州小孩會做的事，像是登山和雪地健行等。他曾經為了人道之家慈善組織，花整個暑假的時間騎腳踏車橫越美國；他讀預備學校和耶魯的時候都是車隊隊員。早在為耶魯日報工作的前十年，我就認識他了，到現在他一點都沒變老：一樣是修剪整齊的金髮、高聳的頰骨、和一張溫暖迷人的臉龐。

繫上安全帶時，我小心翼翼地盯著高空鞦韆的索具，看它一路往上延伸的鋁梯所接到的平台。除了看起來很不穩之外，整個設備看起來就像一般的馬戲團高空鞦韆。整棟建築物下是一張大大攤開的安全網，不知為何這張網子一點也沒讓我覺得安全些。我想像卡通版的我從網子裡掉出去，一路滾過地心來到中國，從一碗炒麵裡探出頭來，讓手上拿著筷子的客人嚇了一大跳。我很慶幸麥特不在這，他比我還要怕高。我們第一次過情人節時，他帶我去了七十層樓高的洛克斐勒中心頂樓觀景台，整晚他都站在我後面手臂環繞抱著我。幾個月後，他對我坦白那天是出於恐懼才緊抓著我，不是因為甚麼羅曼蒂克的氣氛。

只要想到在高空盪鞦韆，我就會聯想到馬戲團，所以我到的時候本來預期那裡的環境會有種歡樂的氣氛。但高空鞦韆學校的經營方式跟企業一樣一板一眼，指導員的態度幾乎可說是公事公辦。我們的地面指導員是位三十多歲的美男子泰德，他的腹肌就跟一塊塊的鵝卵石街道一樣。他教我們正確盪高空鞦韆的方式，當他喊「預備！」我們就要彎曲膝蓋；喊「喝❶！」時，我們就要從平台上往下跳。

「高空鞦韆的把手遠比你想像的重得多，就像奧斯卡獎座一樣，所以抓住時請務必往後靠，否則你會被拉著往前跑。」他說。

「他應該得一座奧斯卡最佳腹肌獎。」潔西卡小聲說。

泰德繼續說：「我們不會有任何練習試盪，讓你在盪出去的同時發出『啊啊啊！』的大叫。你要做的是一種叫做膝蓋倒吊（Knee Hang）的技巧。第一次盪出去時，我們希望你可以把腳往上翻、穿過手臂，讓雙膝掛在把手上，就跟你在操場上玩單槓一樣。接著放掉雙手，整個人靠膝蓋倒吊在上面，將雙臂往前伸展做出超人的姿勢。然後聽我們的口令，再次抓住把手，鬆掉膝蓋垂直倒掛，接著做個後翻動作下來，以背部著地落在安全網上。」

「哈！」我發出一聲簡短難以置信的笑聲，然後對潔西卡低聲說：「我話說在前頭，萬一出了事，最後我得靠呼吸器維生，拜託幫我拔管吧！」

「我要插呼吸器維持生命。」她說，「反正我大部分時候也跟植物人沒啥兩樣，那在辦公室當植物人跟在醫院當有什麼差別？」她停頓了一下說：「不過，如果我的臉有任何無法修補的損傷，千萬不要救我。」

❶譯註：hep。高空鞦韆專用語，意思是「上！」

盪高空鞦韆通常有兩位指導員，泰德和他的奧斯卡獎腹肌是負責繫上安全繩的，另一位叫做漢克的則在平台上指導。除了我們之外，班上還有七位學生，盪鞦韆的順序是依報名先後而定，好險我是倒數第二個，雖說這一切都是我的主意，但是我比克里斯和潔西卡還晚報名。第一個上場的是十六歲的體操選手，她完美地做出膝蓋倒吊，還打直腳尖做出漂亮的伸展動作。除了潔西卡外，每個人都拍手喝采，她喃喃自語說：「機車女，給我滾去進階班吧！是嫌我不夠緊張嗎？」

輪到潔西卡時，她很輕鬆就完成倒吊膝蓋和往後翻轉的動作了。我很驚訝但也不意外。潔西卡是個外表和內在不一致的人，她個頭嬌小卻有雄心壯志，臉蛋甜美卻有辛辣的幽默感。她是我認識的人當中最堅持己見的，卻也最不會批判別人；身上散發紐約客的氣息，卻帶有純樸熱情的密西根口音。克里斯的後翻沒那麼優雅，畢竟他手長腳長比較難控制，不過他也是表現得很好。

「不錯嘛！」潔西卡在克里斯坐回我們旁邊的時候說。

他指向鞦韆還有挽具背帶說：「沒想到同志豐富的性愛經驗挺派得上用場呢！」

輪到我時，我依照泰德的指示，在梯子底部蘸了一下籃子的灰粉，這能吸乾手汗防止手滑。

「賭十顆抗焦慮藥贊安諾，她一定不敢跳。」潔西卡故意假裝小聲地對克里斯說。

「賭了！」克里斯回答。

「我聽見了！」我大喊。

我爬上階梯的時候盡可能放慢了速度，看著自己蒼白的手緊抓著梯子的橫木，感覺很脫離現實。我記得有位外科醫生在一個電視節目中說過，手斷了要接上，最難的不是接骨或是接動脈，而是接神經。神經一旦切斷就很難恢復，手術過後，神經的生長速度是每個月約二點五四公分，有時候一輩子都不會再恢復，而手就會永遠癱瘓。

潔西卡對我說最恐怖的部分就是爬上搖搖欲墜的梯子，但是我爬上平台後才發現她根本就在鬼扯！因為架台是在五層樓高的建築物上，讓高空鞦韆比實際上看起來還要高。我站上去後雙腿發抖，立刻巴著附近看起來比較牢靠的金屬管不放。在平台上等著我的漢克是位六十多歲的指導員，他用他堅定的手還有那四〇年代西部警長常見的小鬍子統治著他的領空。簡短地說聲「哈囉！」後，他迅速地把安全繩扣在我的腰部挽具上，我希望他沒發現我的細肩帶背心後面已經完全被汗溼了。

「好了！該妳啦！」他握住我眼前的鞦韆把手，嗓門洪亮地說。我並沒有伸手出去。看到他臉上寫著「不要鬧了」的表情，我猜他一定會用激將法來說服我抓住把手。「不要怕！就跟從人行道的石磚台階踏下去一樣！你不會連踏個台階都不敢吧?!」

我不知道他家附近的人行道石磚臺階長怎樣，但我家附近的可不會有九公尺高，還得在踏下去前簽署一份切結書，說「若有意外傷亡」要自行負責。

我不安地扯了一下繫在安全挽具上的一條繩子，問：「有沒有人在往下跳的過程中被繩子纏住過啊？我會不會被勒死或是弄斷頭啊？」

「還沒發生過啦。」他說，但我發誓我聽出他語氣中有一絲期待。

我朝後方的梯子望去，嘆了一口氣。比「從平台上往下跳」更讓我害怕的事情，大概就只剩「從那梯子下去」吧。我想他們一定是故意把梯子弄得搖搖欲墜，才能讓像我一樣的人打消不跳的念頭。我想我應該可以一輩子待在這咖啡桌大小的平台上，我可以找份工作在平台上指揮別人，就像漢克一樣。我可以餐餐都叫外賣，我會跟送外賣的說：「嘿！我住頂樓！」

「妳就把它想成是從人行道的石磚台階踏下去嘛！」漢克又說了一次，這次比較不耐煩。

「**人行道石磚台階?!**」我厲聲道：「你是住哪?跟卡通人物《傑森家族》一起住嗎？」講譏諷的俏皮話是我常用的防衛機制，不過萬一碰上危急關頭，我會直接做了對方。

漢克持續說話的聲音就像吵雜的交通一樣，已經變成背景音樂的一部份，但我知道，等得越久那一刻來臨時就越可怕。接下來的課程裡，其他學生和指導員只要想到我，就會回想起我遲遲不敢跳下的這一幕。話雖如此，我還是沒辦法移動半步。我想我在上面應該有好一會兒了，因為每隔一陣子往下瞄，每一次盯著我看的同學臉上都會出現不同的情緒表情：原本的鼓勵變成同情，接著是沒耐心，最後是憤怒。只有克里斯和潔西卡的表情都沒變，他們跟十五分鐘前看起來一樣充滿期待。就是這樣的表情，讓我終於伸出手去握住了高空鞦韆，我無法承受他們對我失去信心。「**妳不一定要跳啊！**」我告訴自己，「**妳只要往前傾身到無法起來的地步就行了！**」重力加速度會幫我完成剩下該做的事。

我的手抓住金屬把手時，底下傳來一陣鬆了一口氣的歡呼聲。我早就忘了之前說過的奧斯卡獎項比喻，所以握住的時候冷不防吃了一驚。重達近七公斤的把手把我整個人往前拉，我出於本能立刻就放手了。把手往前飛，而我因為沒有東西抓住支撐，整個人踮著腳尖搖搖晃晃，手臂不停轉圓圈想保持平衡。果然就跟我之前想的一樣，重力加速度會幫我完成剩下我該做的事，我一路歪斜地掉下平台。在地面控制安全繩的泰德猛力扯住繩索，讓我只往下掉落了一公尺多。

「手和腳不要動！」他命令道，我靜止不動飄浮在半空中，就像等候指示的牽線木偶。泰德慢慢捲起安全繩，讓我一次上升三十公分。我的高度和漢克一樣高時，漢克就抓著我腰部的挽具把我拉回到平台上。

他對我嘖了一聲搖搖頭說：「現在準備好要認真了嗎？」

「我現在真的準備要下去了。」

他用一個巨大的鉤子把鞦韆勾回到我面前，這鉤子看起來很像雜耍演員在舞台上接受喝采待太久時，用來把他們拉下來的那種。

「只要聽口令做就好。」漢克提醒我，「泰德說『預備！』時，你就曲膝；他說『喝！』你就從台上跳下去，懂了嗎？」

我鼓起勇氣堅定地點點頭說：「懂了。」

「預備……」泰德喊道。

我彎曲膝蓋。

「……喝！」

我沒動。

「需要我再複習一次嗎？」漢克問。

「對不起、對不起，我只是嚇到了，我現在準備好了。」

漢克對泰德點點頭。

「預備！……喝！」

我像小兔子般往前一跳。我無法確切描繪第一次盪出去的感覺，因為我的眼睛是緊閉的。

「張開眼睛！張開眼睛！」泰德從地面對我大喊。

我逼自己打開眼皮時，發現前進的速度比我預期的還要快，真的是飛快。這種感覺既令人興奮又恐怖。我往下猛衝時，泰德對我放聲大喊，叫我鬆開吊在把手上的腳。

「妳的膝蓋！妳的膝蓋！」他尖聲大叫。

「屁啦！」我心想，但是沒想到往後翻的動作竟然讓我有足夠的力量輕鬆勾住把手。

「現在把手放開！」當我飛到弧形最高點時，泰德大喊。

自從上課開始，這就是我最擔心的部分。我一直很怕放手後又再次抓住把手時，會沒力氣把自己往上拉。萬一真是這樣，我就得掛在那兒，像從森林裡跑出來爬上郊區電線杆的熊一樣，為了保命緊抓著不放，直到最後被鎮定劑射中掉下來。

我咬緊牙關，鬆開了雙手。手一放開，我的身體也就放鬆往下墜落，下墜時有些微的解放感，但卻極度令人緊張。

「弓起背！伸出手臂！」

我手臂往前伸，就跟超人的姿勢一樣。盪回來頭下腳上時，我看見平台上的漢克給了我一個拇指向上的手勢，還是其實是向下的？我都還沒搞清楚，抓住鞦韆把手的時間點又到了。我手往前伸，找到把手後死命抓住，接著放開雙腳，再次直立倒吊。

「諾艾兒，準備下來了！」泰德喊道。鞦韆往前盪到第四次時，我把膝蓋往上拉到胸前的高度，放手做了一個完美的後翻，掉進下面的安全網裡。我的腳趾不小心大力撞上了把手，尖叫聲到現在都還迴盪在紐約州的卡茲奇山。除此之外，我做得還挺不錯的。

幾天前在和包柏醫生會診時，我問他：「我為什麼會怕高啊？」

「因為妳聰明啊！」他笑著說，「想想大家最怕什麼：蛇、昆蟲、老鼠，還有怕高。人類演化的過程中，在腦裡設定一些懼怕的程式，這是我們能存活五萬年的原因。人類會避開蛇、昆蟲和老鼠是因為這些動物帶有疾病，我們怕高的老祖宗不會從懸崖上掉下，因而保住小命。」

「但是我以為恐懼是後天造成的耶。」

他搖搖頭說：「有些恐懼是後天造成，有些則是天生的。舉個例，心理學家做過一個實驗，他們把小嬰兒放在一張中間有塊塑膠玻璃板的桌子上，理論上小嬰兒可以輕易爬過這塊玻璃板，但是他們大部分都沒這麼做，為什麼？」

「因為這塊玻璃板讓他們覺得爬過去好像會掉下去。」

「小貓和小狗也不會爬過這塊玻璃板。」他說，「後來心理學家又用幾隻小鴨子做測試，妳猜怎樣？這些小鴨呱都沒呱一聲就跨過了玻璃板。問題來了，為甚麼小鴨不怕呢？」

「因為牠們有翅膀？」我猜道。

「沒錯！」

我思考了一會兒。「不過萬一恐懼是本能，我們是不是……一輩子都得這樣了？」

「如果一再嘗試看起來很危險的舉動而沒有受傷，那我們就可以訓練大腦不再那麼害怕。」

「也就是說，得自己想辦法長出翅膀？」

「沒錯！」

盪完高空鞦韆後，我一跛一跛走回去，克里斯好心借我他的冷水瓶，讓我拿來敷腫脹的腳趾頭。我可以感覺到雙頰為剛才完成的壯舉驕傲，因而泛紅，但我很驚訝地發現自己現在竟比一開始上課時還害怕。還沒嘗試前還能心存僥倖地想，也許高空鞦韆沒那麼恐怖，但真的試了才知道的確很恐怖，現在我知道盪高空鞦韆有多快多高了。不過我也知道嘗試去做可能很可怕的事是很勇敢的了；嘗試確定很可怕的事更勇敢，因為你還得要告訴自己要有信心，多試幾次就不怕了。

結果還真的是這樣，試過三次膝蓋倒吊和後翻之後，我的心跳明顯沒跳得那麼快了。第四次之後，我的手就不抖了。但是就在我們輪最後一次前，我驚恐地注意到在另一端架台的鞦韆上，坐著一位健壯結實的拉丁美洲裔男子。泰德宣佈：是練習雙人鞦韆的時候了。

「你們盪出去的時候，就跟之前一樣膝蓋倒吊，但是這一次，當你伸展雙臂時，我的夥伴皮朋，也就是在第二個鞦韆上的那位，會接住你的手。之後你就放鬆雙腳，他會帶你在空中盪完。」這時，皮朋正倒吊在鞦韆上，頭下腳上，友善地跟大家揮手。

一陣刺熱感燒灼著我的胃。我並不了解雙人鞦韆的運作機制，萬一他要抓我的手，但是我沒即時鬆開膝蓋該怎麼辦？我想像自己被撕成兩半，皮朋抓著我的雙手和軀幹，而我的雙腳和膝蓋卻還掛在鞦韆把手上，一路盪回去漢克那裡。

「我不確定自己辦不辦得到。」我小聲地說，潔西卡看起來也有點不安。

「我不確定自己可以跟一個叫皮朋的人握手。」克里斯說。

體操選手是第一個上場的同學。因為她程度比較好，泰德就叫她做了一個更複雜的花招動作。她做的不是膝蓋倒吊，而是完美的雙腳打開式。我屏住呼吸，看著她放開把手，信心滿滿地去接皮朋的手。

「唷！還真特別呢！」女孩後翻掉進安全網時，潔西卡咕噥了幾句：「對啦對啦！她是做得出這些特技啦，但你確定她有大姨媽嗎？」

最後一次爬上脆弱的梯子時，我的恐懼已經降低到純粹剩下擔心的程度，外面太陽已經下山，現在聚光燈照亮了整座練習場，打燈的效果多了一絲節慶的意味，就像真正的馬戲團一樣，減少了我的恐懼。不過，更重要的是，聚光燈縮小了我的世界，讓我不會去注意其他令人產生壓力的事物。我不再東看西看，為高度感到焦躁不安，我只能看見眼前的東西。我專注於每一階梯子橫木，專注於雙手近乎冥想的節奏，這次我很快就爬到頂端了。我信心滿滿地把自己拉上平台，看到漢克一臉讚許的樣子。

「有天妳會成為空中飛人的。」他微笑說，我也回了他一個微笑。我從他手中接過鞦韆把手，在另一個鞦韆上，皮朋正用膝蓋倒吊，前後擺盪蓄積著動力。我告訴自己別去想不小心撞上他會怎樣。我確認位置，往後靠，腳尖踩在平台的邊緣準備出發。

「預備！」

我彎曲膝蓋期待著，懸而未決的緊張感讓人如坐針氈。就好像雲霄飛車不再往上爬，但又還沒往下衝，停在半空中的那一瞬間；也像是短跑選手全部就位，但是裁判還沒鳴槍的那幾秒。這是一個處於中間的片刻，這片刻因為之前已經發生以及之後要發生的事，而有了存在的意義。這片刻也許微不足道，但卻能決定一切。

「……喝！」我縱身切過空中，享受風從耳邊呼嘯而過的感覺。

「諾艾兒，放鬆膝蓋！」泰德的聲音從底下傳上來。我用盡腹部的最後一分力，把雙腳抬高到胸前勾住把手。弓背！伸手臂！皮朋來了！他厚實的手緊緊鉗住我的雙手，我打直雙腿，很自然地鬆開掛在把手上的膝蓋。現在我不再頭下腳上了，而是飛翔在閃閃發光的紐約天際線上。我從來就不是會說城市的天空有多美的那種人，但是那晚的夜空真的是美得令人目眩神迷，數以百萬的小窗在黑暗中光燦奪目。全班都發出歡呼聲，當然沒人比克里斯和潔西卡還大聲，有人還吹了口哨。我噗通掉進安全網，蹣跚走到邊緣，傻笑著。我覺得內心有一股許久未出現的悸動：我以自己為傲。這不是加薪或升官帶來的那種驕傲，而是你給自己一個驚喜時會有的自豪。課堂結束時大家互道再見，順便收拾自己的物品，漢克甚至跟我擊掌道賀。

「現在可以去喝一杯了吧？」潔西卡問。

「當然！我請客！」我說。

我們因為肌肉酸痛一拐一拐走出來，克里斯問：「妳今年真要做三百六十五件害怕的事嗎？」

我搖搖頭說：「不是三百六十五件啊，愛莉諾的那句話只有說我必須每天做一件自己害怕的事，但是她沒說每次都要做不一樣的啊！我想我們今天學到的教訓是，就算你做過一次讓你害怕的事，也不代表你以後就不會怕啦！」

「就算這樣，」潔西卡懷疑地說：「每天嚇死自己有什麼好？如果是我應該撐不了一年。」

她說的這句話讓我不安。我太專注於度過今天，沒考慮到萬一將來每天都像今天會是什麼感覺。我能這樣一天又一天持續下去嗎？看著手機，我意識到現在已經晚上十點，離隔天起床再次面對恐懼只剩短短九小時，我吞吞口水什麼都沒說。我想，連我自己都不確定能不能撐過一年。

Chapter 3

回憶過往，我發現自己總是在害怕：怕黑、怕別人不高興、怕失敗。我想完成任何事之前，都得先跨越一道恐懼的障礙柵欄。

——**愛莉諾．羅斯福**

「嗯，看來我那常春藤名校畢業的女兒，逃家跑去加入馬戲團了？」電話那頭的語調雖一派輕鬆，但聽得出擔心。

我的內心呻吟了一下，「哈囉，老爸。」我知道我不該寄高空鞦韆課程的照片給他看。老爸最喜歡的咖啡馬克杯上刻著：「有時候，比較少人走的那條路會那麼少人走，是有原因的。」我父母親一直對「面對恐懼的一年」這計畫心存懷疑，我以為高空鞦韆課程愉快的照片會讓他們對這想法稍稍釋懷些。

電話中傳來窸窣的聲響，我知道老爸正在翻閱《華爾街日報》。過去二十五年來，他每天都會把這份報紙從頭翻到尾。（當他發現我男朋友是《紐約時報》的記者時，他嗤之以鼻地說：「希望他不是那些精英民主黨怪咖之一。《紐約時報》到處是民主黨的影子，我就是喜歡《華爾街日報》不偏頗。」）

「現在是不是不方便講電話？」他用他的南方口音拉長語調說：「忙著訓練冰上表演嗎？」

「你放心，我現在正在咖啡館，寫著雜誌的自由撰稿。」

「有沒有考慮過攻讀法律啊？」他問，馬上又進一步說：「那才叫做工作保障嘛！花一個小時幫別人寫遺囑就可以賺三百美金耶！」

「對啊！然後我就會無聊到死，還真是配得剛剛好！」我用空著的那隻手按摩著自己的太陽穴，想驅趕走每次和老爸辯論後就如影隨形的頭痛。老爸是個生意人，專長是光纖，我也搞不清楚那是在幹嘛的。小時候，他總是拖著我到辦公室，想讓我提早適應公司的生活，我常常用影印機印自己的臉來打發時間。等到他發現我不是做生意的料，他就把主意動到當律師上頭，而且二十年來都沒放棄過。

「嗯，我覺得妳該考慮搬離那個城市，回來德州的家住。」我父母親認為我在紐約生活就像是出國讀書，或是像在胡鬧一樣，我覺得他們一直在等我回到「現實人生」。

「紐約就是我的家啊！」我堅定地說。

「那地方貴得離譜，怎麼住啊？何況你現在又沒有全職工作！妳公寓一個月要付多少啊？」

「再見啦，老爸！」

我的頭壓在鍵盤上，還撞了好幾次，螢幕跳出一整排亂碼。我要刪掉亂碼時，看見我朋友比爾寄了一封電子郵件給我。這封信只有一行字：「這週末想不想跟我一起在鐵籠裡狂歡啊？」

「請問，」我回信：「你是要叫我去參加鐵籠賽嗎？」

「很接近了。」他回答：「我打算這週末要去做籠中觀鯊潛水，鯊魚應該也在妳要克服恐懼的名單上吧？」

我遲疑了。一直以來我都很怕鯊魚，這都是一九八六年老家播放的電影《大白鯊》害的。我突然間明白，大海裡充滿了會隨意吃人的怪獸，接近你的時候還會有音樂伴奏。我謹慎地點開比爾傳給我的連結，來到一個叫籠中觀鯊潛水公司的網站。公司名稱叫「快樂海牛船公司」，他們要在這週末舉行為期兩天的探險活動，船會在禮拜五早上出發，禮拜六下午回來。

自從三個禮拜前我在高空鞦韆平台上往下踏出第一步後，我就開始按照計畫每天面對一項恐懼，不過這些都是小小的勝利，是一些以前我會逃避的事情，在愛莉諾．羅斯福政府當權下不該逃避的事情：我在一間壽司餐廳退還了魚腥味太重的鮭魚，還打電話給信用卡公司要求他們降低利率，跟四位主管講過電話後，他們終於同意了。我和麥特去看了一場票全賣光的電影，很開心地發現在人潮擁擠的電影院裡，有一排位子完全是空的，只有一個看起來像大學生的男生坐在中間。顯然他是來幫其他還沒到的朋友佔位子的，因為我們正要坐下時，他沾沾自喜地喊道：「這整排都有人坐了，老兄！」我們往後轉正要往階梯上走時，我停住了。

「不能再這樣下去了！」我暗自發誓。在那男生氣急敗壞的抗議聲中，我一屁股坐在「禁區」裡的其中一個位子，還拉了麥特坐在我旁邊。通常我都會退讓逃走，然後暗自內傷好一陣子。這種經驗令我既不安卻又很興奮。

在前幾個禮拜裡，我明白了要執行這計畫得實際點。如果我要持續一年，不可能每項挑戰都跟高空鞦韆一樣煞費苦心又昂貴。不管是計畫好的，還是臨時發生的，有些恐懼得在日常生活中面對。開始注意恐懼後，我發現我常常避免和人起衝突。我告訴自己這是成熟的象徵，畢竟為了瑣事小題大作不是很幼稚嗎？現在我才明白怕起衝突的根本核心，都跟害怕冒犯別人有關。不過，如果連小事我都不願為自己挺身而出，真的發生大事時我怎麼能鼓起勇氣？對我來說，堅持立場甚至比站在兩層樓高的平台上還要恐怖。

我還沒準備好要面對鯊魚，夏天只剩下一個月，我想要延到明年春天再來面對它，這樣我才能步步前進做好準備。但是也許比爾的信是一個徵兆，該是時候面對另一個大挑戰了。此外，往後拖延就是我又在逃避衝突的另一個例子而已，套句愛莉諾的話：「逃避會是摧毀你的力量。」

媽的！「算我一份！」我如此回信。

禮拜四下午我搭上一班三小時的火車到長島的孟塔克，隔天早上海牛號會在那裡出發。一到那，我就住進一間便宜的汽車旅館，打了電話給比爾。

「我汽車旅館房間的浴室裡，有個啤酒開瓶器釘在牆上呢，羨慕嗎？」

「這房間肯定知道妳明天要面對什麼挑戰吶，」他說：「不好意思啊，沒辦法在那陪妳大醉一場啊……」

比爾是一個夜間電視脫口秀節目的主持人，沒辦法在禮拜五的時候不上班，所以等他節目一結束，他就會跳上出租車，在禮拜五深夜到達布拉克島和我們會合。

「真開心可以見到妳啊，諾艾兒。」他說：「我們已經多久沒見了？七個月還是八個月？」

哇塞，有這麼久了嗎？就跟我最近的許多友誼一樣，我和比爾的友情一直是靠電子郵件和簡訊（簡直是友誼維生裝置）維繫的。

在我的朋友中，比爾最支持我的面對恐懼一年計畫。我是十年前在《科技時尚誌》暑期實習時認識他的，他當時是專題編輯。我一發現他桌旁地上放了艘充氣鱷魚橡皮艇，就在想：「這朋友非交不可。」

「準備好明天要轟轟烈烈赴死了嗎，諾艾兒？」他故意逗我。

「不用你提醒。」我哀嘆道：「真不敢相信你竟然覺得這鬼玩意兒有趣，你到底有什麼問題啊？我是說，除了你的臉以外。」

事實上我相信他就是這種人。他是小威廉道斯的直系後裔，他的祖先就是一路陪伴保羅·瑞維爾展開午夜策馬報信這項著名行動的人❷。基本上比爾的身體裡就流著無畏無懼的血液，他在快三十歲時溜進一所大學假扮學生聽課一週，只是為了想看看學校是不是跟他記憶中一樣有趣。他跑完了在奧蘭多的迪士尼馬拉松——跑完是沒什麼好特別驕傲的，不過他是一路變裝跑完的，每隔八公里他就換一種不同的迪士尼公主裝。

要結束時，比爾說：「禮拜六見囉！」戲劇性地稍微停頓一下後，他又說：「如果妳還活著的話。」他像電影中的壞蛋那樣咯咯笑，我掛斷電話。

想到愛莉諾長久以來都很怕水的事實，就會覺得這冒險活動還真是再恰當不過了。愛莉諾三

❷譯註：保羅·瑞維爾，原名Paul Revere，美國銀器工匠，也是一名愛國志士。在美國獨立戰爭期間，英軍計畫發動突襲，瑞維爾得知後，連夜騎馬通知獨立人士，英軍的到來。

歲時曾跟父母親搭汽船去歐洲遊玩。出發的第一天，另一艘船在霧中迷航撞上了他們的船，導致乘客傷亡。艾略特和安娜逃到救生艇上，而愛莉諾留在甲板上，工作人員計畫把愛莉諾從船上丟下去，讓艾略特接住。「我父親站在底下的一艘船上，我則懸盪在船邊要被丟進他的懷裡。」愛莉諾寫道：「我嚇壞了，一直尖叫，死抓著要把我丟下去的人不放。」她一路尖叫往下掉進艾略特的懷中。當然囉，愛莉諾之後就怕水又懼高。雖然安娜和艾略特把飽受創傷的女兒留給親戚照顧，繼續踏上為期六個月的歐洲之旅，但這並沒有讓愛莉諾好一點。從那時起，愛莉諾在父母旅行時，都因為怕搭船而沒跟去。後來，愛莉諾總算明白，害怕是要付出代價的。

幾年後，愛莉諾去牡蠣灣的親戚家玩的時候，發生了另一件不幸的事。泰迪叔叔「得知我竟然不會游泳相當地驚恐，他決定要像教會他所有孩子那樣教我，於是他就把我丟進水裡。」愛莉諾回憶道：「我快速地沉到水底，他把我撈上來，訓斥我不可以害怕。」

隔天早上我走到碼頭，遇見了海牛號的船長古斯。他是個肌肉發達的男人，留著長髮辮，還有著單調沒起伏的聲音。我心裡想：「**完全就是個嗑藥神智不清的人嘛！還真適合來籠中觀鯊啊！**」這艘船比我想像的還小、還簡陋。睡覺的地方在甲板下的船身處，空間大小一次只能容兩個人起身。房裡有上下舖，連釘在傾斜牆面上的椅子也有上下之分。船上沒有淋浴間，只有甲板上的一根水管，水壓大到連消防隊都會嫉妒。我從來就不認為自己是個要求生活品質的人，但是用捲衛生紙不為過吧？浴室裡竟然沒有半捲！裡面連古斯船長稱為「室內便器」的馬桶都沒有！我從背包裡挖出了手機，在甲板上打給比爾叫他帶捲衛生紙來。確認過附近沒人聽得到後，我不滿地對著電話低聲說：「萬一抵達布拉克島前，我想上大號怎麼辦?!」

「也許要用船後面的那根水管？」比爾開心地回答：「就把它想成是工業用強力坐浴盆嘛！」

其他三位參加這趟旅程的人都是經驗豐富的潛水客。我馬上就對羅諾產生了好感，他是一位退休的律師，穿的T恤上面寫著：「工作爛透了，我要去潛水啦！」，背面他用黑色麥克筆寫上：「有種咬我啊！」而且還畫了一隻佔了四分之三畫面大的鯊魚。雷斯是一位水底攝影師，長相帥氣、一頭金髮，不過他的行為舉止不知怎地，總是讓我覺得毛毛的。蔓蒂是一位來自賓州的特教老師，她脫掉泳衣的外罩後，露出了螢光粉紅色的比基尼，身上還有各式各樣的刺青。在她後背下方有一幅海底景致圖，上面有海馬、珊瑚和海龜。左肩上還有個潛水者的刺青，為了來點變化，她還在右肩上刺了一隻騎著摩托車的老鼠。

「這些是我朋友孟娜幫我刺的，她真的很有天份！」她邊說邊在甲板上喬好姿勢做日光浴。

旅程計畫是搭四個小時船去布拉克島，沿路停靠做籠中觀鯊，然後靠在碼頭過夜，隔天回程再重複一次。引擎噗噗啟動，古斯一邊用右腳控制方向，一邊吃著一碗牛奶穀類燕麥片，很快就把船開出了這個小村子。我的胃翻攪著，沒有什麼比在攝氏三十二度的高溫下看見牛奶還要更令人作嘔了。開船一小時後，我想吐到不行。我從來沒暈船過，但我看到古斯把切塊的魚（叫做誘餌）丟到船尾的波浪中時，我就知道我暈船的這一天終於來了。古斯丟切塊的魚是要在海面上創造出一層浮油，讓鯊魚跟過來。浮油綿延好幾公里長後，我們就下錨。古斯拉出一個密封有打孔洞的水桶，裡面裝滿了冷凍的魚。

「那是要拿來做什麼的？」我虛弱地問。

古斯在把手旁綁了一條繩子，還拉了好幾次以確定繩子有綁緊。「我會把水桶丟到船下，桶裡魚的味道會透過這些孔洞滲出去，就能吸引鯊魚過來。」他溫柔地輕敲這個水桶說：「我把它取名叫誘餌桶。」

「鯊魚可以聞到近兩公里遠外的血腥味，而且……」羅諾正要往下說，卻被我的嘔吐聲打斷，我把包著培根、蛋和起司的三明治都往欄杆外吐了出去。

「很好！」雷司睨著眼說：「有更多的誘餌啦！」

羅諾同情地拍了拍我的背。

甲板上的空間幾乎全被一百二十乘一百二十乘兩百一十公分的鯊魚籠給佔滿了。這籠子是古斯自己焊接的，一次可以容納兩個人，頂端有個鉸鍊口讓潛水者可以進出，鐵籠條間隔約十五公分。古斯一開始打造這籠子時留了一個九十乘九十公分的洞在中間，讓人們可以拍攝鯊魚而不會有鐵條擋在中間。後來某天，有隻大青鯊游進了其中一位潛水客的籠子裡，開始在裡面橫衝直撞。那次沒有人受傷，但是之後古斯就用間隔十二公分的鐵條把洞封起來了。

「所以之後就沒有任何鯊魚跑進去了？」我問。

「只有幾隻灰鯖鯊啦。」古斯聳聳肩不在意地說：「但是牠們通常就直接游出去了。」

通常？

「呃，這些灰鯖鯊長怎樣啊？」我問，但是古斯忙著把籠子放到船尾的水中，沒回答。

「牠們有修長的身體，」羅諾高聲說：「所以才能鑽進籠子。」

雷斯拿出他的相機說：「這裡有一張灰鯖鯊的照片。」以鯊魚的標準來說，灰鯖鯊的體型相當短小，牠長扁的鼻子讓人覺得好像是在指責你。

「看起來好像我之前的老闆喔。」我說。

嘩啦！

所有人的目光都轉向水面，有個黑影在水面下迫近。

「是大青鯊。」羅諾觀察後說：「我想大概有三尺長喔。」

「諾艾兒，過來，妳來吊吊鯊魚胃口（shark wrangle），等我把籠子準備好。」古斯說。

所謂吊鯊魚的胃口，就是把一條綁著魚的線垂入水中，鯊魚來吃誘餌時，就要把線從水中抽回，像是鬥牛士在公牛面前快速擺開紅旗那樣，事實上是挺有趣的。這個動作是要讓鯊魚靠近船，而不要直接把魚餌吃掉就快速游走。但是，這隻大青鯊飛快地游開了。

「我是不是哪裡做得不對？」我問。

「牠好像很害怕耶。」羅諾一副了然於心的樣子：「通常鯊魚會這樣游開，表示附近有灰鯖鯊喔。」

「為什麼小鯊魚可以嚇跑體型較大的鯊魚啊？」

「灰鯖鯊是海裡游得最快的魚，而且非常具有攻擊性，有時候牠們會以其他鯊魚為食。事實上，有時候灰鯖鯊還在媽媽肚子裡時，就會吃掉其他兄弟姊妹當作養分。」

「牠們都**還沒出生**就會吃掉兄弟姊妹?!」我說：「真是冷血啊！」

這項生物知識並沒有讓羅諾膽怯，他已經和雷斯爬進籠子裡，期待和大青鯊面對面了。不過，這隻大青鯊並沒有回來，待在水中一個半小時後，這兩人一臉失望地回來。

「兄弟，你們之前報名時我就說過，潛水的時候不保證一定能看到很多隻鯊魚喔。」古斯為自己辯護道：「有時候連一隻都沒有呢，我只能盡全力，希望可以有好結果。」

雷斯開始跟我講述他的個人故事，希望可以轉移我的注意力，不要一直暈船。他講到他一拳打在女兒的臉上，要讓她知道「誰才是當家的」的時候，我就說：「我想我要跟蔓蒂一起下去到籠子裡。」我迅速套上了溼的潛水，努力不去想自己根本沒有潛水的經驗。技術上來說，如果你沒有潛超過四公尺，就不需要有潛水執照，但我之前從來沒用過水中呼吸器，而古斯看起來唯一有資格教我們的就是怎麼抽大麻。我想起小時候讀過的一本書《選擇自己的冒險路線》，故事中的主角是一位找尋沉沒寶藏的潛水者，在故事的結尾讀者必須選擇他的命運，你可以選擇冒著氧氣不夠的險去拿寶藏；你可以為了安全起見回到船上，但是可能一輩子都再也找不到寶藏。我的手指停在原本看的那一頁做記號，然後往後翻看結局。選擇賭上剩餘氧氣的那個結局，主角最後在海床上窒息而死；選擇回到船上的那個結局，主角過著快樂、但想必很無聊的人生。

古斯給我上了三分鐘的課，告訴我使用空氣管的正確方法，還有浸水時如何清空面罩。我的胃不停翻攪，這一次不是暈船而是緊張。啊！對啊，還有暈船！

「萬一我在水底下嘔吐嗆到怎麼辦？」我問。

「把嘔吐物吐進妳的呼吸器裡。」古斯建議道，我嫌惡地看著我的呼吸器。

「萬一我有麻煩想要上來怎麼辦？」

「打開籠子的頂蓋作為暗號，我在上面看見就會把妳拉上來。」他說：「但是不要忘記要立刻關上頂蓋。」

「為什麼？」

「如果門頂攤開，你們浮上水面時我沒辦法抓住籠子，也無法把你們固定在船的尾部。」

「那會怎樣？」

「籠子就會被絞到船底。」他說。

我打了個冷顫。

他還說：「對了，妳的手握住鐵條的時候記得要注意一點，很容易被鯊魚咬喔。」

我和蔓蒂進到籠子裡後，古斯就關上頂蓋，將粗繩索牢牢綁在鐵籠上，把我們放到水下約三四呎深的地方。不久，我們就覺得像是在搭沒繫安全帶的海底雲霄飛車，波浪起伏的海水讓鐵籠前後搖晃，我們必須抓住鐵條才不會撞到旁邊和籠頂。我和蔓蒂背對背站著，這樣一來，如果有鯊魚靠近其中一個人一定會看見，並通知另一個。我緊咬著呼吸器不放，嘴唇因而疼痛，之後完全失去知覺。在水底呼吸會讓人有空間幽閉的感覺，彷彿水活生生地想要鑽進你的身體裡。

二十分鐘後依舊毫無動靜，蔓蒂覺得無聊就打手勢叫古斯。他把籠子拉上船放她出來。

「還要繼續嗎？」他問我。

「我還要再待一會兒。」如果是以前的我，大概就會趁還活著的時候放棄，跟著蔓蒂上船，但是現在的我決心要完成這個冒險。

「很好！」他朝我比了舉起食指和小指的「惡魔角手勢」，又把我放回水中。

現在我站在鐵籠中間，雙手抓著兩邊以保持平衡，仔細審視前方混濁的水域。我往右肩看去，接著往左肩看去，我檢查雙手以確保它們都還在。能見度很低，鯊魚要靠得很近我才看得見。

突然間，遠處閃過一條魚尾巴，然後又不見了。

可惡！

我曾經讀過史蒂芬史匹柏拍《大白鯊》時遭遇到的技術困難，劇中那隻機械大白鯊（暱稱叫布魯斯）一直短路，延遲了拍攝進度，所以後來史匹柏刻意不讓大白鯊出現在鏡頭裡，這樣反而製造出懸疑感。現在我終於明白為什麼他用的拍攝技巧奏效了，因為不知道比知道更恐怖。你不知道鯊魚在哪，卻可以感覺到牠潛伏在陰暗處，正是這部電影最可怕的地方。

後來我看到鯊魚了，大約兩公尺長，一路蜿蜒地游到古斯垂掛在我籠子前的魚旁邊。這是一隻灰鯖鯊，應當是之前我放誘餌時出現的那隻。牠離我約三十公分遠時，古斯把魚從水裡拉起來。灰鯖鯊因為魚餌沒了感到挫敗，正面朝籠子的鐵條間撞上來，突然間我覺得籠子變得好小，牠的頭左右搖晃，我悶聲尖叫，放開鐵條，腳踩著水往後退，水流卻推著我向前。灰鯖鯊長又尖的鼻子往籠子裡伸進約三十公分，我得用盡全力才不會碰撞到牠。突然間，鯊魚往後退向下咬住鐵條，五排牙齒撞擊金屬的聲音咯吱作響，我驚恐地用力吸著呼吸器。

如同羅諾之前說的，灰鯖鯊體型夠瘦長，只要牠傾斜一點從某個角度切入，就有可能穿過十二公分寬的鐵條縫隙。死亡似乎是避無可避，灰鯖鯊連自己的血親都會吃掉，所以我根本不敢奢望牠會放過我。我看著自己身上藍綠和紫色相間的塑膠潛水衣，不敢相信自己要離開這世界時竟然穿得像個《星際大戰》裡的角色。我絕望地想要打訊號求救，這才意識到古斯的緊急救援計畫有多蠢。現在如果打開籠頂，就像有個殺人兇手站在你家門前想要破門而入，你卻在這時打開門一樣。灰鯖鯊把頭部再次探入籠內，我拚命往上攀住籠頂，海浪一直把我推向鯊魚的口鼻。突然間，灰鯖鯊撤退了，開始在我周遭繞圈，吃著船上不停丟下的碎魚塊。我看不見灰鯖鯊，只有在牠沿著鐵條摩擦游過時，才會冷不防察覺到牠的存在。有好幾次，古斯把魚垂吊在我面前，做著鬥牛士的動作，讓鯊魚生氣地猛力撞擊鐵籠。

大約二十分鐘後，有人丟出了另一條魚，大約離船六公尺遠。這條灰鯖鯊飛快地衝去接住魚餌，離開時牠的尾巴重擊在鐵籠上，讓我不管是生理上還是心理上都大受震撼。鯊魚意識到不會再有食物丟下來，就興趣缺缺地離開了。海牛號把我拖回船上時，我吐出一串長長的泡泡鬆了一口氣。我走出鐵籠時，周圍站滿要跟我擊掌慶賀的人。

「真是條漢子啊！」古斯說：「幹得好！」

「感覺如何？」羅諾問。

其實還能活著我就已經謝天謝地了，但是我不想讓他失望，所以就熱切、誇張地說：「鯊魚牙齒咬住鐵籠的聲音到現在都還迴盪在我耳邊呢！」

太陽已經下山了，我們的船開進了布拉客島的小碼頭。從遠處看起來，這座島就像塊積木，上面到處是懸崖峭壁，給人一種不好的預感，但是碼頭卻讓人覺得好像張開雙手歡迎你一般，裡面到處是漁船，舒適卻不擁擠。

我和蔓蒂在擁擠的房間換裝時，她靠近我，像在密謀什麼般說：「今晚來女孩之夜吧！」

「好啊！」我熱情回應道。

羅諾和雷斯進城去了，蔓蒂和我在街上漫步，兩旁佈滿了維多利亞時期有薑餅花邊風格的小酒館，最後我們挑了一家很有活力的漢堡連鎖店。當她晚餐點了「鳥浴盆大小的瑪格麗特調酒」

時，我心想：「這女人很對我的味喔！」但後來我發現她其實是個怪胎。一開始她看起來很正常，她的怪異要幾個小時才會慢慢顯現，有一度她滔滔不絕地講著反波多黎各族群的冗長言論。

「我不是有種族歧視，」她說（通常有種族歧視的人都會說這修飾句）：「但是我真的覺得他們像垃圾一樣沒有用。」

我心想：「背上有整個水族箱刺青的女人有資格說這話嗎？」

幾杯黃湯下肚後，蔓蒂抖出了和男友間的風流韻事，故事一個比一個詭異。原來，她和雷斯有一腿，而他們是在幾個月前的潛水之旅認識的。事實上，是雷斯幫她付了這一趟旅程的費用，但是她想斷乾淨，所以上船後就一直不理他。因為要避開雷斯，她才會提議要來個女孩之夜。

我們回到船上時，已經是半夜十一點了，還不小心踩到了睡在甲板上的古斯。比爾傳簡訊說路上塞車還要幾小時才能到，所以他會找間旅館過夜，早上再跟我們會合。我穿著泳衣用水管勉強沖了個澡，頭髮是沒救了，我的髮型看起來不但像是請《灰姑娘》裡的老鼠和小鳥做的，還根本就是鳥窩和鼠窩。我小心翼翼地爬下梯子走進船艙，努力不要吵醒已經發出輕微鼾聲的雷斯和羅諾。我的雙手在黑暗中摸索著，終於找到加了墊子的長椅床。睡覺時沒毯子蓋，感覺跟在觀鯊籠裡一樣沒安全感。每次睡覺翻身，我身上結晶的鹽粒就刺痛著肌膚。當晚我夢到自己被數百萬隻小鯊魚攻擊。

「諾艾兒！」

聽到有人喊我名字時，我正盤腿坐在甲板上鋪了墊子的座位，讀著昨天的報紙。我瞇眼看見晨光下的比爾正爬上船，臉上帶著偏向一側的微笑，他的白襪隊球帽幾乎遮不住他的褐色捲髮。

他舉起一隻手到帽簷邊，開心地向我做了個水手行禮的動作。

「以一個半夜三點才到的人來說，你精神也太好了吧？」他把背包丟向我時，我說：「你在哪過夜的？」

「在租來的車子裡，停在碼頭的停車場。」他笑著說：「付錢睡旅館好像不太划算啊！」他穿著勃肯鞋、牛仔短褲，以及一件閃亮的黃色T恤，前面印著：「**讓我瘋狂牙買加吧！**」以前我和他一起在雜誌社上班時，他每天就穿這樣，即使我們的辦公室是位在曼哈頓市中心的一棟高樓大廈裡，他還是不改其色。他和其他人打了招呼互相認識，沒多久就說了一個差點沒趕上渡輪的故事，把大家娛樂了一番。比爾幾乎是立刻就受到大家的喜愛，我也知道一定會這樣，比爾跟任何人都聊得來，也會招呼在場的每個人。

船開出碼頭時，風大得好像要把人吹倒似的，我連忙把一頭糾結的亂髮綁成馬尾，頭髮才不會一直打到我的臉。今天海面也比昨天更波濤洶湧，船身無情地顛簸搖晃，地平線看起來就像是被魔鬼附身的翹翹板般不斷晃動。沒多久，我就抓著欄杆又吐了起來，比爾消失在甲板下，從他的背包裡拿出了一些乘暈寧給我。

「哇塞！這裡的味道還真可怕！」他轉身時開心地說，嘔吐物的味道已經跟碎魚塊的腥味完全混合在一起。「聞起來就像在嘔吐物上再吐一次的感覺。」

一小時後，又到了該下水的時候了。我一點也不想進那個籠子，但是進去的話，就算是挑戰了今天的恐懼。再說，如果我只下水一次的話其他人也會覺得很奇怪。

我在裝滿配重帶的箱子裡到處翻找著。「這是我昨天用的那條配重帶嗎？」我把一條帶子舉高問。沒有人回應我，古斯忙著在籠子旁幫羅諾和蔓蒂，雷斯在調整他的相機，連頭都沒抬起來。我聳了聳肩就把配重帶繫在腰上。輪到比爾和我爬進籠子了，先進去的是我，所以他說要幫我拿著我的即可拍相機。我慢慢把身體浸到冰冷的水中時，聽見了塑膠咯嚓聲響。我抬頭看見比爾拿著相機，瞇著一隻眼睛看著相機的取景器。

「笑一個啊，妳這兔崽子！」他用模仿大白鯊演員羅伊・謝德的聲音說。

我把調節器塞進嘴裡，靜靜沉入水中，一分鐘後比爾接著下水。古斯把籠頂鏘的一聲關上，用粗繩索綁緊。我可以感覺到籠子慢慢下沉，但是我卻沒跟著往下。相反地，我盤旋在籠子中央，在籠頂和籠底間不上不下。啊，是配重帶！一定是因為我戴的不是同一條，昨天的那條夠重，讓我可以穩穩踩在籠底。今天的海浪比昨天更洶湧，突然間，一個大浪打過來把我往前推，我輕輕撞上快速往下沉的籠頂。我搖了一下頭想站穩確定方向，才發現我糾結的頭髮和綁在頂頭的橡膠粗繩索纏在一起了。我整個人因為我的馬尾而吊在鐵籠中，我的雙腿拚命踢，就像奮戰到最後一刻的絞刑台死囚一樣。配重帶的重量把我往下拉，而纏住的頭髮卻把我的面罩往上拉，導致海水滲了進來。我努力想要保持平衡，踩在籠裡的兩根橫鐵條上，把自己往上撐，想解開纏住的頭髮。我的腳踩出鐵籠之外時，想起古斯說過「鯊魚什麼東西都會咬咬看」，所以不要把手或腳伸出籠子外。想到這，我更是瘋了似地想要扯開我的頭髮。要不是我的頭髮被纏在籠頂，我早就打手勢求救了。大約五分鐘後，我終於扯開了馬尾，回到籠底站在比爾的身邊，這時我的面罩底部大約滲進了二點五公分的水。我試了古斯教我的排水法，也就是往上看的同時，輕輕打開面罩底部，但卻跑進了更多海水（我後來才發現我忘記打開面罩時要用鼻子吐氣）。我用懇求的眼神看著比爾，我想向他大喊：「我的面罩進水了，沒辦法排出去！我該怎麼辦？」我指著我的面罩，但是他搖搖頭，不懂我要說什麼。

我把面罩繫得更緊些，但拉緊帶時卻跑進了更多水。我想要改變呼吸方式，只用嘴巴吸氣吐氣，但是每次吸氣卻還是用了鼻子。我的鼻子一直快速吸進海水，不知道有沒有任何死亡證明會寫「因為搞不定頭髮而致死」。到了這時，我面罩裡的水已經上升到超過鼻孔的位置了，我的雙眼往下盯著鼻樑，就像兩個待在屋頂的淹水災民，心裡想著不知何時水會淹到他們。如果真的淹上來我就死定了。我不是被困在籠子裡，吸進了海水而已；而是看不見，還被困在籠子裡，又吸進海水。求生的本能告訴我，我應該要儘快游到水面，但是水中又有鯊魚。問題來了：我是要溺死還是要被活活吃掉？選擇你自己的冒險路線吧！

我向比爾做出了兩隻拇指向下的手勢，這個國際通用手勢是指「我不高興」，我還對他示意說我要出去。我解開了粗繩索、打開鐵籠頂部，但是海流太強勁我沒辦法關上。古斯把我們拉上來時，籠頂的門狂亂地擺動，所以他沒辦法抓住頂部。鐵籠在船底水平滑動撞擊船身，發出砰砰砰的悶聲，橫躺的籠子籠頂大開，鯊魚隨時都有可能游進來。我瞥向比爾，他對我比了無可奈何的手勢。他並沒有聽到古斯昨天說要把籠頂關上這件事，所以不知道到底出了什麼差錯。我慌亂地抓住籠頂的門往下扯，但是一陣強力的大浪又把門給沖開，力道幾乎把我拖出籠外。我的腳尖抵住鐵籠橫的鐵條好施力拉門。鐵籠東搖西晃，金屬很輕易地就劃破了我腳上的肌膚。後來籠子開始慢慢往前移動，古斯把我們拉了上來。我們浮到水面時，古斯把鐵籠固定在船的後方，我衝出水面，丟掉調節器，拚命喘氣。我後面有雙手從腋下把我往上撈起，拖我上船，周遭有很多人說：「別緊張！放輕鬆！」

我用水管沖洗了一下，留意不要沖到脖子以上，以免睫毛和眉毛都被沖光光。我虛弱地走到一個船上的空位躺了下來，雖然穿著溼的潛水衣，但在夏日的陽光底下還算溫暖。

「妳在那還好吧？」古斯終於出聲詢問，語調暗示他不再認為我是個硬漢子了。

我點點頭沒張開眼睛。

「既然這樣，雷斯，換你跟比爾一起下去吧。」

我意識到比爾就站在我的面前，或者更確切點說，我感覺到身上有他滴落的水珠。

「說真的，艾兒妳還好吧？」比爾每一次都叫我全名，這是第一次聽到他叫我的名字，有點刺耳。「你要不要我在這陪妳？」他問。我瞬間覺得很感動，他大老遠跑來，竟然願意因為我放棄潛水觀鯊。

「我好得很，你看！」我坐起來，作為我沒事的證據。「你現在趕快下去潛水！」

他轉身走回籠子，一步步誇張地慢慢走，以免滑倒。「如果有任何避免溺水的最後忠告，我洗耳恭聽。」他回頭大喊：「我是說真的！我耳朵超巨大的，一定聽得進去！」

我翻了翻白眼笑著說：「只要小心別讓你那些娘娘腔的鬈髮纏住繩索就好！」

愛莉諾在為人母之後，因為希望能在小孩玩水的時候顧著他們，才想學游泳。因此，一九二四年的冬天，愛莉諾在紐約基督教女青年會（ＹＷＣＡ）上課，四十歲才學會游泳。跳水則花了她更久的時間，事實上，她到一九三九年的夏天，五十六歲時才學會，是一位比較資淺的白宮幕僚桃樂絲・道教她的。

「最後她終於會跳水了，」桃樂絲寫道：「不只是從泳池旁邊跳下去而已，她也能從跳水板跳下去。她急著想要表演給羅斯福總統看，他說他不相信愛莉諾辦得到。」桃樂絲寫道：「所以，愛莉諾夫人走到板子上，做好準備姿勢，直挺挺地撲向水面而去，她濺起的水花聲連大老遠位在紐約外的帕基普希市（Poughkeepsie）都聽得到！我想總統本來應該會爆出大笑的，為了忍住，他的手往下按住我的肩膀，力道大到我差點跌倒。愛莉諾夫人面紅耳赤地從泳池裡上來，臉色陰鬱，二話不說就又走到板子上，做出了一次漂亮的跳水。」

二十分鐘後，雷斯笑著和比爾浮出水面，他上氣不接下氣地說：「你的手差點被咬掉了！」

比爾看起來有點不好意思，把剛發生的事告訴了我們。他們才下去沒幾分鐘，就遇上了一隻二點四公尺長的大青鯊。比爾想要拍一張跟鯊魚擊掌的照片，他比手勢叫雷斯把相機就定位，接著他把手伸出鐵條外，抓住鯊魚鰭。比爾差點沒辦法把手縮回籠子裡，因為這隻大青鯊後來轉頭猛地咬他。

「你想要再下去一次嗎？」古斯問我。

「不用了，我已經夠了。」我很快地說。我眼光還沒移開前，看見了古斯臉上的失望。

在回程的路上，每個人都陷入了筋疲力盡的沉默當中，意味著假期的結束。我和比爾並肩坐在甲板上，只要船稍微遇上大一點的浪，我們就會輕輕碰撞到彼此。每次只要想到自己拒絕再次下水，我就會感到一陣惱怒。比爾的英勇事蹟只讓我覺得自己更失敗，我們困在船底的時候他也在籠子裡，但是他並沒有因為這樣就不再下水。我有第二次機會，但卻沒有像愛莉諾和比爾一樣再試一次，我第一次挫敗後就放棄了。

「你是怎麼辦到的？」我問：「你為什麼做任何事都這麼勇敢？」

比爾聳聳肩：「我沒妳想的那麼勇敢啊。」

「你這樣說只是想讓我好過點吧？」

「我從來沒在清醒的時候跟女人搭訕。」

「什麼意思？」

「我已經三十三歲了，卻根本沒膽約女人出去，除非我喝醉。」他說：「所以妳懂嗎？每個人都會怕做某件事。」

「除了我之外。」我笑著說：「我是什麼事都怕。」

比爾臉色一沉說：「妳到底怎麼了，諾艾兒？」

「妳實習的時候，每天早上到辦公室來，都會講妳前晚的冒險故事來娛樂我們。還記得有一次妳回家的路上，在地鐵裡有個女孩講話侮辱妳嗎？妳也罵了回去，即使那女生後來掏出了一把刀子，妳還是一點都沒讓步！」

「我當時太蠢了。」

「當時的諾艾兒跑哪去了？」他沒耐心地問。「因為我很希望那個諾艾兒可以回來，妳這個自我貶抑的拿手好戲演好幾年了，也該下檔了。」

他的話狠狠刺傷了我，我變了。你可能會覺得，我本來就懷疑，自己可能已經不是以前的自己了，所以他現在指出來並不會讓我那麼痛苦。但其實我的懷疑中還是帶著一絲希望——也許我的問題只是出於自己的想像。現在得到證實了，而且還是從別人的口中聽到的，表示我的改變是千真萬確的。

有好一會兒，我眺望著大海。海讓我想起麥特，他小的時候，每個暑假都去父母親位於漢普頓的海邊小屋，在大西洋洶湧的海浪中嬉戲玩耍。我第一次踏進大西洋，就是麥特哄騙我去的，但那也是最後一次。我習慣了墨西哥灣平靜的水域，除非有颶風，否則海浪不會超過六十公分高。但是大西洋的海浪會大規模來襲，讓不察的受害者倒地不起，全軍覆沒，跟被搶劫沒兩樣。等你好不容易蹣跚地站穩腳步，才發現自己的泳褲不見了。我一次又一次被浪沖倒、翻滾，氣急敗壞地上岸。

「寶貝，妳要潛在浪底下，」麥特指導我：「就跟衝浪的人一樣。」

「我是在浪底下啊，麥特！事實上，一次有八個浪同時打在我頭上耶！」

我正在說這句話時，另一個浪又捲過來，把我拖向一個遍佈碎貝殼的地方。我站起來的時候兩個膝蓋都沾滿了血，我的雙手馬上就在空中做出一個要離開的手勢。

「我受夠了！」我對著海浪說：「真是感謝啊！你們對我還真好嘛！」

「拜託別走。」麥特懇求道。

我繼續走向海邊，大喊道：「我要去跟正常人一起躺著曬太陽，就算要死也選個死得慢一點的方法。」

「他說得沒錯。」我之後跟包柏醫生講述這故事時，他說：「問題在於妳的方法，妳總是在浪最大的地方站直，努力保持平衡。若是妳潛到浪底下，海浪就會從妳頭上越過，妳就會從另一邊浮上。最後，妳就可以在那開心地隨著海浪上上下下。妳要隨波逐流，而不是對抗洶湧的大浪，這跟面對恐懼情況的道理是一樣的。」包柏醫生坐在椅子上慢慢往前移動了一些，彷彿要告訴我一件很重要的事：「面對恐懼情況來臨時，與其繃緊神經想要堅持不被打倒，倒不如潛進去面對，和恐懼一起打滾，不要掙扎對抗它們。一開始很困難，但妳進去後，要乘著浪上上下下就容易得多了。此外，這遠比妳光站在沙灘上看好玩多了。」

我們的船朝著碼頭駛進時，我思考著包柏醫生說的海浪比喻。我的確為昨天挑戰潛水觀鯊成功而感到驕傲，但卻沒有像上一次完成大挑戰時的那種成就感。上次最後一次盪高空鞦韆，在空中最高點時，我感受到一陣從來沒有經歷過的喜悅，我知道這種喜悅如果我不去嘗試，是不可能會有的。相反地，這次潛水觀鯊從頭到尾都充滿了恐懼和驚慌。我這才明白，不是所有恐懼都值得克服。畢竟，我這樣做能得到什麼嗎？當然，我活了下來，還有個很棒的故事可以訴說，但是人生在世應該不只是要保住性命、向人誇耀吧?!不是應該還有有所成長嗎？害怕鯊魚就跟怕火一樣，克服對鯊魚的恐懼，在心理上並沒有任何好處。我們本來就應該要怕鯊魚，牠們是兇猛的怪獸耶！從現在開始，我要慎選挑戰，我想了想計畫還要執行多久的時間：三百多天。嗯，這次的冒險也不能說是完全失敗，明天還要繼續克服挑戰。

Chapter 4

去做讓你感興趣的事，而且要全心全意地做。
不要擔心別人會怎麼看你或批評你，其實他們很可能根本沒在注意你。

——**愛莉諾．羅斯福**

「我這週末剛回來，真希望可以跟我的朋友比爾更像一點。」我渴望地說。

「比爾有什麼特質讓妳欣賞？」包柏醫生問。

「嗯，這個男人幾乎是什麼都不怕，而且他就是……傻傻的。」

「妳上次做蠢事是什麼時候？」我張開嘴想要回答，他又說：「喝酒的時候不算。」

我閉上嘴巴重新思考這個問題：「也許就在上大學前，沒錯！肯定就是耶魯的入學影帶！」

「影帶？」他困惑地重複道。

我所有申請的大學中，耶魯是最晚回覆的。杜克大學和喬治城大學當時已經拒絕了我，還寄了文筆精簡的信遺憾地告知我未達標準，並祝我好運可以進入其他標準沒那麼嚴格的學校。因此，我接到耶魯通知我在候補名單上時，著實大吃了一驚。我立刻就對註冊組展開了一連串積極的書信運動，連續三個禮拜每兩天我就寄一封信，詳細描述耶魯不收我會後悔的各種原因。那時我可有創意了，我一直都很喜歡蘇斯博士的童書《喔！你將要去的地方！》，所以我就寫了一個我自己版本的《喔！我將要去的地方！》，重新改寫其中的一些文字，把裡面的詩改成我去耶魯讀書，其中一段如下：

我仔細察看很多學校
但我做了決定：我不要往那兒去
我的大學在哪？它一定得是最棒的
肯定要好得讓其他學校仰望
耶魯讓我的思想萌芽
引導灌溉，但還是讓我有自己的想法
我不會落後
不！我有能力
給我機會
我一定能勝利！

之後我就把這個故事拍成影帶，整個舞台背景只有我媽在我頭上拿著灑水器，假裝是暴雨，但是彈簧墊上的連續動作加了不少分。寄出這捲影帶一個禮拜後，我接到註冊組的電話。

「任何一個肯花這麼多心思，去追求她想要的東西的人，一定會有地方去的，」他說：「歡迎來到耶魯！」

我在對包柏醫生講述這故事時，他往後靠在椅子上大笑說：「這故事真是了不起啊！」他語調中有明顯的愉悅：「妳還真有膽啊！小姑娘！」

我對以前的自己突然感到一陣嫉妒，沒想到人會嫉妒自己。「對啊！我那時勇敢多了！」這陣子我只會考慮要做蠢事，有時候在嚴肅的場合，像是教堂佈道、工作面試，甚至是和包柏醫生的會診等，我都會折磨自己，想像自己做了一件超蠢的事。比如說站起來一邊搖著臀部，一邊像金剛一樣捶胸大吼：「喔嘎噗卡嗶啵！」之後輪到我開口講話時，我得努力保持撲克臉，不讓聲音中帶有任何笑意。

包柏醫生問：「妳什麼時候學會不再做蠢事？妳什麼時候開始變得這麼嚴肅？」

「事實上，我想是從耶魯開始的。我……」我停頓了一會兒，找尋正確的字眼：「整個人不知怎地開始內斂了。耶魯競爭很激烈，你懂嗎？每個人樣樣都要當第一名。學生不再只是拉小提琴而已，他們是一群十二歲就登上卡內基音樂廳的人。我知道自己沒辦法和他們競爭，所以我就不再展現自己了。」

「大學畢業後呢？」

「我去一家報社上班，那裡的員工都自詡為知識份子，他們覺得如果你不把自己當一回事，別人就不會把你當一回事。每次我一搞笑，他們就翻白眼。久而久之，那樣的我就消失了。」

包柏醫生體諒地點點頭說：「對那些無時無刻想要掌控生活、樣樣都嚴肅看待的人來說，做傻事是種威脅。我們不再做傻事是因為怕大家評論，但是做傻事有時可以給你力量。我認為妳應該想做傻事就去做，不要怕。」

我考慮過要不要就在這個當下跳出「喔嘎噗卡」的舞蹈，但我懷疑萬一我真的做了，他可能不會認為這是做傻事，反而會覺得我需要看神經科醫生。所以沒做，反之我問：「那我該怎麼做呢？」

「妳可以練習做傻事。」他微笑著，朝兩邊往外伸出雙手，我想該不會是要做出爵士手勢吧？沒想到他真的做了，他說：「嘿！這對我很有效耶！我就是個傻裡傻氣的治療專家啊！」

隔天我報名了踢踏舞課程。說到做蠢事，大概沒有什麼比這更蠢了吧：一群成年人穿著瑪莉珍鞋，為了不存在的觀眾，跳來跳去表演繁複的舞步。其中一種非常可笑的舞步要拍打膝蓋，接著還得以誇張的方式，一邊揮手一邊走到教室的另一頭，這讓我想起不斷揮舞大禮帽和手杖的卡通青蛙。我還在大白天穿上了大學時代留下的聖誕老公公裝，走來走去。不過，即使做了其他蠢事想要分心，我內心深處還是潛藏著一絲害怕，因為我終究還是有件事得面對。

我要去唱卡拉ＯＫ了。

大部分的人都是小時候做蠢事，隨著年紀慢慢增加越變越嚴肅。愛莉諾卻剛好相反。小說家范寧・赫斯特寫的回憶錄裡，記述了一件愛莉諾的趣事，這是我最喜歡的愛莉諾故事之一。在《自我剖析》中，范寧敘述了一九九三年造訪白宮的經驗。午餐過後，范寧陪同愛莉諾去探視闌尾切除手術後在醫院休養的兒子。接著他們參加了畢卡索畫展的開幕式，愛莉諾擔任演講嘉賓。

之後，這兩人又回到白宮去接待約四十位菲律賓學者組成的教育參訪團，並會見了一位來自亞特蘭大的非裔美國籍浸禮會牧師。快速換裝後，他們又出去和一位羅斯福總統家族的朋友吃晚餐。晚上十一點時，愛莉諾和范寧又回到白宮，米高梅影業剛替總統裝了放映機，他們回來觀看「會說話的照片」首映。深夜時，范寧爬上白宮裡林肯臥房的床，心想「就偷懶一次別卸妝直接睡吧！」結果，一陣敲門聲隨後響起。

「請進。」范寧不安地說。

愛莉諾穿著黑色的泳衣大步邁進房間，一隻手臂上還掛著一條毛巾。「還記得我答應過……要給你看看我做的瑜伽練習嗎？」她一邊問，一邊把毛巾鋪在地上。接著，讓范寧大吃一驚的是，四十九歲的第一夫人「頭頂著地板倒立，腳立在空中，直得跟柱子一樣。」

「妳只要站上台放輕鬆唱就好啦！親愛的。」幾天後麥特說，一邊帶我走進一個黑漆漆的卡拉ＯＫ吧（有不黑的卡拉ＯＫ嗎？）。前幾天麥特請他朋友傑西推薦唱歌的地方，傑西是戲劇評論家，非常喜歡唱卡拉ＯＫ。

「事實上，我這週末就要和幾位工作上認識的朋友去唱卡拉ＯＫ。」傑西對麥特說：「他們是有點誇張愛現啦，但你們一起來我想他們會很高興！」沒想到傑西所謂工作上的朋友，有幾個竟然在夜總會演唱。

「真不敢相信我第一次唱卡拉ＯＫ，你就叫我和一堆專業歌手一起來。」我對麥特抱怨，我們這群人在幾張紫色天鵝絨椅上坐了下來。

「我以為他說他們愛現是因為他們很愛漂亮！」他為自己辯解：「而且如果是唱卡拉ＯＫ能好到哪去啊？」

「能好到哪去?!」我重複他的話：「坐在那裡的那個男的，實際上就是在**夜總會登台演唱**耶！」

麥特就是那種不管做什麼都很優秀的人。通常我會努力避開這種人，但是這項缺點是我們交往過程中才慢慢浮現的：在爸媽家的照片顯示出他高中時參加曼哈頓八百公尺競賽，連續兩年都拿了冠軍；他大學室友問他：「麥特，我又忘了你論文是寫什麼的啊？不是得了個獎嗎？」他帶我去航海，我才發現他會開船；帶我去打撞球，他竟然一桿清袋。到了他贏得普立茲獎（雖然是整個團隊得獎，但他還是得了啊！）時，我明白了他就是這樣的人，但卻已經愛上他。除了這些之外，他還在樂團裡彈吉他，歌聲也好得不得了。

我不再和麥特繼續爭辯，把注意力轉移到緊急出口上。以一間卡拉ＯＫ來說，這地方還真時髦，感覺上像有霓虹燈和馬丁尼那類的酒吧。至少舞台不是很高，就是個大約離地面三十公分高的平台而已。

包柏醫生曾說過我們所有的恐懼，不管今天看來有多離譜，在某種程度上而言都是為了生存，這些本能衝動讓我們的祖先得以避開各種不幸。舉例來說，空間幽閉症就要我們的祖先避免屈身在狹小的地方，因為這樣面對野獸攻擊時會很脆弱。但是放在文明的場景中來看，同樣的本能衝動就顯得有些神經質了。在古代，讓你逃離危險的原始衝動是生存所必須；在現代，這樣的衝動只會讓你看起來像個怪咖。你用很爛的藉口避開令人尷尬的社交場合；如果覺得還沒準備好要應付大考，你就假裝生病不去。一直遵循這種本能，你就無法體會一件很重要的事，那就是你的確有能力可以學會如何處理困難。

克里斯側身走在我旁邊說：「在計畫逃生路線嗎？」他開玩笑地用手肘頂了頂我的肋骨。我驚恐地逃離卡拉ＯＫ吧的那晚他也在場。克里斯的男友庫柏站在他旁邊，咧著個大大的笑臉，臉上還有兩個酒窩。和往常一樣，我盡量不要讓自己一直盯著庫柏的臉看。克里斯的五官精緻、身形瘦長，就已經非常迷人了，但是庫柏有運動員的體格、開朗英俊的臉龐，這樣的組合讓你以身為美國人為傲。他們是我認識的情侶中，最帥、最會打扮的一對。他們的穿衣風格很類似，都是走時尚學院風，常常因為參加派對時眼光太一致而撞衫。

「喔，你們來了！」我尖聲道，張開雙臂抱住他們。光是看到他們兩個就讓我覺得沒那麼緊張了。端著龐貝藍鑽琴酒的服務生走到我們身旁，克里斯輕推了我一下說：「要不要來杯酒壯壯膽啊？瑪利亞凱莉？」

「我要為我的歌迷保持清醒。」他們一起輕碰酒杯乾杯時，我面無表情地說。包柏醫生說過，如果你用酒精來讓自己避掉尷尬或批評的場面，就不算是真的面對恐懼，而克服恐懼的唯一方法就是面對它。就因為如此，我要清醒地上台，儘管內心不願意。

「只要跟在我和庫柏後面唱就行啦！」克里斯提出建議：「我們唱得超爛的，一定可以讓妳看起來好一點。」

我快速翻閱點歌本，來首抒情歌曲？不，來首蠢一點，但又不要太蠢的好了。我一直在想要點什麼，最後挑了一首我懷疑會遭到嘲笑的歌曲。我在一張小紙條上寫下了歌曲代碼，跟著克里斯走到卡拉ＯＫ機器旁。

「如果妳在我之後按下歌曲代碼，妳的歌應該就會在我們之後出來。」他拿起一個遙控器，按了幾個按鈕。「不過前面還有不少歌曲正在預備，至少也要二十分鐘才會輪到妳。」

我們這群人裡第一個上台的是看起來很溫馴的麥克，他唱了首熱鬧滾滾的歌，是玫瑰舞后的〈有些人〉。這首歌四分多鐘長，但是他卻讓觀眾從頭到尾都凝神觀看。另一個上台的唱了電影《瘋狂理髮師》裡的某首歌曲，我沒聽過這首歌，但是他唱得很好。

麥特安慰地拍拍我的手臂說：「寶貝，別擔心，我去點一些沒那麼……亢奮的歌曲，中和一下。」他離開不到一分鐘就回來，臉上帶著不好意思的表情說：「嗯，妳的歌曲代碼是幾號？我想我剛不小心按錯鍵，刪掉了幾首歌。」

我的視線依舊盯著台上的歌手，在後面口袋裡撈了一番，找到那張一團縐的紙條交給麥特。他轉身離開，我們看到三位紐約大學的女生聽著瑪丹娜歌曲的旋律咯咯笑。輪到克里斯和庫柏上台時，我忍不住微笑。他們表演了肉塊合唱團的〈我願為愛做一切事情〉。克里斯說得對，他們真的很爛，但是爛得非常有趣，我很喜歡這樣的表演。他們終於唱完最後一個走音的音符時，我一鼓作氣站了起來，心想趕快唱完就好。

麥特拍了一下我的臀部說：「寶貝，去把大家都迷倒吧！」

但是好像有些不對勁。螢幕上閃爍的歌名是電台司令的〈怪物〉，這不是我點的歌啊。

「這是我點的！」麥特說，驚慌地站了起來。「對不起啊，親愛的。我不小心刪掉妳的歌曲，又幫妳點了一次，播放器一定是把妳的放到我後面了。」他歉疚地聳聳肩，快速步上舞台從困惑的克里斯和庫柏手中拿過麥克風。

「怎麼回事？」克里斯和庫柏坐進我旁邊的椅子問：「我以為在我們之後唱的是妳耶。」

「麥特不小心調換了歌曲的順序，他在我前面唱，不是在我後面。」

麥特站到聚光燈底下，對觀眾面帶微笑。他是個天生的表演者，他問：「今晚大家都好嗎？聽著，我想我需要一位和音，有沒有自願者肯幫我啊？」

「我來！」在夜總會唱歌的那位衝到舞台前，迫不及待地拿起第二支麥克風。前奏的吉他聲在房內流洩出來，本來我希望麥特會為了我把歌曲順序調回去，現在隨著他充滿情感的低吟從麥克風傳出，我就知道希望破滅了。他一開口，全場都靜下來聆聽。夜總會那傢伙後來用真的很優美的高音加入了和音，他們的組合真的是無懈可擊。

「真是難以置信！」我轉向克里斯驚慌地說：「又是這樣！我竟然又得在一個超精采的表演後上台！」

「而且他還有個**同志和音**！」克里斯倒抽一口氣道：「這樣不公平。」

麥特表演的時候，我一直努力別去想他有多過分，接著……響起了如雷的掌聲。輪到我了。他把麥克風交給我的時候，我避開了他的視線，我怕自己會拿麥克風對他做什麼。我咬著牙對他說：「謝了，寶貝。」

我的卡拉ＯＫ首次登台表演，選了胡椒鹽合唱團的〈咻〉，這是一首以前我常聽的饒舌歌曲。我面向觀眾，但並沒有真的看著他們。音樂開始時，那些愛起鬨的人給了我一陣認同的喝采，隨著音樂打起了節拍。

深呼吸後，我開始吟誦：

「準備！準備！再次準備囉！女孩們，我的弱點是什麼？」

「男人！」那些愛起鬨的人回答。

「那麼，」我繼續唱著：「冷靜，冷靜，管好自己。嘿，鹽巴，我看看周遭，真不敢相信……」

一開始音樂很大聲，我幾乎聽不見自己的聲音從喇叭裡傳出來，連嘴裡自己在唱什麼都聽不到。不過很快地我就全神投入，自己和自己對唱，天衣無縫地轉換聲調，讓大家可以辨認現在是鹽巴還是胡椒在唱歌。我還帶了舞蹈動作，我向前伸出空著的那隻手臂，在空中比劃著，就像嘻哈歌手一樣。我做了一個小小的臀部扭動動作，還從上一路扭到地面！我甚至連歌曲中，某位猛男誇耀他性能力的那段饒舌都唱了！喔等等，卡拉ＯＫ版把這男的台詞給省略了！歌曲做了尺度審查。我現在歌詞跟不上了！歌曲播放的進度已經超前了！我不再跳著戲謔的舞蹈，而是專注地盯著題詞機，結結巴巴地跟著歌詞唱，努力想找出我唱到哪。

我現在可以聽到自己的聲音了，這是我的聲音，但聽起來又不像我的聲音。太單薄了，好像稀釋過一樣。就像每次我要把訪問名人的錄音帶轉譯成文字時，都會聽見錄音帶裡的自己，聲音不但放不開，還尖聲又緊張地問問題。觀眾群裡，傳來克里斯熟悉的笑聲。他的笑聲讓我克服了焦慮，我知道現在做的事情真的很蠢，而奇蹟卻就這樣發生了：我不在乎了！就這樣，突然間一切都無所謂了。

我以勝利者的姿態，趕上和音進度了！「咻咻比嘟，咻比嘟，咻比嘟比嘟，」我唱著：

「寶貝，寶～貝！你知道嗎，我想要咻～寶貝！」

然後歌曲結束了，比我料想的還快。我咧嘴傻笑，把麥克風交出去，觀眾發出震耳欲聾的掌聲。愛起鬨的人覺得場面有些單調，在我回到座位前不斷叫囂歡呼。在夜總會唱歌的那位把一隻手放在我的肩膀上，說他很佩服我，因為「我懂得看場面，還投入了整體氣氛之中」。這可能是恭維，也可能不是，我不在乎啦。重新面對我逃避許久的時刻後，我感覺到某種小小的解放。

「幹得好呀，寶貝。」麥特在我坐下來的時候說：「但我覺得妳還可以更棒，頭聲少一點，情感投入多一點。」

「啥？」

「我只是想說，不用怕用橫隔膜發聲，妳知道我意思吧？」

「橫隔膜。」我重複他的話。

「妳剛剛有點走音了，就這樣嘛。下次或許不要放太多心力在跳舞上？跳舞讓妳表現差了點，而且老實說，也讓人容易分心。」

「好，說實在的。」

「啥？」

「你在給我**指導**？指導我的饒舌歌？在你那樣搞我之後下指導棋？」

「我只是想提供幫助啊。」他看起來真的很困惑，不是裝的。「我搞了啥？」

「請了個該死的夜總會歌手迷倒全場——」

「他自願的！」

「是你先要求自願者的啊！就跟以往一樣，不管我們做什麼，最後成為焦點的都是你。」

「我不是故意要這樣的。」

「我知道！不是故意才更慘！」我把頭靠向牆壁：「有時我真希望你不要那麼……完美。」但是我說的時候帶著微笑，希望我的惱怒不要毀了這一刻。

他靠過來吻了我說：「對不起啊，親愛的。我從現在開始會表現得更好，嗯，應該說更差才是。」他把注意力轉回舞台，但我繼續望著他。

麥特唯一不擅長的事，就是對別人感到真心佩服，要真的非常非常精采，才會讓他說出「哇噢——」他很挺我，但這跟欣賞不是同一回事，他也很愛挑剔批評。我總認為情侶要處得好，簡單來說，就是要當彼此的死忠粉絲。但萬一其中之一比較崇拜對方怎麼辦？我心裡不只一次想過，不曉得麥特和我到底適不適合。只要我和他在一起，他永遠會比我傑出。明明都是寫文章，他贏得了普立茲獎，我就只是寫八卦。我的成就在他旁邊永遠看起來比較遜色，我的缺點看起來則是更受到凸顯。嫁給他會不會就像是一輩子都在讀耶魯呢？我會不會永遠都覺得自己不如他呢？我會不會像那時拚命想趕上別人，但最後卻覺得自己不夠優秀，無法和這些人做同學？他會不會因為我表現不如他的預期，最後對我產生厭倦呢？

Chapter 5

許多恐懼都是源自未知，我們不知道接觸新事物會怎樣，也不知道自己是否能應付。我們越早知道沒接觸過的事物是怎麼一回事，就能越快驅散恐懼。

——**愛莉諾・羅斯福**

富蘭克林（小羅斯福總統）漫步在走道上想要舒展一下雙腳時，看見了愛莉諾獨自一人坐在火車上。那是一九〇二年的一個悶熱夏天，他和母親莎拉，正要前往家族在紐約海德公園的莊園。富蘭克林和愛莉諾是隔了五代、差一個輩份的遠親，兩人幾乎不認識對方，但他走了過去，兩人很快就親切地交談起來。他邀請愛莉諾一起坐到他那節車廂，母親莎拉則冷淡地打了個招呼，就跟之後未來四十年的態度一樣。

據說愛莉諾和富蘭克林個性是南轅北轍。他俊帥、不拘小節又幽默，而她則嚴肅又對自己外貌沒有信心。新年那天，兩人的叔叔老羅斯福總統在白宮舉行年度慶祝會，他們又再度相遇。從那時起，這位個性真誠、初次投入社交圈的女子，就常和這位開朗的哈佛學子見面。愛莉諾在當月底參加了富蘭克林二十一歲的生日。他邀請她參加在海德公園週末度假別墅的派對，還邀請她拜訪母親在緬因州海岸不遠處的坎波貝羅島上的避暑山莊。當然，這兩人每次見面都一定得要有其他女伴相陪。

愛莉諾之後描述了一些當時對於單身男女見面的嚴格規定：「當時大家都明白，除非男人已經主動展開各種追求，女人不可以對男人展露出興趣，或是顯示出任何喜愛。」她還說：「還沒訂婚就讓男人親吻你，這樣的念頭從來就沒在我的腦袋裡出現過。」

一百年後，我在一個雜誌社辦的派對上和朋友聊天，心想時間已經很晚，該回家了。就在這時，有個一頭濃密黑褐髮的帥哥，穿著全套半正式禮服，自信滿滿地大步走進來。如果換作其他人，在周遭的人全都穿著牛仔褲的狀態下，穿著燕尾服一定會看起來很可笑，但是不知怎地，他卻能讓場面看起來是大家穿得不夠正式，而不是他穿得太正式。我看過他，我知道他是《紐約時報》的記者，是個有名的花花公子。想也知道，這時的我還會出席社交場合。之後我的部落客工作佔滿了生活，我不再出門玩樂，這樣的日子持續了三年半直到我失業為止。如果是現在的我在派對上遇到麥特，嗯，我搞不好一開始就不會去參加派對，但不管我會不會去，現在的我肯定不會做當時我所做的事：在旁邊等待。等到他端了一杯飲料要離開吧台時，我走到他身邊。

「蘇格蘭威士忌不加冰塊，對吧？」我用手比酒杯說：「你知道這杯酒配什麼最好嗎？」

「配什麼？」

「配我。」我微笑地說。接著，我不經意地從他手上拿過酒杯，喝了一大口。近看他，我發現他大概才二十八、九歲，但眼角已有笑紋。

我把酒杯遞還給他時，他的眼裡閃爍著笑意，但是表情卻沒變。這男人倒是挺鎮定的嘛。

喔，順帶一提，他的眼睛顏色和小長春花一樣藍中帶紫呢！他就是那種無論如何都會吸引眾人目光的人，不過上帝竟然還給他一對藍紫色的雙眼錦上添花，生怕你沒注意到他是個萬人迷。

「謝謝你這杯飲料啦！」我說完就邁步離開。

「喂，妳這杯要付費的。」他追了上來，用一種調侃的語調說。哈！上鉤了。

「喔，拜託——」我嘲弄地說：「反正你又喝不完那杯。」我誇張地上下打量了他後說：「我看你的酒量是輕量級的吧？」

「你膽子倒是挺大的嘛。」但是他語帶讚許。

我們彼此相視一笑，像是在演一九四〇年代男女打鬧的瘋狂喜劇。我後來發現他叫麥特，在曼哈頓長大，畢業於普林斯頓大學。

「啊，忘了說你的衣服真是不錯啊！」我一本正經地說：「我差點就穿了晚禮服，不過還是選了隨性的反派風格，正如你所見。」我比了一下我的細肩帶上衣和粗呢寬鬆便褲。

他笑著說：「我剛去參加一場正式的政治餐會，真是漫長的一天。事實上，我差不多該回家了，今晚跑趴很累人啊。」他看著手錶說。停頓一會後他又說：「妳想不想跟我一起回家啊？」

我想。但我猜他是那種任何事都可以輕易到手的人，而輕易到手的東西常常就會輕易拋棄。所以我用一種淘氣的表情看著他說：「喔，我想那杯酒不夠讓我醉到跟你回家喔。」

他傾身靠向我，我可以感覺到我們身體的熱度混合在一起，他輕聲說：「真是太可惜了。」他眨了一下眼睛，把酒杯遞給我。「至少我知道這杯酒該給誰了，很高興認識妳。」

我等了三天才查了他在《紐約時報》的網站，寫了一封電子郵件給他。

「我就知道妳會寫信給我。」他回信時寫。他的厚臉皮真的令人討厭，但卻又極度迷人。從富蘭克林追求愛莉諾那時到現在，一百年的光陰過去了，男女追求的法則已經稍微寬鬆了些。在派對過後幾個月，我和麥特認真約會，最後我們在除夕那天正式成為情侶。那天在派對上要上廁所的人大排長龍，所以他幫我把風，我穿著綢緞晚宴禮服蹲在太平梯那，尿在一個塑膠高腳酒杯裡。當下我就知道我果然選對人了。

＊

「妳這週末打算做什麼？」包柏醫生問。

「我以為我們已經熟到不用講這些客套話了耶。」

他把話說得再清楚一點：「我是指妳的克服恐懼計畫，妳打算做清單上的哪一項？」

「我要帶著恐懼上路。」我往後靠，雙手交疊在頭部後方：「我和麥特週末要去參加在南塔克特島的婚禮。」

「聽起來真恐怖啊。」他開玩笑地說。

「不是參加婚禮而已喔，我不會和麥特一起開車去，而是搭飛機來回，因為我怕搭飛機。」

「聽起來比較像是某人在找藉口避開長途車程喔。」

「我要搭的可不是普通的飛機呢，是那種常常出事的恐怖小型飛機，我以前都發誓這一輩子絕對不搭那種飛機。」

他點了點頭，臉上帶著「還不賴嘛」的表情說：「那禮拜六當天要做什麼呢？」

「我不知道禮拜六要做什麼耶，在一個從沒去過的地方，很難計畫要克服什麼恐懼，到時候再隨機應變吧。」

「要結婚的這對情侶是妳的朋友還是麥特的朋友？」

「拜託——」我笑道：「怎麼可能是我的朋友？他們只有Xbox當另一半！」

麥特的朋友比我們大四歲，已經處於和我們完全不一樣的人生階段。他們擁有房子還有壓蒜頭機。他們不用問父母親，就知道複雜的家庭狀況表格該怎麼填。我的朋友到現在還會翻看紐約客丟在街頭的家具，認真思考是否能把這些家具拖回到自己遙遠的公寓中。

包柏醫生一隻手撐在帶著酒窩的臉頰上說：「妳和麥特曾經討論過結婚的話題嗎？」

「從來沒有。」

「妳有想過結婚的事嗎？」

我當然想過，但是就像中學生思考讀大學這件事一樣。婚姻一直都是一定要做的事，但離我還很遙遠，感覺一點都不真實。我甚至沒辦法想像自己結婚的樣子，我想自己戴著戒指的樣子一定很好笑。到現在我都還穿著上面印著恐龍圖案的T恤，如果結婚的話，就必須為了搭配那隻戴著戒指的手指換掉一整個衣櫃的衣服。

「我想我心裡總是覺得自己應該到三十多歲才會結婚。」

我的父母親是私奔的，當時我母親二十二歲，父親二十四歲。我母親到了三十的時候，已經有了一個兩歲、一個五歲的小孩。每晚我母親都會坐在屋後的迴廊上好幾個小時，一邊抽煙一邊讀著愛情小說，直到德州的溼氣把她逼回屋裡為止。有時我會在她讀小說時坐在外面，看著飛蛾受到引誘撲向我家的捕蚊燈。那些年裡有好幾次，母親從書本裡抬起頭，朝鐵皮屋頂呼出一口煙說：「答應我，你至少要三十歲才可以結婚。」

「妳已經快三十了啊。」包柏醫生說：「妳想嫁給麥特嗎？」

我知道這是在診療，但這問題還是讓我覺得有點太私人了。「我的意思是，我不知道……」我結巴地說：「也許想吧，你懂我的意思嗎？」

包柏醫生給我一點時間思考。我安靜了一會兒後，他又說：「但是妳愛他吧？」

「當然，只是……我只是覺得遇到了我**就會知道**他是不是真命天子，但我不確定麥特是不是。聽起來很可笑吧？如果先不管他有『手趾頭』這點，他真的是個理想的對象。」

「手趾頭？」

「他的腳趾頭非常長，看起來就跟手指頭一樣，我每次都開他玩笑。」

「真的嗎？」包柏醫生看起來有點不自在：「我從沒看過像手指頭的腳趾。」

「算你走運，那種腳趾真的很恐怖啊。我的重點是，麥特基本上算是個完美的對象，但是我們算是靈魂伴侶嗎？我不會這樣說。我要怎麼樣才能知道他是不是**對的人**？」

「沒辦法知道。」包柏醫生蹺起了二郎腿，拉了一下他的卡其褲。

「也許我不知道麥特是不是真命天子這件事，就代表了他其實**不是**？」我的目光落向包柏醫生的結婚金戒。二十年前，他娶了一位溜冰舞蹈團的成員，婚姻一直都很美滿。

「妳有想過對麥特提起這件事嗎？」

「我要怎麼說？嘿！老兄，我不確定你是不是對的人耶！那樣說除了傷他的心，還會有什麼建設性？」

他等著我繼續說話。

「萬一我嫁給麥特，後來又遇見了某個和麥特一樣完美的人，而且還風趣又不會對貓過敏，那我該怎麼辦？」

「麥特不風趣嗎？」

「風趣啊，就跟一般人一樣風趣，但假如我遇到的那個人像脫口秀主持人科南・奧布萊恩那樣風趣，我要怎麼辦？」

包柏醫生用雙手撐著，比出三角形的姿勢說：「還記得我們討論過完美主義嗎？」

「記得啊。」

完美主義就是害怕犯錯。完美主義是一體兩面，就好的方面來說，追求完美能夠讓你有動力去設立遠大的目標，但也可能會失控。完美主義者總覺得自己表現得不夠好，所以可能會成為工作狂。他們對於自己的表現抱持「要不就零分、要不就一百分」的想法，覺得沒做到完美就是最糟糕的一件事。因此，他們會輕易放棄。他們會拖延要達成的目標，等待動力或是好時機出現才做，以力求完美。他們覺得自己「沒準備好」，就會避開社交場合。完美主義者是以「避免犯錯和錯失良機」為基礎建構出生活的。

包柏醫生在椅子上往後靠，蓋上筆蓋說：「這就是真實人生，你用不完美的資訊做決定，獲得不完美的結果。如果不這樣，就只能完全不作任何決定，也就完全無法獲得任何結果。沒人能保證你或你的伴侶不會厭倦而想另尋新歡，但是冒險和一個算得上合適的人在一起，和等待一個完美的伴侶比起來，前者賭贏的機會比較大一些。」

隔天我站在機場的跑道上，不安地看著螺旋槳小飛機。這架飛機的大小大概跟我父母親的休旅車差不多大，可以坐六個人。還有，我們即將在暴雨中啟程。我拿出手機打給麥特，他正從阿爾巴尼市往南開，打算搭渡輪到南塔克特島，和我在下榻的民宿會合。

「還記得《青春傳奇》那部電影裡，里奇・瓦倫斯搭上一台小不拉嘰的飛機，飛進暴風雨後來還死掉的那一幕嗎？」

「有點印象。」

「那就跟我現在的感覺一模一樣。」我說：「只不過我到現在為止還沒有任何豐功偉業。」

「至少妳找到了今天要克服的恐懼啊，要交代什麼遺言嗎？」

想起了昨天和包柏醫生的談話，我開玩笑說：「有啊，萬一墜機的話，你不准忘了我、愛上其他人。如果你敢的話，我的鬼魂會一直糾纏你和你老婆，直到你們倆離婚，你發誓一輩子獨身為止。」麥特笑出聲，就我的感覺來說有點笑得太開心了。

五分鐘後這架小飛機在暴雨中一路奮戰，雨水像汗珠一樣滴落在窗戶上。飛行讓我重新思考了生命與死亡，這是其他交通工具無法做到的。我們都聽過有些空難，飛機墜地的力道極大，讓碎成片片的殘骸比便利貼還要小。也許熱愛高空跳傘的人在這種意外中還能找到一絲慰藉，享受自由落體的感受，但是我痛恨往下墜落時連胃都要吐出來的感覺。小時候去六旗主題遊樂園，我的朋友去坐雲霄飛車時，我就坐在椅子上幫大家顧錢包。

每次飛機一上下跳動，我就倒抽一口氣緊繃起來。碰到亂流時，我就會抓緊椅子坐墊的邊緣往上拉。當然，戲劇性死亡的唯一好處就是登上《紐約郵報》的頭版新聞。但現在，就在我努力想要想出強有力標題的當下，我擔心在沒有訂婚的狀態下，這新聞會沒啥看頭。如果麥特和我有婚約的話，我的頭版新聞標題就會是「未婚夫回憶空難者最後一通電話說：『一輩子不准再娶！』」，但是身為自由身的我就想都別想了。當然，聽到某人的女友在空難中喪生的確很令人難過，但是假使遭逢意外的是**未婚妻**呢？那可就聳動又煽情了。悲情的電視畫面中會出現調查人員拿出一只半焦黑的訂婚戒問：「先生，這是你最後一次見到她時，她手上戴的戒指嗎？」麥特會啜泣，癱倒在他們的懷中，他們會對著麥特的臉搧風想讓他清醒。這一切都因為我是自由身而沒了。相對地，調查人員必須照傳統的「辨認身體特徵」程序來走，他們會把麥特拉到一旁「**輕聲**」問：「先生，你女朋友是不是在臀部有個海豚的刺青？（十六歲時覺得刺海豚很酷啊，誰沒年輕過嘛！）」

飛機突然間往下一沉，乘客全都倒抽一口冷氣。「不好意思啊，這裡有點亂流。」機長從「座艙」大喊，這座艙沒有門又離我們很近，他根本不必提高音量我們就聽得到。我剛還在想誰會來參加我的婚禮，擔心我的媒體朋友跟我的大學朋友會無話可說，後來才意識到他們一定會討論跟我有關的事，所以根本沒差。

「坦白跟你說，去年我跟她根本沒見上幾面。」某人說，手裡拿著插著牙籤的起司塊，牙籤上包覆的彩色錫箔紙還帶著一絲節慶的意味。

「我也是耶。」另一個人加入說：「不過在生日的時候倒是有收到溫馨的簡訊啦。」

經過了五十分鐘不算平靜的飛行，飛機終於下降，我們一路搖晃回到可愛又潮濕的地面。

我蹣跚地步出飛機，唯一想做的就是趕快前往我們的民宿。這座島的一切都很雅致，灰色的木瓦小屋、鵝卵石的街道，甚至連直直落下的雨滴都帶著一絲古雅的味道。我抵達的時候，我們那小巧但非常通風的房間空無一人，麥特一定還塞在路上。我脫掉潮溼的T恤和溼透的牛仔褲，把它們踢向木頭地板另一端的暖氣機，只穿著內衣褲，撲向墊高的四角柱大床，趴在白色羽毛的蓋被上。

下午沒什麼好看的電視節目，我最後停在一部愛情喜劇上，故事是說一位有公主病的花式溜冰選手被迫跟一個笨手笨腳的前曲棍球選手搭檔參加奧運。我發現愛情喜劇偶爾會以婚禮作結，但從來就不會談論到婚姻；劇情片電影會談論到婚姻，但在電影中結了婚的夫妻都沒什麼好結果。傑克・尼克遜想用一把斧頭闖入浴室；葛倫・克蘿絲在浴缸裡遭到射殺；《末路狂花》裡的泰瑪逃離了暴力相向的丈夫，卻和露易絲開車墜落懸崖。就在溜冰選手丟出的橡皮圓盤敲中曲棍球選手的頭時，麥特打開旅館的房門衝了進來。

他看著我的內衣褲讚許地點點頭說：「妳不需要為我盛裝打扮啊，但我看了還是很開心啦！」

我笑了。「這是我了不起的計畫之一。現在過來我這吧，我才能繼續。」

他把皮製行李袋放好，掛起大衣，脫掉溼鞋還有溼襪子。他跨了三步就走到我身邊，彎下身親了我一下。就在我們的雙唇快要碰到時，他甩了一下頭，雨滴從他茂密的頭髮落下，我發出尖叫聲。他撲向床睡在我旁邊，用一隻手撐起頭，我暗示地揚了揚眉，開始解開他襯衫上的釦子。

「我們把溼衣服都脫掉吧。」我說。他把臉轉向我時，雙腳碰觸到我的腳踝，我馬上停止動作說：「但是先把你的指狀腳趾頭從我身上移開。」

他微笑，並更用力地把腳貼向我的腳踝。

我瑟縮了一下：「說真的，我對你的愛瞬間下降了一點喔！」

「閉嘴，快吻我！」

*

隔天，整個婚禮儀式既純白又明亮。教堂的內部漆色如同一個閃亮的蛋殼，陽光從高聳拱形的窗戶灑進來，連新郎和新娘都是金髮白皮膚。湯姆和凱瑟蒂交換誓言要共度餘生時，我在教堂內的長椅上坐立難安。飛行可以強迫你重新評估自己的人生，而婚禮則迫使你重新思考自己的感情。有一天我和麥特會像這樣對彼此說出誓言嗎？或是會對某個現在還沒遇到的人說嗎？

在接待會上，我遇見了麥特五年前的女友和她的未婚夫，他們再兩個禮拜就要舉行婚禮。她未婚夫和我彼此握手，努力別去想像我們倆的另一半彼此做愛的畫面。

他們離開後，我問麥特：「你還好嗎？看見她會不會不太自在？」

「不會，這段感情早在八年前就結束了。」他察覺到我有些焦慮，又補一句：「不用擔心。」

我笑著對他說：「我知道，我不是在擔心這個，我只是還沒找到今天要克服的恐懼而已。」

我說：「通常到這個時候總會知道要做什麼，但是今天都沒靈感。」我絕望地掃視整個房間一眼，希望可以找到某個令人害怕的事情讓我去做。

他想了一會兒，一道小小、淘氣的笑容爬上了他的臉：「我有個點子，跟我來。」

我還沒來得及抗議，他就挽著我的手像個誇張的紳士般，領著我上樓。我們抵達走廊的盡頭時，他打開一道門帶著我走進一個房間。突然間我們站在蓬鬆的蜜桃色地毯上，是讓人巴不得打赤腳走在上面的舒服款式。房間正中央是一座有頂棚的大床。

麥特在後面推著我。「現在，」他說，把手滑進我光裸的肩下：「我們把溼衣服脫掉吧！」

「可是我的衣服又沒溼。」

他調皮地笑著說：「管他溼不溼，脫掉就是了。」

「等等！我們不能弄亂凱瑟蒂的新娘房啦！」我咬牙說，掙脫了他的懷抱：「這樣很失禮又不衛生。」

「這間又不是凱瑟蒂的新娘房，她的房間是在飯店的另一頭，今晚還有另外一場婚禮在這舉行。不過不用擔心，」他對著我的耳朵低聲說：「大家會在樓下待上好幾個小時。」

「不管怎樣，這樣做都不好吧！」我堅持：「拜託——我們走啦。」

就在我正要離開時，麥特抓住了我的手，快速地把我拉進豪華的浴室，浴室裡的白色大理石閃閃發光。我們的身體緊貼著，我的背抵著門，門緩緩闔上，發出了幾不可聞的聲響。他的手指拂過了我的臀部，輕輕彈上扣鎖。

我不是喜歡在不該做愛的地方做愛的人。我以前嘗試過最大膽的做愛地點是阿魯巴島的飯店淋浴間，除了我們可能滑倒而撞破頭，泛紅、糾纏在一起的屍體被打掃房間的清潔婦發現以外，這根本算不上是什麼冒險。現在做的事情也沒勇敢到哪兒去。在某個人的飯店房間做愛讓我們緊張嗎？當然？這真的算是一種恐懼嗎？正常情況下，應該不算是吧。但是管他的，我就睜隻眼、閉隻眼吧。如果被迫加入跳康加舞不算在內的話，這大概我是今晚克服恐懼的最後機會了。

「如果是浴室的話，就沒什麼神聖不神聖的問題了吧？」麥特說，他的嘴唇已經一路往下親到我的脖子。

「等我們做完，這地方也就沒有神聖可言了。」我笑著說，讓他把我拉離門邊。他吻著我，我的海軍藍緞面洋裝拉鍊被拉開時，發出一絲輕柔的聲響。我閉上眼睛，在他懷抱裡放鬆享受。

「什麼聲音？」我抵著他的唇低聲道。

「有嗎？」

我們凝神等待，在一片寂靜中清楚地傳來了門把轉動的聲響。

「為什麼門鎖住了？」一個語調高亢的女人尖聲說著。

「天啊！」我張嘴不出聲地對麥特說。就像狗追逐自己的尾巴一樣，我狂亂地想把洋裝背後的拉鍊拉上，動作太快還夾到了後背的肉，痛到連尖叫都得默不作聲。

麥特的目光在浴室搜尋，看看有沒有地方可躲，這裡既沒浴簾也沒毛巾櫃。

一群女人的聲音齊聲想要安慰這緊張的女人，是伴娘。

「之前沒有鎖住啊！」

「你確定現在是鎖著的？還是只是卡住了？」

「一定有鑰匙，今天幫我們辦理住房的女士肯定有鑰匙。」

「那就**快點去找她**啊，」她尖聲命令：「我可不要在婚禮當天還用那該死的公共廁所！」

我耳朵貼在門上，木頭很冰涼，聞起來有淡淡的化學味。我聽見她憤憤不平轉身離開時裙襬拖地的聲音，以及伴娘跟著她下樓的急促步伐。等到一切忙亂的聲響都沉靜下來，我低聲對麥特說：「嗯，我想他們已經走了，我們趕快趁他們找鑰匙時溜出……」

我話都還沒說完，那些聲音又回來了，而且還越來越大聲。

「應該不會鎖住才對啊。」一個穩重的聲音顫聲道。「我跟你保證，這間是妳的私人新娘房，其他人是不准進入的。」

麥特看向窗戶，眼神中帶著期盼。這裡有兩層樓高耶！我快速抓住幾條蓬鬆的蜜桃色大浴巾，想著也許我們可以把浴巾接起來，從窗戶往下垂吊，就跟卡通裡演的一樣？不可能啊，根本沒時間啊。門外的聲音停止了。「我想這把是正確的鑰匙。」飯店女管家說。

去他的浴巾，我把浴巾丟到地上，和麥特彼此驚恐地對看。

「今晚這隻鑰匙可以給妳用。」管家再三跟新娘保證，鑰匙插入門把時傳出了金屬撞擊聲。

有一度我曾想過要躲在麥特身後，我猜在門打開的瞬間，他肯定能想出某個迷人的藉口，但是我馬上意識到「這」就是我該面對的恐懼。我可以等著他們怒氣沖沖地進來，或是我可以像個英雄般地名留青史。我挺直身子，順了順我的洋裝，伸手握住麥特，他也緊握了一下我的手，傳達出鼓勵。我大手一揮推開門，一位六十多歲正在想辦法開門的女士往後一跳。在她隔壁站著髮色烏黑亮麗、髮型向上梳起的新娘，她原先插在腰上的手本能地舉起，水晶指甲彷彿已經作好攻擊的準備，三位穿著無肩帶薰衣草色禮服的伴娘驚聲尖叫。我和麥特表情嚴肅，頭抬得高高的大步邁出。我們擠過新娘身邊時，她終於意識到是怎麼一回事了，她的眉頭因厭惡而皺成一團。

「你開什麼玩笑?!」她尖叫，鼻孔彷彿噴出火一般：「你他媽的搞什……」

「快跑！」我低聲對麥特說，接著我們一邊傻笑地衝下了樓。

大部分的賓客來自愛爾蘭，他們還真是用盡全力地展現了一般人對愛爾蘭的刻板印象。其中就有位典型的愛爾蘭男士晚餐時坐在我們隔壁，用餐的氣氛太歡樂、大家又喝得太醉，在這樣的場合你根本就無法分辨到底什麼行為是不適當的，而且到後來你也不在乎了。穿著燕尾服的服務生端來沙拉時，他轉向麥特和我問：

「你們兩個有要結婚嗎？」他操著愛爾蘭口音，聲如洪鐘地大聲問。

這個問題就這樣提出來了。交往三年以來，我們都沒討論過這話題，沒想到竟然是一個陌生人加上半瓶愛爾蘭威士忌，帶出了這個話題。所有人都轉向我們，我也轉向麥特，彷彿跟其他人一樣好奇般，還往嘴裡塞了一個小餐包。我很好奇麥特會怎麼回答，他猶豫了好一會兒。

＊

交往九個月後，富蘭克林在週末一場哈佛對耶魯的足球賽中，對愛莉諾求婚了。在一九〇二年的十一月二十三日，他邀請愛莉諾去當球賽嘉賓，之後他們想辦法甩掉了作陪的女伴，兩人獨自去散步。等到兩人回來時，他開口請愛莉諾嫁給他，而她答應了。

可想而知，富蘭克林的母親並不認同兩人的婚事。她希望獨子娶一個更有魅力的太太。她用了令人印象深刻的迂迴手段，建議兩人將訂婚一事保密一年。接著她帶著富蘭克林去了一趟為期五週的加勒比海郵輪之旅，希望他會對愛莉諾失去興趣。這樣做反而讓他們的感情變得更深，富蘭克林在期末時回到哈佛，兩人濃情蜜意地往返書信。

「我無時無刻都在腦海中思念著你。」愛莉諾寫給她的未婚夫：「一切對我來說都不一樣了，我現在好幸福。喔！我如此幸福，也深深愛著你。」愛莉諾告訴祖母霍爾求婚的事時，祖母問她是否真的愛富蘭克林。「我嚴肅地回答：『我真的愛他。』」愛莉諾之後寫：「不過，我現在才知道，過了很多年我才明白什麼叫做真正的沉浸愛中，或者是愛人到底是怎麼一回事。」

他們在一九〇五年的聖派翠克節結婚，泰迪叔叔扮演父親的角色，挽著愛莉諾的手走到新郎身旁，因為他要為聖派翠克節的遊行舉行開幕儀式會到這城市來，所以他們才選這天結婚。就愛莉諾的說法，她這天「盛裝打扮，美得沒話說」。她的婚紗是硬挺的緞面，上面裝飾的蕾絲是母親和祖母在婚禮上穿過的，她還用母親的新月形鑽石別針別住了自己的頭紗。婆婆莎拉向來不是個低調的人，她給了愛莉諾一條高領珍珠頸鍊，上面鑲著條狀的鑽石。這條項鍊是蒂芬妮（Tiffany）的，要價約四千美金，不過其象徵意義無價。

愛莉諾當時才二十一歲，富蘭克林二十三歲。當然，嫁給親戚的好處就是不用改姓氏。在婚宴過後，總統叔叔妙語說：「富蘭克林啊，感謝你多保住一個姓羅斯福的人吶。」

校長蘇凡特女士當時正在對抗癌症，無法出席婚禮。她拍了一封電報來，上面只說了一句：「幸福」。兩週後她就過世了。

*

麥特還是沒回答這個問題，每個人都開始有點不自在了。他的表情有點痛苦。

「就是……」他還沒說完，穿著燕尾服的服務生就出現幫大家端上沙拉。每個人又開始彼此交談。麥特很明顯鬆了一口氣。**「就是什麼啊？」**一直以來我都擔心麥特是不是我的真命天子，我從來沒想過也許他也懷疑我是不是真命天女。播放的歌曲〈驕傲的瑪麗〉結束了，樂隊開始演奏〈今夜的你〉，這是我最喜歡的歌曲之一。

麥特推了推我說：「來跳舞吧。」

回我們下榻民宿的接駁車上擠滿了酒醉的愛爾蘭人，大聲唱著大學的球賽優勝歌曲。麥特的前女友也在車上親切地聊著天，但是麥特和我都沒說話。

我們以前幾乎沒吵過架，但是回到房間時，他因為我用他的生理食鹽水而生氣，我則厲聲責罵他在床上用黑莓機。我連牙都還沒刷完，他就惱怒地伸手把床頭燈啪一聲關掉。**「你看看！」**我心裡想著，聽他翻過身的聲音。**「我們現在這樣不就像是已經結婚了嗎?!」**

他隔天一大早要去搭渡輪跟我吻別時，我們兩人的心情依舊低落。兩小時後，我又搭上了這個週末的第二架螺旋槳小飛機。起飛後，我回想起麥特聽到這問題後的那段沉默。**「你們兩個有要結婚嗎？」**我錯過了機會。那位喝醉的愛爾蘭人給了我一個好時機，我卻讓它溜走了。也許不用在當下問，但之後跳舞的時候、或是在旅館房間時，我都可以問。這才是我昨天應該要面對的恐懼，去面對一群憤怒的伴娘並不是。不可能有比這更好的機會來讓我面對「談論兩人感情」的恐懼了，但我卻害怕聽到他的回答。突然間我好想他。我盯著窗外，底下的島嶼因為我們飛得很高看起來不再迷人，就只是在海中隆起的一小塊褐色陸地，醜陋又無法辨識。

Chapter 6

相信任何人都能靠著「做自己害怕的事」來克服恐懼。

——**愛莉諾．羅斯福**

小飛機碰觸到地面時，我知道我必須學會駕駛飛機。光從南塔克特島搭飛機回來不算真正面對我的恐懼，我得坐在駕駛座，看看在幾千英尺的高空凌駕自身恐懼是什麼樣的感覺。

我會認真考慮學開飛機，是因為愛莉諾大力讚揚飛行。她是一九二〇和三〇年代，世界上累積飛行哩程數最多的女人，《時尚好管家》雜誌還稱她是「會開飛機的第一夫人」。富蘭克林因為小兒麻痺不良於行，比較不方便旅行，所以她就代替他到世界各地，當時很多美國人都還認為搭飛機很不安全。她開的是政府選定的C-87A飛機「猜想之旅二號」，這架飛機原本是要給小羅斯福總統搭乘，後來發現C-87A飛機有容易墜毀和著火的缺點，國安局才同意改由愛莉諾使用。

在一九三三年的四月，愛蜜麗亞．厄爾哈特參加了白宮一個正式的晚宴。當時愛莉諾從來就沒在晚上搭過飛機，她聽著愛蜜麗亞描述在華盛頓特區往下看萬家燈火的景象。愛蜜麗亞一時興起，就建議兩人在當晚一起飛去巴爾地摩再飛回來。不到一小時，兩人就飛上天空，身上穿著晚宴服、高跟鞋還戴著手套。（連我這麼討厭飛行的人，都讓這故事給迷住了——兩位勇敢的女士拋下無聊的晚宴，穿著正式禮服去享受開飛機兜風的樂趣！）她們降落的時候，媒體已經聚集在機場等候。

「你搭女人開的飛機有什麼感想？」一位記者問愛莉諾。

「非常安全。」她回答：「如果可以開飛機的話，就算叫我付出很大的代價我也願意。」後來愛蜜麗亞幫愛莉諾上飛行課，我們的第一夫人甚至想拿到飛行執照，但富蘭克林卻阻止了她。

據說他這樣表示：「愛莉諾開車就已經很恐怖了，你能想像她開飛機嗎？」

如果我可以拿到飛行執照，我就可以完成愛莉諾沒做完的事！但是很快我就發現，要拿到飛行執照大概要花七千到一萬元美金，還需要進行有指導員陪同的飛行訓練，時數至少要累積四十小時。總是有其他辦法吧？後來我想起幾年前在某個派對上，跟一位投資銀行業的朋友聊過，他告訴我他之前在公司宴會上喝太多，在一場無聲拍賣上標下了戰鬥機的飛行課程。當天下午來派對前，他還和朋友去進行了空中對戰。

「我去的是美國空戰訓練學校，是一間民營的空戰學校，你可以去那當一天的戰鬥機駕駛員。」他解釋。

「就跟電腦模擬一樣？」我懷抱著希望問。

「才不是咧，你真的得飛到五千英尺的高空，指導員會幫你起飛和降落，但除此之外，其餘時間會是你在開那台鬼玩意兒！我們一直在玩互追機尾的瘋狂技巧！」他比起手勢模擬飛機，手上還端著飲料。「有一度我差點因為G力而失去知覺，超酷的！」

聽起來是很酷，這也是我覺得應該要去做的原因。我寄了電子郵件給他，他告訴我學校叫做「美國空戰學校」。我打電話去發現要到一個月後才有空缺，這的確不便宜，但是比起拿到駕駛執照，算是我比較能負擔的選項了。我趁理智還沒恢復前，給了他們我的信用卡號碼。總機寫下了我的個人資料，說萬一我取消的話，他們會從我的萬事達卡扣除一大筆違約金。

等著要去上美國空戰學校的那幾個禮拜我充滿了擔憂，駕駛戰鬥機的恐懼漸漸逼近，醜陋又恐怖，比起其他的挑戰都還要嚇人。等到離飛行課還剩一禮拜時，我戒心重重地翻了翻空戰學校寄來的整包資料，讀起操作指南信：

你的飛行任務預計在下午一點整展開，請提早十五分鐘報到以穿戴飛行裝，以及挑選你的飛行帽和降落傘。

一開始我還覺得這種軍事化用語相當親切，接下來的第二句話我又讀了一次。等等！他們讓我自己挑選降落傘？也太相信你的顧客了吧，不是嗎？我想現在連「紅龍蝦」餐廳都不讓你從水缸中挑自己想要的龍蝦了耶。包裹中還有一張廣告DVD，我放進電腦裡看。裡面的主持人有一副購物專家的嗓音，就像是賣強力清潔劑的那種。影片一開始是在機場，鏡頭拍著一堆長相平凡得很驚人的人，穿著牛仔短褲和扯破袖口的T恤抵達現場。接著他們穿上連身衣褲，爬進美國空戰學校的飛機裡。他用嘹喨但不會太大聲的嗓音說：「你可能在想：『等等！我從來就沒開過飛機！我甚至連該怎麼開都不知道！』這才是這趟飛行的美妙之處，你不需要有任何

經驗。你只要人來就好，剩下的一切有我們幫你打理……」

飛機起飛了，畫面進展到飛行的部分，喔不！不不不！我的天啊！！！上帝耶和華救命啊！拜託來個人像抱嬰兒一樣抱著我安慰一下吧，因為我嚇到頭皮發麻了。沒想到這比我想像的還要恐怖，我喊叫出聲，雙手飛快地摀住了我的嘴，眼睜睜看著飛機從高空中往下墜落，彷彿失去動力一般。接著鏡頭切到兩架飛機飛在空中，機頭直直指向天空，並肩垂直往上攀升。在這過程中，背景的配音說：「**體驗空中戰鬥的衝擊快感！**」

影片中有些片段是在飛機裡拍攝的，有些則是在飛機外彼此拍攝。這些畫面是最恐怖的，有一幕是一架飛機完全倒著飛，從畫面上呼嘯而過，而另一架脫隊在空中做了幾個翻滾的動作，機翼不斷旋轉。有一架飛機做後翻的動作想閃躲，但還是遭到「擊落」，假造的煙霧從機尾冒出。

但事情還沒有結束！在影片的最後還有連續鏡頭作結，一架飛機不斷旋轉，機頭朝向地面俯衝……接著這些飛機降落了。指導員和顧客互相擊掌，表示合作無間。旁白如此作結：**只要幾小時，我們就能引發出你體內的架鬥機駕駛靈魂！你覺得你是這塊料嗎？**

我不是，我完全沒這種料，完全沒料！我把DVD裝回封盒內，封面頂端從左到右印著公司的警語：**一切都是真的……除了子彈以外！**心智正常的人根本不會做這種事。

「我肯定是辦不到的。」在「任務」前夕，我對包柏醫生說。

「妳有沒有注意到有的人很愛坐雲霄飛車，有的人卻嚇得半死？」

「當然有啊。」我很高興他沒對我說：「妳當然辦得到！」大家都覺得在別人產生自我懷疑的時刻，就該說這句話來顯示他們的支持。問題是，你根本不相信他們說的話，這種話只會變成像是施捨般的陳腔濫調。此外，說這種話根本就是在說你的想法錯了，每次聽到我都會很惱怒。

「妳的身體沒辦法分辨害怕和興奮，身體對這兩種情緒都會產生反應，妳的心跳會加快、心情會躁動不安、還會流汗等；是該害怕還是該興奮，端看妳的想法而定，所以妳要做的就是把害怕化為興奮。」

喔，只要這樣就行嗎？「要怎麼做？」

「改變妳看事情的觀點，改變妳陳述想法的方式。妳不要一直想著『我好害怕！』妳要告訴自己『我好興奮！』」

「萬一沒效怎麼辦？」

「那麼就抓狂看看吧，有種理論說其他情緒的出現可以抑制焦慮，像是攻擊的情緒等，可以用來抵銷焦慮。」他說：「妳要進入戰鬥模式，不要一直擔心『戰死』，而是要當個『戰士』！想像自己是個追逐敵人的空中掠食者。吼——!!」他真的發出了咆哮聲。

「我連在領有專業執照的人開的飛機上當個乘客都差點辦不到，只要一點小小的亂流就可以把我嚇得半死。」

「亂流來的時候妳怎麼辦？」

「我就緊緊抓住椅子上的坐墊。」光是想到亂流就讓我抓住他沙發上一邊的扶手了。

「抓住墊子給你一種能掌控局面的錯覺，因為妳把控制權全權交給機長，所以感到不安，這樣做可以讓妳覺得安全些。」

「這樣不好嗎？」

「如果飛機沒有墜毀，某種程度上，妳會相信是因為妳抓住了椅墊才保住一命。之後每次妳遇到亂流，就會覺得一定要抓住椅墊。」

「那我就在遇到亂流時抓住椅墊啊，有什麼關係？」

「這就是我們說的『安全行為』，妳可能會緊張、會屏住呼吸、會禱告等，即使根本無法讓妳掌控情況，我們害怕的時候還是會想做這些事。往好的地方發展，這些行為就會變成迷信；往壞的地方發展，這些行為就會變成物質濫用。比方說，如果妳相信妳需要喝點酒或吃幾顆藥才能過熬過參加派對的窘況，妳就會依賴這些東西。這些東西只會強化妳無法處理某個情況的想法，讓妳更軟弱。」

「但是我**真的沒辦法處理**明天即將發生的情況啊！我不知道要怎麼樣開飛機耶！」

「我不是個飛行專家，但是妳知道我會給第一次開飛機的人什麼建議嗎？」

「什麼？」

「萬一遇上亂流，千萬別抓住你的椅墊！」

那天晚上後來我看了《捍衛戰士》。我光著腳蹺在咖啡桌上，隨著肯尼・羅根斯的芭樂暢銷片頭曲〈危險地帶〉有節奏地擺動。這部電影幾星期前在ＴＮＴ台播放，我特地錄下來要今晚看，希望可以激起一點鬥志。沒想到，我卻看到呆頭鵝尼克直衝天際喪命。我一直倒轉，看著他又坐回戰鬥機上，一再面對無可避免的命運。

隔天早上，麥特開在長島高速公路上要載我去空戰學校，這學校位在一個半小時遠外的一座小機場中。我們快要遲到了，因為我當天早上做了一切可以延緩出門的事：我遵照牙醫的建議刷牙足足刷了三分鐘，在麥當勞挑選鬆餅時還特別花了一番心思。沒遇見麥特前，我不知道原來開車可以這樣趾高氣昂。他帶著當時大步走進擁擠派對的自信，在車陣中絲毫不費力地移來移去，認為別人會讓道給他，而且還會自動移到旁邊，那些人真的這樣做了，大部分的時候啦。

「你看看那個自以為是的豬頭！」麥特憤憤不平地說，伸手用力在空中對著我們前方的駕駛一揮，彷彿要賞他們後腦杓一記似的。我們才剛開到最左側的車道，前方駕駛卻以時速一百公里的速度超我們的車。「我要穿出車陣載我的寶貝去上飛行課，這傢伙竟然給我擋在超車道！」

我坐在座位上身體轉向麥特笑容滿面地建議：「也許我們應該改去中央公園！畢竟今天天氣這麼好嘛，要不要掉頭啊？」

「寶貝不好意思喔，」他說：「我才不跟膽小鬼一起混咧。」

我臭著臉視線轉回前方，惱怒地用力往後一坐。「有懼高症的人還敢說我！說我是膽小鬼，那你要不要來試試？」

「如果不是這麼貴我就會試了。我不怕飛上去，我是怕掉下來。」

「大部分的恐懼在五分鐘內就會結束，我必須駕駛這架飛機一小時，而且……等等，你笑什麼啊？」

「不好意思，我只是覺得有點好笑。妳大部分的恐懼都是要擺脫掉內心深處的控制癖，而現在妳要做的事情是讓妳有完全的主控權，可是妳也一樣不喜歡。」

「我跟你說，不管是誰，只要他是第一次開飛機的飛行員，我都無法信任。」我爭辯：「就跟我不會讓新手上路的醫生幫我動腦部手術一樣。」

我的電話響了，來電顯示是「媽媽」。她一直唸我開飛機這件事快把我給搞瘋了，隨著報到日期逐漸接近，她打電話的次數也就越來越頻繁。我接起電話，在她還來不及說任何一個字之前說：「媽我說真的，我現在沒辦法專心和妳講話。我正非常努力地不讓自己抓狂，而妳現在要說的話正會讓我抓狂。我已經夠**七上八下**了！媽，妳懂我意思吧？七上八下。」

「妳現在還來得及退出啊。」她抱怨，我隱約聽見她的水晶指甲敲在緊握的話筒上的聲音。「妳沒有必要做這件事。」儘管幾分鐘前我還想說服自己不要做，但媽媽努力想說服我退出卻不知怎地反倒強化了我的決心。

「我**的確**有必要做這件事！我作了承諾，對我自己、對愛莉諾、對整個宇宙！等結束時我會打給你。」我掛斷電話。

「妳這樣不太禮貌。」麥特說。

「我知道。」我咕噥著。說話的當下就已經後悔了，但是我忍不住。「可是我沒辦法搞定她啊，感覺這通電話好像是我自己的潛意識打來給我的。」

我媽一直都是個杞人憂天的人。自從我拿到駕照開始，每次要出門，媽媽就會說：「路上要小心，很多人開車都跟瘋子一樣啊。」即使過了很多年，她還是很少讓我載小妹一起出門，因為她擔心萬一出車禍，她會同時失去我們兩個。媽媽會不斷地打來「只是為了要確定我們一切平安」。「**凡事小心不為過**」這句話，是我成長過程中不斷出現的副歌。事實上，不那麼小心也沒關係。根據包柏醫生的說法，過度保護小孩的父母因為想要教養出謹慎的小孩，常常不斷向孩子傳遞世界是充滿危險的訊息，諄諄告誡他們只要稍有不察就會倒大楣，長久下來孩子就會慣性地在每次新的體驗中找尋可能的風險。在我成長過成中，我媽就是一直把這些警告灌輸進我的腦袋裡，我離家工作後，她說的話也就變成了我腦袋裡的話。

「就這樣掛斷電話，實在很小孩子氣耶。」

「反正她也把我當小孩子看啊！」我任性地說。「如果她總是打來強化這些憂慮，我怎麼能擺脫恐懼？」

不過他說的話只讓我覺得更愧疚，真是好極了！現在我還得要擔心她在擔心我這件事，我想媽媽可能也在擔心她剛不知是不是惹我生氣了，感覺上好像我身處在滿是鏡子的大廳裡，映照出的都是彼此擔憂的臉，真是該死。我不是要推開她的關心，但既然我已經習慣性會往壞處想了，這種思維模式會讓我意識到她真的不斷會把憂慮灌輸給我。每次她又犯這毛病的時候，我的語氣都會很尖銳。她又是對批評極度敏感的人，有好幾次我都對她講了難聽的話，她後來幾乎就不再打給我了。以前我們常常會聊很久，然後她會把電話傳給老爸做個簡單的問候結尾。現在打給我的人換成老爸了。

麥特改變了話題：「話雖如此，難道妳一點興奮感都沒有嗎？妳現在要做的是妳會永生難忘的一件事耶。」

「喔，我肯定會永生難忘，全程三個小時都會記得一清二楚。」我說。

麥特放棄了想要鼓舞我的意圖，他轉開收音機，電台傳來〈危險地帶〉震天價響的音樂。

「天啊啊啊啊！」我不敢置信地大喊出聲，露出了我當天首次的笑容。

「真是不可思議！」麥特驚嘆地說。

我們完全沉浸在動感的音樂中，我點頭打著節拍，手上做出彈吉他的動作，麥特則一邊開車，一邊把方向盤當成鼓來打。旁邊那台車上的人大概心想：「看看這兩個豬頭！」但是沒關係，因為我們正處於危險地帶。

一個半小時後，我們的鞋子嘎吱作響踩過機場的停車場，我和麥特手牽手，往空戰學校辦公室走去。停車場的一邊是格子狀的鐵鍊圍籬，透過圍籬我看見一條跑道和一個停滿螺旋槳小飛機的迷你飛機場。我們走進低調的平房建築物，它在別的地方搞不好會是脊椎按摩師的診療間。櫃台親切的接待員指引我們走進一個走廊盡頭的房間。這房間很小又很樸素，只有兩張長桌和幾張椅子。站在房間內不遠處、穿著迷彩綠飛行裝的就是我們的指導員，他是退役的美國海軍，叫賴瑞，他希望我叫他「油仔」（Slick）。這是他的呼叫代碼，也就是駕駛的綽號。

「除了當指導員外，我也是空戰學校的機械維修師，所以身上常沾滿了油。」油仔解釋著。他和我們握手，麥特問他廁所在哪，然後就走出房間。房內還有另外一位學生，是個親切友善的男人，穿著街頭風格的便裝，坐在其中一張長桌前，填著書面資料還有切結書。男人抬頭看，揮了一下手致意，他的眼鏡反射出頭頂的燈光。「哈囉，我叫藍尼。」他就是我的「敵人」？

「請坐。」油仔說。我坐在其中一張桌前，他對我笑但是沒說話。

麥特從廁所回來，油仔把文件遞給他。「請填一下資料，這裡簽姓名縮寫，底下要簽名。」

哈！我竊笑了一下，清清喉嚨說：「事實上，我才是今天要開飛機的人。」

他幾乎無法掩飾他的驚訝：「喔，好的，那請填寫文件。」他把幾張紙移到我面前。

我簽完名把自己的生命交出去的時候，油仔問麥特：「你買了這課程給她當作禮物嗎？」

「不是耶，是她自己付費要上的。」

藍尼臉上出現了困惑的表情。

「他只是來這裡給我精神上的支持的。」我解釋。麥特拿著一本書在我後方的桌子前坐了下來。油仔把飛行裝拿給我和藍尼，這服裝跟他身上穿的一樣，肩上都有美國國旗貼布，中間還有從脖子延伸到底下的長拉鍊。

我們要去換衣間著裝時，他對我們喊：「在飛機裡妳會覺得很熱，所以最好飛行裝裡只穿內衣褲。」基本訓練已經開始了。

「你們曾有飛行經驗嗎？」油仔在我們著裝完畢回來後問，我搖搖頭。

「我常常飛滑翔機。」藍尼說。他指的是無引擎的飛機，由另一架飛機拖吊至空中，接著放掉讓它隨風滑行。「不過滑翔機的時速大約只有一百公里。」

「今天我們的時速大概是三百七十公里。」他說：「我們飛的是馬挈提SF-260，全世界有好幾國空軍都是用這種飛機作為戰鬥機的訓練機。他們可是空中的法拉利，又輕巧又容易操作。」

他繼續說：「妳會和指導員並排坐，妳的控制桿就跟教練車的踏板一樣是連動的，妳移動控制桿，指導員的控制桿也會跟著動，反之亦然。這樣一來，萬一妳有麻煩的時候，指導員可以馬上接管。」我往回瞥了麥特一眼，眼睛大睜看他咯咯笑著。我轉回來時，油仔手裡拿著某種有扣環的帆布袋，看起來很像一八〇〇年代的背包。

「我們已經有五萬名顧客體驗過飛行，死傷紀錄是零，這些降落傘也從來沒派上用場過。」

他說：「但是有備無患，萬一機艙裡起火或是機翼脫落……」

機翼會什麼?!脫落?!

「……往後拉開座艙罩，然後跳出飛機。要打開降落傘，就拉這裡的D型繩圈。」我凝神聽著降落傘使用說明，但內心知道我沒有使用到的機會，因為萬一出了事需要跳機，早在那之前我就已經心臟病發了。

根據油仔的說法，還有一件我們需要注意的事是「抖震」（buffeting）。

「抖震是指飛行時妳覺得飛機開始搖晃，而且會聽到乒乒乓乓連續不斷的吵雜的聲響。」他在空中揮舞著拳頭以示強調：「這表示機翼下氣壓太低而機翼上氣壓太高，也就是飛機即將失速的意思。」我移動腳轉向麥特貼在他旁邊，他用腳蹭了一下我的鞋子。

油仔繼續說：「我們都知道這是戰鬥，所以要盡全力擊落敵機，但達到這目的前，我們有幾項規則要遵守。首先，三千英尺是『最低海拔』，意思是如果妳的飛行高度低於三千，妳就立即失去資格。」

「哈囉！」有個六十出頭的男人頭探進房內打斷了我們的談話。

「藍尼會跟我一起飛。」油仔說，接著對另一個也穿著飛行裝的人點頭說：「諾艾兒，這位是妳的指導員，他的呼叫代碼是『爆爆』。」你也知道我已經很怕墜機了，還來個叫做「爆爆」的指導員，我怎麼可能會有多大的信心。

他出去後，我舉起手問：「我們要怎樣才能避免對撞呢？」

「那就是我要講的第二條規則。」油仔說：「我們不允許飛機彼此正面接近，你只能從後方攻擊敵機。」他拿出兩支鉛筆，每支的尾端都停著一架小小的灰色塑膠飛機。

「是F/A-18黃蜂式戰鬥攻擊機耶！」麥特放下科幻小說驚嘆地說：「喔！我以前小時候常常做這種飛機模型耶。」

油仔讚許地點點頭說：「很可惜，今天妳肯定不是飛這一型啦，不過拿來做示範還可以。飛行中兩機唯一彼此相對的時刻，就是在空戰一開始。」他舉高飛機，把兩架飛機擺成面向彼此的姿勢，大約間隔二十五公分。「妳會朝著對方的方向飛去，讓敵機保持在妳的左方，一旦交錯後，我們就會宣佈『開戰』！接著妳要想辦法飛到敵機的後方擊落它。」油仔用鉛筆的飛機，示範給我們看一些叫「溜溜球」和「領先落後」的基礎飛行動作。

「妳也可以選擇在某個時間點，做這個動作。」油仔一邊說，一邊用塑膠飛機做出往後翻的動作。

呃，是你才有辦法做這個動作，我心想。我打死也不想做任何類似那樣的花招。

他繼續說：「妳做這動作時，切記一定要油門全開。因為如果妳做後翻時沒有加足動力，或是到一半時突然膽怯，妳的飛機就會這樣。」他手中的飛機突然之間往下墜，而且是機頭朝地筆直落下。

聽到這兒，我決定我不要進行空戰了。我的計畫是離地幾百英尺後，就表現出嚇壞的樣子，要求立刻回到地面。頂多就是操作控制桿飛個幾分鐘，接著要求他們帶我返回機場。我已決定不要空戰了，所以心中一股平靜感油然而生。雖然我對藍尼感到很不好意思，畢竟他花了大錢，希望可以跟個愛追求刺激的對手激戰一番。也許我回到地面後，爆爆可以自己飛上去和藍尼對戰，讓他盡興玩個夠。
「重力！」油仔大聲說：「重力是物體自由落下時的加速度。飛機往下俯衝時會產生負重力，妳會感覺身體比實際上來得輕。飛機往上飛時會產生正重力，而正重力會加乘地心引力，讓妳覺得身體比實際上來得重。正重力會讓血液從頭部往腳部輸送，造成視野窄化以及失去意識。」兩倍重力時，我五十七公斤的體重就會變成一百一十四公斤；三倍重力我就會覺得好像有一百七十公斤，以此類推。六倍重力（三百四十公斤）時，我就會昏過去，也許昏過去對我來說是最好的選擇。
最後他示範給我們看如何打開嘔吐袋，看樣子有十分之一的人會嘔吐。
「有人最高紀錄用了七個嘔吐袋。」油仔驕傲地說：「那傢伙在來之前去吃了頓大餐。」

*

大戰期間，愛莉諾強烈遊說政府成立空軍女子飛行部，她認為如果有更多女性從事國內飛行工作，原本必須從事這些任務的男性就可以轉而投入戰場。「此時此刻，女性不應該光是等待。」一九四二年，她在她的報紙專欄「我見我聞」中寫道：「國家正在打仗，我們需要盡全力、善用每一分武力。就這點來說，女性飛官就是等著我們去利用的一種武器。」
她也支持非裔美國空軍。一九四一年愛莉諾造訪位於阿拉巴馬州的塔斯提吉飛行學校。儘管國安局反對，五十七歲的第一夫人還是和一位黑人駕駛在空中飛行了一個多小時。這位駕駛叫艾爾法・安德森，之後在他的回憶錄寫道：「她對我說：『我總是聽人家說黑人不會開飛機，不知道你介不介意載我一程……』我們飛回來後，她說：『你飛得還不錯嘛！』我相信她回家後還說：『富蘭克林啊，我和那群小伙子一起飛過，你得想想辦法整頓一下啊！』」

書中有張很棒的兩人合照，他們坐在兩人座的飛機裡。愛莉諾帶著綴著花的帽子坐在後座，笑容滿面；年輕的安德森開心但緊張地坐在前座。他的表情彷彿在說：「上帝啊！讓我平安的把這位白人女士載回來吧！」不過愛莉諾的策略奏效了，白人第一夫人坐在非裔美國駕駛後面的這個畫面，所象徵的意義是無可估量的。根據安德森的說法，空軍部隊在他載過愛莉諾的幾天後，就開始訓練黑人了。

爆爆跟我並肩坐在相連的飛機駕駛座裡。機艙很小，就像一般車子的前座，但有一個透明的塑膠機艙罩在頂端，就跟卡通《傑森家族》開的車子一樣。爆爆只給我簡短的飛行指導，我的指令就只有：除了控制桿外別碰任何東西。我的大拇指下方有一個紅色按鈕，按下去就可以用戴在頭盔上的耳機和爆爆說話，另一個紅色按鈕讓我可以用無線電和另一架飛機交談。前方有個連接到儀表版電腦的紅色啟動扳機，萬一你在瞄準器內發現敵機而扣下扳機，機尾就會冒出白色煙霧代表「擊落」。除了這點外，操作控制桿的方法就跟你想得一模一樣：往前推飛機就往下，往後拉飛機就往上，往右推飛機的右翼會朝向地面傾斜，往左也以此類推。

引擎開始發出一連串嘰嘰嘰的聲響，我們在跑道上慢速滑行了，起飛了。我深呼吸給自己鼓勵，我們飛起來了！奇怪的是我一點都不害怕。起飛本來是我搭一般飛機最不喜歡的地方，因為我知道八成的空難都是在起飛後不久發生的。不知怎地這次離地升空感覺很自然，飛機完全沒有搖搖晃晃轟隆隆地飛過森林、沙洲和水面，大太陽底下的水面還泛著粼粼波光。

「你飛多久了？」我問爆爆。

「在海軍飛了二十年，去越南出了好幾次攻擊任務，接著又在泛美航空還有幾個其他地方工作過。」

我好奇這些當過兵的傢伙不知道會不會討厭來體驗開飛機的顧客？這些人想體驗戰鬥的刺激感，卻不可能從軍，最後離開時還會自滿地點點頭說：「剛才真好玩，但是叫我做這種工作我才不要咧！」就跟來紐約玩的觀光客一樣，到處亂逛問路，請我們幫忙拍照留念，走的時候還說：「紐約真是一個好遊玩景點，但我不會想要住在這裡。」（「還真巧啊！」我總是想著：「我也不希望你住這裡！」）

「你的呼叫代碼為什麼叫『爆爆』？」

「手上沒有酒的時候我是不說故事的。」他眨了一下眼睛說。

「這點我明白。」我說：「而且請容我多說一句，我很高興你現在手上沒有酒。」

他笑了，我喜歡這傢伙。

「那我會有呼叫代碼嗎？」我問。

「喔，妳會有的，今天結束的時候就會有了。」

飛機搖晃了一下，我們往下墜落幾英尺，接著又猛烈地往上升。我的胃糾結了起來。

「這只是旋翼洗流。」爆爆不以為意地說。飛行時穿越另一架飛機的尾波，也就是所謂的「洗流」，會造成亂流。我昨晚看《捍衛戰士》時得知，阿湯哥飾演的獨行俠的飛機就是因為飛行時穿越冰人的噴射機洗流，才水平旋轉，造成大家喜愛的呆頭鵝尼克喪命。

「之後還會這樣嗎？」我緊張地問，眼睛盯著爆爆扣在我腰上的可攜式救生用具，這是起飛前為了「以防萬一」而繫上的。

「應該不會啦。」他說，但他把兩架飛機的距離拉開了一些。我們飛上天空還不到十分鐘，他就說：「好啦，現在換妳開啦！」他就放開控制桿，雙手在空中張開比出「妳看，我手放開囉！」的姿勢。

「什麼？天啊！」飛機右翼開始往下降，我慌亂地握住控制桿，內心充滿了驚訝的憤怒感，就跟小時候老爸教我騎單車時一樣。他一路都跑在我的後面，手扶住我的腳踏車後座，接著不說一聲就放手。「不要這樣！」我尖叫道：「不要放手！」但是因為光是不要摔車就已經耗掉我全部的注意力，我也拿他沒辦法。

「看到沒？妳操作得挺好的啊！」爆爆在我慌忙保持飛機平衡時說。控制桿很敏感，只要稍微推個幾公釐，就可以移動飛機。

我小時候喜歡在附近的操場玩蹺蹺板，有時候我會站在蹺蹺板的中間，想同時讓兩邊保持平衡。這很難辦到，我最後總是有一隻腳放太多力量，等蹺蹺板開始往那邊傾斜，我就會放鬆把重量移到另一隻腳，接著就會換那邊開始傾斜。那種感覺就跟開飛機一樣，我努力握住控制桿保持不動，但是飛機卻不知為何歪斜了，所以我把控制桿往左推了一些，啊！推太多了！我又推回右邊，飛機像是喝醉般地搖搖晃晃。移動控制桿時，我可以看見爆爆的控制桿也跟著移動，彷彿有隻隱形的手在操作一樣。

「現在飛得有點太高了。」爆爆提醒我：「往前朝機首方向推一些。」我把控制桿用力往前一推，飛機突然踉蹌了一下，為了修正我很快又把控制桿往回拉，但是又拉太多了，最後好不容易才能保持直線飛行。我這樣根本不可能在空中作戰啊，現在該跟爆爆說了。

「嗯，我不認為我可以做任何花招，或著是倒著飛一類的事。」

爆爆手一揮說：「別擔心，你在空戰時會專心到連飛機是倒著飛都沒發現。」

「相信我，我一定會發現。」

「現在我要妳飛到藍尼的後方，練習在十字瞄準器中鎖定敵機。進行空戰的時候藍尼會到處飛，所以妳不要只是用瞄準器搜尋敵機身影，要眼觀四面，看到他就朝他飛去，讓敵機進入妳的射程範圍。」

他又說：「記得一定要隨時都注意敵機在哪，千萬要記住：失去敵人的蹤跡，就會失去贏的契機！」

我駕駛飛機朝藍尼的方向飛去，瞇起一隻眼睛，將他鎖定在我橘紅色的圓圈裡，圓圈中心還有個十字。「我該扣板機嗎？」我問。

「我們還沒開打，不過扣個扳機也沒啥大不了嘛，會很有快感喔。」

我食指往前指，拇指扣下紅色扳機，發出「咻!咻!咻!」的聲音。的確很有快感啊！

「好，現在我要妳做橫滾動作，你要把控制桿一路往左推到底，讓飛機翻轉三百六十度。」

我內心恐慌了起來。「這樣不好吧?!」我的聲音尖細得不得了，一點都不像我，還微微發抖。

「我是說真的，現在這樣就很好了，我們不能就維持現狀嗎？」

「往左推！就是現在！快！快！快！」他下軍令般地對我吼，我沒有選擇。

腦海中閃過一連串咒罵字眼的我把控制桿一路往左拉，拉到貼住我的左小腿不能再更過去為止。飛機翻轉了，底下水光閃爍的灰色海面換成了一片藍天。我身體感受到一股明顯但不會令人不舒服的壓力，接著我又看到水面，飛機又轉了回來。

「很酷吧？」爆爆問。

事實上……是很酷沒錯，我心裡感到很驚奇。我不敢相信自己剛剛竟然辦到了，現在我終於明白指揮官是怎麼讓士兵上場打仗的。人類想取悅他人的本能遠比求生的本能來得強大。

爆爆叫我讓飛機保持平穩飛行，讓藍尼可以練習鎖定我。

「要準備開戰啦！」爆爆宣佈。

喔不！已經沒有退路了，爆爆握住控制桿將飛機駛離藍尼和油仔的飛機。等我們隔了好一段距離後，他將飛機轉向讓我和藍尼面對面。我們就像帶著槍的兩個人，在廢棄的城鎮大街上慢慢地走向彼此。我們越來越接近，我同時得努力將飛機維持在右邊的位置。

「戰鬥開始！」油仔的聲音從無線電中傳來。

轟隆轟隆——兩架飛機左翼相對，與彼此擦身而過。我應該要轉頭找藍尼，但我卻繼續往前直飛。也許我可以飛得比他快？畢竟我的確有一開始的領先優勢。這飛機需要加裝後照鏡，我心裡一邊想著，一邊往後看他離我還有多遠。不用「看路」的感覺好奇怪，話說回來，天空中也沒其他人，所以我不用擔心可能會撞到誰。藍尼在空中呈弧形移動，很明顯想要到我後方包圍我。我盯著他的下機腹看，他的機翼像魚鰭一樣突出來，讓我想起潛水時有鯊魚在頭頂游來游去

的感覺，好像隨時都會朝我撲過來。

「超他！超他！」爆爆大叫道。

超過他？他叫我超一架飛機？用我的飛機？

「往左彎！」爆爆下令。

我謹慎地操作讓飛機往左飛。

「再往左一點！再往左一點！」

我咬緊牙關，用更多力氣去推控制桿。飛機猛烈地側旋了九十度，機翼和地面完全垂直了。

我偷瞥了左邊窗戶一眼，只看到一整片的海洋，恐怖啊。

「讓機首傾斜朝下！」他命令。

我遵照他的指令做了，突然間我們機首朝下往海洋墜落。我的身體覺得空空的，這種感覺很恐怖。

「現在到底是怎樣？」我尖叫：「能不能換你操作飛機啊?!」

爆爆一點都不擔心地說：「不，妳來開飛機。」

出於本能，我把機首往上拉，讓飛機保持平衡，就像在開車一樣，只不過下面是一片海洋。這樣好多了。

「妳在幹嘛？不要盯著前方看！」爆爆責備地說：「要看妳的敵人在哪！」

我對他眨眨眼。敵人？

「要找藍尼啊！別忘了，失去敵人蹤跡就失去贏的契機！」

對啊，要找藍尼呢。我手肘撐住墊子在座位上移動，伸長脖子瘋狂地在藍天中搜尋另一架飛機的身影。他到底死哪去了？你可能會以為在空曠的天空裡要找到一架飛機應該很容易，但是這跟站在平坦的曠野上尋找在遠處的某人不一樣，他可能會在我上方或是下方。

突然間藍尼在我上方出現了。我還在手忙腳亂地操控飛機，他已經飛到到我後方鎖定我了，白煙從我的機尾冒出，整場空戰在幾分鐘內就結束了。

「幹得好！」爆爆透過無線電恭喜藍尼。接著他轉向我說：「妳表現很好，只要記住，妳得專心尋找敵人，不用擔心弄傷飛機。」

「我無意冒犯，但是我一點都不在乎這架飛機，我擔心弄傷的是我自己！」

他和藹地笑了：「只要飛機沒事，妳就沒事。」

我們再次排好隊形準備第二次空戰。這一次前進時我沒那麼緊張了。兩架飛機左翼相對，飛過彼此，接著我們呈扇形散開，藍尼往右飛我往左飛。有一瞬間我不知道下一步要做什麼。

爆爆大喊：「他在我們上面！不要讓他跑了，往後拉！往後拉到底！快拉！快拉！」

我緩慢但堅定地把控制桿一路朝自己的方向拉，拉到無法再退為止。我把飛機直直往上拉，瞬間遠離地面。我們往高空攀升，對抗著重力。我唯一看到的就是一片白的天空和藍尼。有什麼地方怪怪的，這是什麼？我整個人釘在座位上往右倒，頭傾斜到看起來就像是靠在爆爆的肩膀上。我看起來好像是電視馬拉松中該用輪椅推出去的人。重力大到我連頭部想移動兩公分都辦不到，我全身動彈不得。

「繼續拉！」爆爆說。我感覺到重力誘哄著我的指頭交出控制桿，如果控制桿從我手中彈出，我們就會失去動力。我腦海中唯一能想到的，就是先前示範做後翻時沒有加足馬力會怎樣的畫面。

在這種情況下，實在很難開口說話，彷彿重力讓所有話都往下沉。我用微弱的聲音懇求道：「幫……我……」我就只能說出這幾個字。

爆爆接管了控制桿，讓我鬆了一口氣。他駕著飛機飛到敵機的後方，鎖定後扣下扳機。戰敗的白煙從藍尼的機尾冒了出來。爆爆發出開心的歡呼。他操作飛機時，我只能往前盯著看。白雲、海洋和藍天在我視線裡交織混在一起，就好像是在看萬花筒一樣。突然間我身體的壓力消失了，我又可以動了。我抬起頭坐直，看見我們正右翼朝上飛行。

「哇嗚！剛才真是驚人。」我喘著氣說。

爆爆開心地推了我一下。「恭喜啊！你贏了！」他親切地說。

我的臉上漾起了大大的傻笑。我才不在乎按下扳機的不是我，我仍舊覺得我贏了。「媽呀，**我竟然辦到了！**」我心裡想著。

我意識到在空戰的時候，沒有所謂的「著地」（down）。你腦海中越快意識到這點，你就越容易成功。你的屁股在任何時間點指向的那一邊就是著地，你不用擔心自己和地面的位置關係，你得要專注於目標上。

「我竟然被女生打敗了。」藍尼透過無線電哀號。即使做掉他的是爆爆，我還是開心地竊笑，就讓他這樣以為吧。

第三次也是最後一次空戰開始後，我的熱情激發出來了。轟隆轟隆，我們彼此快速飛過的時候，藍尼像個模糊的小點。

「妳有看到他嗎？」爆爆用老師的語調提問，暗示他已經知道答案，但希望我自己可以找出來。我在機艙裡左右扭動張望，在空中搜尋著敵機的身影。

「他會在哪呢？啊！我看到他了！」他在我們左下方不遠處，正要轉向以繞到我後方。

我將飛機轉向側邊，機首放低，開始往下倒轉。往下墜落時，海洋在我前方燦爛地閃爍著，但在我眼中海洋卻不存在。我全神貫注到忘了恐懼。包柏醫生說得對，只要我專注於獵殺敵人，就不會有心思擔憂飛機會出事。在這個時候，敵機是唯一的存在。我往下墜直到飛到藍尼底下，接著我往反方向轉，往後拉高機首，向上攀升直到他的高度。現在我在敵機的後方，用瞄準器鎖住他。

「妳逮到他了！射擊！射擊！」爆爆說。我扣下扳機射了幾發子彈，但是沒射中。

突然間敵機飛出射程範圍外，我張開瞇著的右眼往窗外看去。現在敵機在我們上方左肩處，正要追捕我們。

我瞇起雙眼。「想都別想，賤人！」

我一個大轉彎將控制趕往後拉，機首朝上翹起，我們往上攀升了。我快速地飛行穿過敵機，決心要痛下殺手。我慢慢靠近，差點就逮到他了……就差一點……結果砰一聲巨響傳來，機翼開始搖晃。抖震！我急速上升得得太快了，飛機就要失速了。媽的！去他媽的！我連忙把機首往前推，機身突然朝前傾斜，彷彿是處於雲霄飛車要往下墜的最高點，所以我又把機首往上拉。等到我再次讓飛機恢復平衡時，我四處張望尋找藍尼的身影。

「他跑去哪了？」我問。

「就在我們後面。」

「天啊！」我大喊：「我要怎樣才能躲過他啊？」

「不用躲。」爆爆語調平靜地說：「他剛已經射中我們了。」

「喔。」

「我想該是回基地的時候了。」爆爆邊說邊操作控制桿。

已經要回去了？這樣就結束了？但是我才剛上手耶！我想要再試一次橫滾，我才不在乎三次空戰中我輸了兩場，而唯一贏的那場就技術上而言，是爆爆幫我贏的。我真的開了飛機！不是只有飛行而已，還進行了空對空戰鬥！我也沒有嚇得半死、大哭大叫或是要求要回家，我胃裡的食物也都還在。我覺得自己容光煥發，無所不能，真的是無所不能，我他媽的就是個徹頭徹尾的戰士。爆爆把開機開往飛行學校的方向了。

「妳還想要再飛一次？」他問。

我熱切地點點頭。

「好，那給妳操作飛機。」

我操作飛機，往右肩瞥去看見藍尼跟在我的機翼後方，離我不到三呎遠，但是我已全速前進，所以沒辦法再加速拉開我們之間的距離。「他靠這麼近幹嘛？離我遠一點！藍尼！喔，他正在幫我拍照呢，還一邊開著飛機。這樣很危險耶！」不過，我還是咧開嘴勇敢地比了一個拇指向上的手勢，這樣他才會把注意力放回駕駛飛機上。他幫我拍了照，也對我比了一個拇指向上的手勢，然後再往下降落一些。離機場不遠時，爆爆開始操作控制桿了。兩架分機要分開才能降落。

「說再見吧。」爆爆對我說。

我按下無線電按鈕說：「再見——啊啊啊——」但是我的話在爆爆猛烈往左轉時，變成一串尖叫。

「下次麻煩先通知一下好嗎？」我說。

他笑著繼續在跑道另一端的空中盤旋。大約離地還有五百英尺時，飛機開始顛簸了，爆爆用力握住控制桿，跟這架怪獸奮戰。

「是熱亂流。」爆爆解釋道：「這是因為熱空氣從地表升起而造成的現象，下午的時候因為地面溫度最高，熱亂流也最嚴重。」

飛機下降時不停搖晃，我們迂迴地朝降落地帶前進。這是那天我第一次真的為自己的安全感到害怕，出於本能我用手抓住了椅墊，但是又想起我和包柏醫生的對話，我立刻就放手了。機艙裡的警報器不斷響著：「嗶！嗶！嗶！」

爆爆開始狂怒地操控著開關，媽的！一定出事了。沒想到經歷過這一切後，竟然是在回程才出問題？我看向飛機左方的樹林，心想如果墜入樹梢，也許這片樹林可以降低著陸時的衝擊？不，我知道這些樹只會讓火災更嚴重。螺旋狀的黑煙飄入空中，消防員穿著銀色的救火服裝，當地新聞媒體的直升機硬是要找到好位置來空拍這場大屠殺。又或者墜機的力道會讓我像呆頭鵝尼克一樣直接被拋出機外？只差我撞破的是馬挈提脆弱的機艙罩？「你確定有兩位飛行員？」第一位到達現場的警官對油仔說：「現場只有一具遺體。」他們會在一個禮拜後發現我的遺體卡在其中一棵樹上，因為我的臉已經被野獸啃爛，警方還得利用牙醫紀錄才能確認我的身分。

「嗶！嗶！嗶！」爆爆依舊手忙腳亂地操控著飛機，沒告訴我到底發生什麼事。

麥特之前還很可愛地說要幫我照相，說什麼要趁我起飛前幫我拍「最後的照片！」（親愛的，看這裡！笑一個！比個拇指向上的手勢，對！這樣多像英雄啊！）

我離開人世後，報上會有各種關於我和克服恐懼計畫的故事，這才是最令人悲傷又諷刺的地方。我的故事會讓讀者嚇個半死，一不小心我就會讓數以千計的人放棄原本想要從事的挑戰。他們會從此避開任何挑戰，轉而選擇坐在沙發上收看情境劇和警匪片，我則成了反愛莉諾・羅斯福的最佳例證。

警報聲停了，爆爆在座位上坐好，我鬆了一口氣。現在回想起來，全部過程大概不超過十秒。

「那是降落架自動警報器。」他解釋：「如果妳飛行低於某一特定高度，又忘記放下輪子，警報就會響起。」我聽見輪子呼呼作響準備就定位。他笑著說：「有時候飛機比人還聰明呢。」

「我很慶幸你不是在起飛前跟我說這句話。」

輪子發出嘰嘰的聲響，滑入跑道。滑行時爆爆打開機艙罩，機艙罩猛力地撞上我的頭，爆爆都沒發現。

「這樣的感覺很棒吧?!」他對著微風大喊。

飛機終於停下來了，我們爬出機艙，我看見麥特在跑道旁等待著。當他看到我是滿臉笑意，而不是一臉需要安撫的表情時，他拿出一台錄影照相機，對著我問了一堆問題。

「妳會想再試一次嗎？」他問。

「事實上，我想耶！」要承認這點讓人有些不好意思，前幾個禮拜我都在擔憂，咳聲嘆氣地擔心飛行時刻到來。原來這件事，我這輩子（到目前為止）做過最恐怖的事情，根本就沒那麼恐怖，甚至可以說得上有趣。這不禁讓我思考自己是否錯過了什麼。此外，我人生中是否還有其他事情，是沒必要浪費時間精力來擔憂的呢？

「恐不恐怖啊？」我從機翼爬下來時麥特問。

「不恐怖啊。」我說，接著又說：「嗯，應該說降落的時候有點恐怖……」

麥特先幫我和爆爆拍合照，接著我們兩個和藍尼、油仔站在我的飛機前一起拍照。

「你們兩個能不能站在機尾讓我多拍幾張？」麥特問爆爆。「你不介意吧？」

「想拍幾張就拍吧，我們聽過各式各樣瘋狂的要求。」爆爆說：「曾經有女的脫到只剩比基尼，躺在飛機上頭擺姿勢；也有人在機翼上倒立，叫我們幫她拍照。」

之後我們互道再見，我打開車門，發現座位上有一個放了半個油炸蛋糕的紙盤。「我去了隔壁的車展。」麥特羞怯地說：「留了一些蛋糕給你吃。」

麥特一路開回長島公路，我在舔掉手指上的糖時忽然停住。

「嘿，等等，我還沒得到我的呼叫代碼。」

「什麼？」

「爆爆說今天課程結束時，我會得到自己的戰鬥機駕駛暱稱。他一定是忘記了。」

「那打電話問他啊。」

我畏縮了一下。我從來就不喜歡打電話給陌生人，我知道一位前記者做這種表白是很離譜沒錯。小時候光是自在地點一份披薩，我都要花很多年才會。長大後情況有好一點，後來又出現了電子郵件和簡訊，這對有打電話障礙的人來說就像來自天堂的甘露。尤其過去這幾年，我的人生重心轉移到寫作和網路上，我彷彿退化成小孩，希望可以叫父母親幫我打電話。

接下來那個禮拜，好幾次我拿起電話要打給爆爆，結果我都怯場了。我看了美國空戰學校的網頁，寫信給網管員，透過她拿到了爆爆的電子郵件地址。在說了幾句像「嗨！你記得我嗎？」的寒暄之後，我終於問了這個問題：「我想知道我的呼叫代碼是什麼？」

幾天後我得到回覆。「儘管你一開始有點顫抖，但之後表現得很不錯。」爆爆說：「你後來全身鬥志激昂到我必須得丟個項圈套住你，才能讓你不要像脫韁野馬。因此從今以後，在戰鬥機駕駛的圈子中，你的代碼叫做**無畏**。希望還有機會跟你一起駕駛飛機，因為之後我們說得就會是：『無畏！今天換你買啤酒慶祝啦！』」

有好一陣子，我光是盯著這封郵件看，臉上就會泛起微笑。本來我覺得用寫信而不打電話是有點膽小，但是現在我卻很感激，因為我能永遠保存這段對話。不過，我想要減輕一些罪惡感，於是我撥了一通電話，另一端接起後我說：「媽？你一定不會相信我剛收到的信裡寫了什麼……」

Chapter 7

我的人生可以按部就班，靠既有事物生活就好。
如果我沒辦法像以前那樣過日子，那就應該要過不一樣的人生。
過不一樣的人生不表示我的人生就沒那麼優美或愉快，也不表示心靈的快樂會少一些。

——**愛莉諾・羅斯福**

秋天加快腳步前進，我克服恐懼的一年計畫也是，其中間雜各種讓人卻步的任務。我去上了一次鋼管舞課程。潔西卡拒絕和我一起去上課（「對不起啊，諾艾兒，但是我也是有底線的。」），但是上完課後，我對這些從事異國風情舞蹈業、辛勤工作的女士，心裡多了相當程度的敬意。儘管我從小到大都很怕打針，我還是去試了針灸，一小時的恐怖體驗裡，我痛苦地看著一位師傅把針刺進我腳的頂端，以及腳趾間柔軟的肉蹼中。我還回去高空鞦韆學校，為了穿著表演服在數百名觀眾面前單獨表演，花了兩個月受訓。

我有兩個禮拜沒化妝。如果你覺得這聽起來不是很恐怖，那你一定不是在德州長大的。在德州如果你出門「沒有戴上化好妝的臉」，就跟沒帶臉出門一樣，大家也會展現出嫌惡的態度。身

為自由專欄作家，我一整天唯一會見到的人往往是在街角熟食店工作的傢伙，但我還是會上妝才出門去點三明治。過去五年來我每天都化妝出門，我意識到我已經認為上妝的臉才是我真正的樣子了。沒化妝我會覺得沒信心，好像**不如人**似的。所以我決定要停止化妝，直到我可以和素顏的自己和平共處為止。我媽在結婚的頭兩年裡連睡覺都帶著妝，直到今天都無時無刻打扮得宜，聽到我要素顏出門簡直是驚駭不已。她發現我竟然素顏去參加派對時，就說：「我連去看看信箱裡有沒有信都會化好妝再去，更不用說是出席社交場合了。素顏去根本就是……嗯，根本就是**沒準備好**啊。」我花了兩個禮拜調整心態，但真正得知自己可以素顏得很自在，要到我在地鐵站碰見了以前暗戀的人為止。當時我沒有閃躲或是退縮，直接走向他，完全素顏還帶著痘痘對他說：「嘿！好久不見！」

現在我進行這計畫已經四個月了，為了要了解愛莉諾，我決定去看看她住的地方。而要真的明白愛莉諾的家是什麼樣子，就得要看看富蘭克林的家。

「富蘭克林的家？」我們爬上床時，麥特聽起來很困惑。那天晚上我睡在他的公寓，因為即使他幾小時前才一路從阿爾巴尼市開車過來，隔天他還得犧牲整個禮拜六的時間，陪我到北方去拜訪紐約海德公園的羅斯福宅邸。「你的意思是他們沒有住一起？」

「結婚的前二十年的確是沒有住在一起，明天開車北上的時候我再解釋給你聽。」

麥特把他的閱讀眼鏡放在床邊的小桌上，他剛關掉燈準備睡覺，我卻突然把棉被一掀，從床上跳起來。「天啊，我今天還沒做令我害怕的事，我太專注於明天的事，根本就忘記今天還沒做了。」我脫掉潔西卡送我的黑色T恤睡衣，上面寫著**我到處留情**的字眼，還脫掉了我的短睡褲。

麥特睡眼惺忪地看著我說：「妳在幹嘛？現在已經凌晨一點了耶！」

「我要去一下走廊！馬上回來。」如果一整天都快結束，我都還沒找到令我害怕的事可做，我就會全裸去走廊跑一趟。我到現在為止都還沒碰過鄰居，但每次真的都很令人害怕。麥特還來不及回應，我就推開他家前門從公寓飛奔了出去。

開車到紐約大約要花兩個半小時，時間剛好夠讓我對麥特解釋這對夫婦複雜的生活方式。富蘭克林的父親詹姆士比母親莎拉年長二十六歲，詹姆士是個鰥夫，有一位跟莎拉年紀一樣的兒子。到了富蘭克林一八八二年出生時，他已經五十四歲了，對帶小孩已沒多大興趣，他甚至要富蘭克林叫他「詹姆士先生」，但莎拉對兒子悉心照料，彷彿他是一株得獎的蘭花似的。她在春木，也就是家族位在海德公園哈得遜河岸旁的莊園裡將兒子養育長大。屋裡的僕人全都稱小男孩為「富蘭克林少爺」，他只要稍微做一點小事，就可以得到大家一致的稱讚。這種一味讚美的教育方式可能會帶來災難般的結果（小孩過度高估自己的天份，進入現實世界後只要稍有挫折或受到丁點批評就委靡不振），但這種方法在富蘭克林身上卻奏效了，美國人也同樣買帳。富蘭克林若沒有相當程度的自信，就不可能帶領美國渡過經濟大蕭條。富蘭克林十八歲時父親詹姆士過世了，莎拉緊抓獨子不放的傾向越發強烈。富蘭克林和愛莉諾宣佈訂婚時，她對愛莉諾相當冷淡，任何想跟她爭寵、奪走她兒子的人，她都同樣冷淡以對。後來愛莉諾搬進春木和他們一起居住，情勢演變得跟八卦情境劇一樣。

「可憐的愛莉諾。」麥特說：「我根本不會想要加入這樣的家庭。」

婆婆的身影無所不在，愛莉諾根本無法逃離。莎拉打造了一棟位於曼哈頓的聯建住宅作為這對夫婦的新婚賀禮。不過，有時你會送給家人一份你自己很想要的禮物，因為你知道這禮物你可以全權使用，這個新婚賀禮就有異曲同工之妙。因為莎拉也買下了隔壁的土地，為自己蓋了一棟相連的住宅，兩棟房子在好幾層樓都只用滑門相隔。

「你根本不知道她什麼時候會過來。」愛莉諾悶悶不樂地回憶道。

「這地方看起來好……好有總統官邸的氣勢。」麥特說，從車道往上望向春木。我們才剛從一個廣大的蘋果園漫步過來，和一群約四十個穿著休閒運動打扮的白人觀光團成員站在一棟殖民復興風格的宅邸前。我們的導遊梅格是一位膚色紅潤的女人，穿得像公園巡警一般，站在有圓柱的門廊入口處階梯上。

「富蘭克林四次總統大選後，都站在我這個位置迎接前來道賀的群眾。」她對我們說。「因為海德公園不是共和黨的票區，富蘭克林開玩笑說：『我知道你們沒有投給我，但無論如何還是很高興見到大家。』」觀光團盡責地開懷大笑，跟著她走進陰暗的門廳。

根據梅格的說法，富蘭克林是位收藏家，他的郵票蒐藏總數超過一百萬張，他和母親驕傲地在入口大廳展示這些郵票。遠處的牆上掛滿了富蘭克林覺得有趣的政治卡通框畫，另一邊牆上則是裝飾著十九世紀的海軍畫作。（「他在海軍擔任次長長達七年。」梅格提醒大家。）隔壁是一群製成標本的鳥類，都是富蘭克林小時候打獵來的。這些鳥都呈現展翅高飛的姿勢，彷彿還活著一樣，我覺得這樣根本失去意義；更奇怪的是，他母親還禁止僕人碰這些標本，連撣灰塵都是她親自動手的。如果富蘭克林比她早一步離開人世，我懷疑她可能會把他做成標本，立在扶手椅後。她是沒這樣做，但是也差不多了。在這些鳥類的前面，坐著一位真人大小的富蘭克林銅像，那是他二十九歲當選州參議員時莎拉委託製作的。

麥特和我慢慢走到其他觀光客後方的走廊盡頭。這些房間用小柵欄門隔著，但是你還是可以看到裡面的樣子，就好樣是一棟真人版大小的娃娃屋一樣。我們排隊等著看掛牌上的解釋，看看每個房間代表的意義。我們左方是莎拉的活動場所，她稱這裡為「溫暖舒適的家」，是她處理家中大小事務的地方。裡面的家具對這地方來說太大了，讓人覺得自己好渺小，就跟莎拉給人的感覺一樣。想當然耳，首當其衝的就是愛莉諾。

「你媽不過是生下你而已。」莎拉曾經對愛莉諾的兒子吉米說。「我比你媽還像你媽。」

不只這樣，她還時不時在公開場合侮辱愛莉諾，像是她曾對愛莉諾在一場晚餐宴會上說：「你只要肯把梳子拿起來梳梳頭髮，樣子就會好看得多。」

羅斯福家族的生態可以從座位安排上嗅出一絲端倪。餐桌首位坐的是莎拉和富蘭克林。氣勢宏偉的鑲木圖書館裡，兩張一模一樣的氣派軟墊沙發椅就擺在火爐兩旁。其中一張是給富蘭克林坐的，另一張是給莎拉坐的。天曉得愛莉諾坐哪，也許是坐在哈得遜河的河岸，努力說服自己不要往下跳。

「近四十年來，我只不過像是個訪客。」之後她這樣寫道關於春木的回憶。

一九一八年，富蘭克林旅行回來感染了肺炎，所以愛莉諾幫他整理回來後的行李。在行李中她發現了一疊寫給富蘭克林的情書，她馬上就認出了字跡。這些情書是一位叫做露西・梅瑟的女人寫的，她是愛莉諾的秘書。你沒聽錯，是**她的**秘書！這外遇就很多層面來說都錯得很離譜。那時他們已經結婚十三年，愛莉諾為富蘭克林生了六個孩子（其中一個嬰兒時就夭折）。愛莉諾表明願意跟富蘭克林離婚，但是莎拉卻介入干涉，她知道這樣的醜聞會毀了兒子的政治生涯。莎拉威脅如果富蘭克林膽敢提出離婚，她就要除去他的的繼承權。兩人決定繼續維持婚姻關係，但是愛莉諾提出兩個條件：第一，富蘭克林必須立刻切斷和露西的關係；第二，他永遠都不准再和妻子同床。諷刺的是，這件事爆發後，愛莉諾才終於提起勇氣對抗莎拉。她開始用所有找得到的大型家具，把連接兩棟房子的所有滑門全都堵住，不得不說這種做法真是了不起。

一九二一年的夏天，羅斯福一家去了緬因州北方海岸不遠處的坎波貝洛島避暑。有天下午，富蘭克林游泳回來抱怨很冷又背痛，早早就上床睡覺。「隔天早上他幾乎沒辦法站起來，再隔一天他就完全站不起來了。」愛莉諾回憶道。為了照顧富蘭克林，她將近三個禮拜都睡在他房間的沙發上，但無力回天。富蘭克林感染了小兒麻痺症，腰部以下全部癱瘓。

位在春木的家中到處都放置了可移動的緩坡道，客人來訪就全部移走。富蘭克林在公開場合隱藏癱瘓的事實，避免顯出脆弱的形象。有時他甚至穿著固定在膝蓋的腳部支撐器，只為了可以站直。他靠拐杖或扶著某人的手臂用臀部一次推動一隻腳往前進，塑造出可以走路的錯覺。即使是在總統任期內，他也依舊維持著這樣的形象。富蘭克林總是在各國領袖來開會前就先入座，等到其他人離開後才會起身。媒體當然都知道他得靠輪椅才能行動，卻覺得不應該「揭發」總統的個人隱私。他們也只拍富蘭克林坐在車裡、坐在書桌前，或靠著欄杆發表演說的樣子。

他靠著反應快速的機智和調皮的男孩性格風靡了所有媒體。莎拉不准人家在屋內飲酒，所以晚餐前喝雞尾酒的時候富蘭克林會帶著記者和工作人員躲進樓梯下的衣物間。

「這樣很好玩。」一位記者之後回憶道。「大家笑聲不斷，和美國總統聚在一起，牆上掛著外套，他坐在輪椅上快速調出馬丁尼給我們喝，我們彷彿是晚上在宿舍狂歡的壞小孩。」

徹底看過一樓後，我們這群人又回到主樓梯處，輪流探看富蘭克林的手動電梯。原本裝這台電梯是要讓僕人能夠在羅斯福一家海外旅行回來時，把沉重的行李搬上樓。富蘭克林不喜歡制式的輪椅，所以他自己設計，用一張普通的木椅在椅腳處加上輪子。其中一張他設計的輪椅就放在電梯裡，佔據了大部分的空間。

「還好他沒有空間幽閉症！」一位戴著棒球帽的爸爸大笑道。

「這電梯是用纜繩系統操作的。」梅格解釋道。「富蘭克林用手臂的力量把自己往上或往下拉。」我往裡面看，想起了富蘭克林的一句名言：「你握到繩子的盡頭快掉下去時，打個結繼續撐下去。」

「他負擔不起電動的嗎？」這位爸爸問。

「富蘭克林不肯裝電動電梯，他怕發生火災時會斷電，讓他困在裡面活活燒死。他根本沒辦法逃跑，所以很怕失火。」

梅格把我們這團分成好幾組，讓我們可以輪流上二樓參觀。麥特和我走在有六個孩子的一家人前面。這棟莊園有光滑的白牆和挑高的天花板，照理說應該很通風，但是海軍藍的地毯卻把光都吸走了。儘管有三十五個房間和九間衛浴，這房子還是讓人窒悶。我們看到「誕生房」都覺得有點毛毛的，這間房依舊保存了當年富蘭克林出生的那張床。莎拉死前的遺願就是把這間房布置得跟富蘭克林一八八二年誕生時一模一樣。我們快步走到他位在走廊盡頭的大套房，這間臥房自從富蘭克林死前兩禮拜最後一次造訪後就完全沒動過，保留了當時的模樣。直通白宮專線的特製電話殷切地在床邊等候著，富蘭克林的書和雜誌依舊散落在房間各處。這副景象很詭異，就好像在看犯罪現場一樣。我試著想像萬一我意外身亡，梅格帶大家參觀我的公寓時，我的房間看起來會是什麼樣子。（「正如大家所見，她的怪頭盆栽和沙發墊上久坐的屁股印痕都跟她離開時一模一樣……」）

我探頭看進隔壁愛莉諾的迷你房間。這房間根本沒什麼看頭，是由更衣室改建而成的，裡面空盪得令人驚訝，只有一張坐臥兩用長沙發，也沒有單獨衛浴。

三樓不對外開放，所以我和麥特冒險往外走到陽台欣賞風景。這房子坐落在山丘上，高傲地遠眺佔地兩百四十多公頃的莊園土地。我們拖著步伐走下外面的階梯，回到房子前面梅格等著大家的地方。愛莉諾曾經對富蘭克林說，他的小兒麻痺症其實是「經過偽裝的祝福」，因為這病賦予他以前所沒有的力量和勇氣。他必須仔細思考生活的基本原則，也學會了人生最重要的一課：無比的耐心和永不放棄的堅持。

彷彿是要印證這句話似的，梅格在送大家離開前，面向下方漫長的車道。「如果你想知道做總統要有什麼特質，就聽聽看富蘭克林的故事。」她說。「富蘭克林每天都拄著拐杖來這，努力想走完這零點四公里長的車道到主要道路上。他覺得如果可以不用別人幫忙就走得完，總有一天他一定可以再次行走。萬一他跌倒了就得臉部著地一直躺在路上，直到有人碰巧經過扶他站起來為止。他從來沒走完全程過，但他還是不斷地努力嘗試。」

大部分的人都回頭往總統圖書館的方向走，但麥特和我漫步穿過果園，享受著晚秋的陽光。

幾分鐘後，麥特停下來看看周遭說：「去愛莉諾家的路是哪一條？」

「我們應該開車去會好一點，她住在四公里遠的地方呢。」

「四公里？」我們往停車場走去時他說：「這也做得太明顯了吧。」

富蘭克林得到小兒麻痺症時，他已經從政十年了，擔任過參議員和海軍次長，還曾經提名為一九二〇年民主黨副總統候選人，但是被共和黨擊敗了。他拒絕接受自己癱瘓的事實，一九二〇年大部分的時間都在進行復健治療。為了讓富蘭克林繼續在政治圈活躍，愛莉諾必須為他奔走和發聲。她在許多組織中活躍起來，發表演說。她為民主黨女子部門擔任志願工作時，結識了活躍在政治圈的同志情侶瑪莉安・迪克曼和南希・庫克。富蘭克林也喜歡這對情侶。有一天，這四人在佛契爾溪野餐，他提議在當地建造一座小屋，讓這些女人居住。

「這樣有點……」麥特停頓一下，小心開著別克到主要道路。「……不合常理耶，不是嗎？」

「他知道愛莉諾需要一個可以逃離莎拉壓力的地方，我猜他也受夠兩人間的劍拔弩張。」

他雇用了建築師，到一九二五年時，這些女人就擁有一座遠眺溪流的半粗石平房小屋。富蘭克林甚至打造了一個水堤讓溪水可以流進游泳池。愛莉諾稱這間石造小屋為他們的「愛巢」。這些女人在這房子裡，從泳衣到唇膏都交換使用，她們還把名字縮寫成ＥＭＮ繡在床單和毛巾上。

「我可以坦白說，我從沒看著任何一位男性朋友，並對他說：『來把名字繡在衣服上吧！』」麥特開玩笑地說。

我告訴他這些女人在這塊土地上蓋了第二棟建築物——維契爾小屋。她們在這裡開辦了家具工廠，讓失業的當地人可以貼補點家用。南希監督工廠運作；愛莉諾則在曼哈頓的一所學校裡教文學、戲劇和美國史，瑪莉安是這所學校的副校長。「直到中年以後，我才有勇氣發展自己真正的興趣。」愛莉諾在其中一本自傳裡寫道。

「這些把名字繡在一起的女人是一輩子的朋友嗎？」麥特問。

「不算是，家具工廠在一九三七年破產。後來有天晚上瑪莉安在歐洲，愛莉諾和南希大吵一架。愛莉諾立刻就搬出了粗石小屋，瑪莉安和南希之後搬到康乃狄克州。」

「為了什麼事吵這麼嚴重啊？」

「沒人知道。不過瑪莉安之後提到吵架的內容是『不方便透露的秘密』。」

「結果咧？」麥特催促道：「她到底是不是啊？」

「坦白說我真的不知道，愛莉諾的確有親密的同志朋友……」從一九二〇年到三〇年代，大家一直都在八卦這個問題。愛莉諾的調皮表妹愛莉絲曾經在一間時髦的華盛頓餐廳大聲評論：「我不管你們說什麼，我就是不相信愛莉諾是女同性戀！」

我告訴麥特，在一九七八年，富蘭克林圖書館的工作人員打開十八個箱子，裡面裝有一萬六千頁愛莉諾和羅倫娜・希考克互通的書信。羅倫娜是一位三十五歲的美聯社同志記者，她抽雪茄、穿法蘭絨的襯衫和褲子，讓你直接就聯想到伐木工人的樣子。羅倫娜是報社派去報導愛莉諾的，但後來卻成了她的密友。她給了愛莉諾一只藍寶石戒指，愛莉諾還戴著它出席了富蘭克林一九三三年的總統就職大典。愛莉諾在典禮結束後給她的便條中寫道：「親愛的羅倫娜，我想擁妳入懷……緊緊抱著妳。妳的戒指給了我莫大的安慰，我看著戒指，心想她是真的愛著我，否則我是不會戴著戒指的。」

羅倫娜回信給愛莉諾：「我記得妳的雙眼，眼神中的一絲戲謔，也記得我倆抵著雙唇時，妳嘴唇右上角的柔軟觸感。」

「夠了，別再說了。」麥特說：「都說成這樣應該不用問了吧？」

我聳聳肩：「那倒未必。史學家曾指出維多利亞時期的女性，會寫情書給純精神友誼的朋友，只因為她們太渴求浪漫。此外，愛莉諾和羅倫娜的書信，有些顯示出她們並非心意相通。」一九三七年，愛莉諾寫信給羅倫娜：「我知道妳對我的情感，我沒有辦法回應妳，但是我還是一樣愛妳。」

麥特跟著愛莉諾・羅斯福國家歷史館的指示走，把車停進停車場。

「我覺得，誰在乎她是不是同性戀啊？」我說，一邊關上身後的車門。「這件事有這麼重要嗎？這女人拋下了不斷嘮叨硬是要同住的婆婆，打造了自己的夢想小屋，帶著自己最喜歡的同志朋友一起過生活。我個人認為這樣做挺酷的。」愛莉諾的想法超前她所處的時代。在一九二五年的時候，她在日記中寫道：「沒有任何一種形式的愛該遭到鄙視。」

我們沿著彎曲的路徑穿過樹林，從停車場來到一條有木板橋的小溪。橋底下，佛契爾溪低聲流過岩石。另一邊是個池塘，水面像鏡子般靜止不動，旁邊佈滿茂密的樹林，在水面投下倒影。

這次的導覽員沒有穿得像巡警，而是位穿著一般服裝、像圖書館員的人。

「很多人都會問維契爾（Val-Kill）這名字怎麼來的，放心，我們這裡沒有一堆殺人犯啦！」她竊笑著，我懷疑她這台詞說了數百遍了。「這地區以前是荷蘭殖民者住的，而契爾在荷蘭語中就是『小溪』的意思。」

如果春木的莊園是一間兩萬平方英尺三十五個房間的堡壘，維契爾小屋就只是一間平房而已。小屋的七個房間是幾年間陸續加蓋的，不斷加蓋讓房子有種大雜燴的混搭感，彷彿建築師讓自己的五種多重人格都放手一試。小屋的形狀像隻彎曲的手臂，前門就杵在手臂彎曲處。

「訪客常常都以為前門是後門。」導覽員在我們踏過門檻時提到。房子內部是鑲了木板，不過有幾個裝有紗窗可透光的陽台，讓室內看起來不會那麼擁擠。

「天氣好的時候，愛莉諾就會睡在樓上其中一個外推陽台裡。」導覽員說：「她喜歡睡在有窗的陽台，因為『抬頭可以看到星星』，這給她一種景致盡收眼底的感覺。」我努力想像她躺在這張床上，在新鮮的空氣中醒來（她每天早上八點起床，不管多晚睡都一樣）。但是每次我只要參觀名人的歷史住所，都沒辦法想像這些名人在家裡閒晃的樣子。

這房間給人的感覺就跟愛莉諾一樣，不拘束又讓人備受歡迎。第一夫人的臥房裡有張單人床，上面鋪著鬆絨線飾邊的床罩，但是這房裡的照片和私人物品比起春木那間來得多。春木的莊園在一九四五年富蘭克林死後轉讓給政府，愛莉諾則回到維契爾小屋居住。將近有二十年的時間，達官顯貴還是會前來造訪，坐在客廳舒適的印花棉布椅子上討論國事。

「愛莉諾在這裡款待了邱吉爾和甘地這類的人。」我們擠在繩索隔開的輕便餐廳前，導覽員說：「她常常在這桌邊端菜給客人。」邱吉爾還一邊抽著雪茄，一邊在後院的泳池裡游泳，這讓我更喜歡他了。

愛莉諾不像富蘭克林用房子來展示他的收藏，她牆上裝飾的都是朋友和家人的照片，這些人都是她的生命歷程，對她來說很重要。在牆上，孫子孫女、秘書、國務卿等人的照片都交織在一起。這房子並沒有權貴之家的裝飾，電視房裡放著一台一九五〇年代的電視，還有套上布套的扶手椅，這間房也兼做愛莉諾的辦公室，她的書桌僅佔據一個小角落，桌上的名牌寫著「愛力諾・羅斯福」。

「為什麼愛莉諾的名字寫錯了？」熟悉的聲音高聲問，是之前參觀富蘭克林家的那位爸爸。

「有個小男孩在木工課幫她做了這名牌，她不忍心告訴他名字寫錯了。客人問她為什麼要把這名牌放在這麼顯眼的地方，她回答：『有一天小男孩可能會回來參觀啊。』」

她一直都在寫作，不曾間斷。杜魯門指派她到聯合國任職時，大部分的世界人權宣言就是她起草的。她七十八歲因骨癌去世時正寫書寫到一半，這本書叫做《明天即現在》。她這一生總共寫了七千三百篇報紙專欄，以及二十七本書，那樣的寫作產量我根本無法想像。我想就算我連續五十年一回家就坐在電腦前，也寫不出那麼多的作品。

這房子很小，所以參觀的時間比春木的莊園短得多。麥特和我走回到車道時，我的手臂環著他的手臂。當然，我們都知道住在不同的地方是什麼感覺。麥特的編輯兩年前派他去阿爾巴尼市報導州政府新聞時，我們的關係進入一種凝滯不變的模式。因為他不住在曼哈頓，我們從來就不用討論要不要一起住，也不用討論要不要結婚。所有事情都維持原狀，在時間中凍結，就像愛莉諾的房子一樣。但是這種情況能維持多久？久到我們在情感上也都變得疏離為止？萬一他搬回來，我們才發現我們比較喜歡偶爾聚在一起的關係怎麼辦？

到最後，愛莉諾還是回到了富蘭克林身邊，她葬在莎拉位於春木的玫瑰花園裡，和富蘭克林還有兩人養的狗法拉埋在一起。這對夫婦共用一個墓碑，低調的長方形石塊上寫著兩人的名字。

富蘭克林總是說他不想要一個比他在白宮辦公室的書桌還大的墓碑。墓旁包圍著高大的鐵杉樹籬，兩人終於可以獨處了。莎拉只比兒子早三年半過世，她沒有葬在家庭墓地，而是埋在當地的教堂裡。連蘇格蘭獵狗法拉都比她重要，我想這肯定不是什麼光彩的事。在紐約有個莎拉・羅斯福紀念公園，我最近在散步時剛好見過，這公園離我的公寓不到幾條街遠。愛莉諾說得對，你不知道莎拉什麼時候會出現。

富蘭克林和愛莉諾的孩子繼續過著動盪不安的人生。怪異的是，艾略特寫了一系列推理小說，主角是母親愛莉諾扮演的偵探。他寫了三部曲揭露父母親隱私，連兩人的性生活和富蘭克林的外遇都鉅細靡遺的道出，引發家族成員震怒。這五個孩子，總共結婚十九次、離婚十五次、生了二十一個孩子。安娜就嫁了三次；小富蘭克林和艾略特都各結婚五次；詹姆士和四個不同的老婆生了七個孩子，而且第三任老婆在家和他爭吵時拿刀刺他，還登上了頭版新聞。約翰是唯一只結一次婚的，但是他後來成為共和黨員，這也許是所有羅斯福家族成員最頭痛的一點。然而大家對愛莉諾的支持卻從未動搖過。

「沒有人可以無時無刻都活得盡善盡美。」她說：「我們大部分的人都是因為人們的弱點而愛他們，而不是因為他們很堅強。」

我們在橫越水堤的橋上樹蔭下停了下來，這水堤是富蘭克林為愛莉諾建造的。小溪生意盎然地在我們的右方潺潺流過，左方則是素雅又沉穩的百合花池塘。

麥特靠在欄杆上。「他們的成就，光是就量來說，就讓我震撼不已了。」他邊說邊搖頭：「我真的覺得我好像回到了那個時代。在那個時代，偉大不是你『擁有』什麼，而是你『**做**』了什麼。」

我站在那裡往水中凝視，知道自己需要重新投入這個計畫。羅斯福一家人投身公眾事務，而我卻是在公寓大樓裸奔或是上脫衣舞課程。顯然我需要更認真看待我的挑戰，也許在挑戰的時候可以激發出我更多的內在潛能。我從來不曾真的對其他人提供過什麼真的有用的重要幫助。

「所謂有用，就某方面來說，就是證明一個人的存在價值。」愛莉諾說。

我回到家時，在網路上搜尋「紐約」還有「志工」等字眼。第一個跳出的網站是一家當地徵求志工的醫院。太好了。愛莉諾小的時候就開始做志工，陪著她阿姨葛蕾絲去曼哈頓的醫院拜訪殘障的孩童。第一次世界大戰結束時，她每星期一次帶著鮮花、巧克力和鼓勵的話語，造訪華盛頓特區的海軍醫院。愛莉諾後來說，這些和受傷士兵接觸的經驗讓她學到很重要的一課：「我開始對人類的處境感到同情，也開始問自己能為人類做什麼。」

我下載了申請表填完表格，裡面有幾個問題：「你為什麼想來醫院當志工？」我很快就生出了兩百字：「我的三十歲生日即將到來，回首過往的人生，我為自己所看到的從前感到羞愧。我注意到的不是我已經做到的事情，而是我沒有做到的事情。我怎麼能在這地球上活了將近三十年，卻完全沒有做過幫助他人的事呢？我希望我回首人生時，可以看見一個幫助他人過得更好的人……」我把這短文印出來，從頭讀一遍。寫得會不會太過頭了呢？我沒來得及細想，就把短文和申請表塞進信封，丟進外套口套，出去找我家街區盡頭的郵筒了。

Chapter 8

我到現在才知道，再次回家的感覺真好。

——愛莉諾・羅斯福

回到德州過聖誕節的時候，我面對恐懼的一年計畫已經差不多進行到一半了。回家的第一個晚上，老爸邀請了維爾畢一家人外出吃晚餐，我們去了一間重新裝潢的義大利餐廳，他們用長得像太空船的發光呼叫器來告訴顧客用餐的桌子已經準備好了。維爾畢先生是我爸的高爾夫球伴，他快要六十歲了，是個散發出愉快氣息的人，很喜歡聽我講述紐約的生活情況。我在吃晚餐時告訴他我的計畫，他聽得興味盎然。他問題一個接一個地問時，我注意到老爸的頭在我們倆之間來回擺動，似乎越來越不高興，彷彿在看一場世界上最糟糕的網球比賽一般。

最後老爸清清喉嚨說：「她母親和我都覺得，諾艾兒最好搬回家住一段時間，讓她好好想想，也許也可以到公司幫我。」

天啊！會變成這樣嗎？萬一我的克服恐懼計畫害我破產，讓我必須搬回去德州的糖城和父母住該怎麼辦？真是丟臉！喔，大學時爸媽說他們要從休士頓搬到糖城時，我還嘲笑過他們！

（「糖城是在糖果城隔壁嗎？」我這樣問。「你家到橡皮軟糖山有多遠啊？要開車過去還是可以走彩虹步道去啊？」）

我有說過我父母親人很好嗎？真的，他們都是好人。但是我們的祖先是苦幹實幹的農夫和資產小康的商人，這樣的背景讓他們很難理解寫作是可以謀生的行業，而他們多年來也努力說服我轉讀法律或牙醫。

「妳可以賺足夠的錢養活自己。」我母親會帶著有點夢幻的口吻說。她一直都是個盡責的家庭主婦，但我總覺得她後悔沒有自己的工作。「女人不應該靠男人來養。」她常這樣對我說。

多年來他們緊張地看著我辛苦為報社工作，一年領兩萬五千美金的微薄薪水，卻住在非常昂貴的大都市裡。我得到高薪的部落格寫手工作時，爸媽開心得不得了，他們很高興我能證明他們原本的想法是錯的，原來我真的可以靠寫文章謀生。告訴父母親我被裁員比被裁員本身更令人難受。拿起電話打給他們告知裁員消息時，我感覺他們更像我的孩子而不是我的父母。我想要保護他們，不讓他們因我而失望。

「嗯。」維爾畢先生愉悅拖長語調的聲音，緩和了緊繃的情勢。「我還是覺得妳的計畫聽起來非常有趣。妳知道妳該做什麼嗎？」他用叉子叉起一塊帶有光澤的牛排。

「什麼？」我問。

「妳應該去爬吉力馬札羅山，妳知道吧？是世界第四高峰喔。」說完他把牛排放到口中。

「喔，聽起來太危險了，我不認為這是個好主意。」我媽這樣說，不過我敢肯定她根本就沒聽過吉力馬札羅山。

「攀那樣高峰不是要準備好幾年嗎？」我問。我的計畫只剩六個月，我沒那麼多時間。「我沒有任何登山的經驗。」

「爬吉力馬札羅山不需要登山經驗，因為這根本不算是登山。」他說：「吉力馬札羅山太寬廣了，基本上你就是得花個幾天走到山頂，爬這座山根本不需要技巧。」

「說的就是我啊。」我面無表情地說：「我就是毫無技巧。」

爬山結合了在地球上我最討厭的兩件事：露營和運動。叫我在樹林裡上廁所根本就是我的最大夢魘。我很好奇宇宙是不是偽裝成了這個中年高爾夫球熱愛者，告訴我應該要去爬山。

吃完晚餐回家後，我噗一聲坐在父母的電腦前查吉力馬札羅山的相關資料，像是這座山在哪一洲啊？答案：非洲。這地方我從來沒去過，除非你把迪士尼的小小世界火車之旅算進去。

維爾畢先生說的是對的。吉力馬札羅山不像世界上的其他高峰，登山前你不需要有經驗，但是困難度就有待商榷了。讀登山客爬吉利馬札羅山的故事，就好像是問一群共和黨和民主黨員對美國總統的意見。有一半的登山客覺得爬吉利馬札羅山不過就是一趟長途健走之旅（有不少人是在蜜月的時候去爬的）。另一半則說爬這座山是一輩子做過最困難的事，無論對心理還是生理都是無比艱難的挑戰。每年有兩萬五千多人試圖攀爬吉力馬札羅山，但是只有百分之四十的人成功登頂，一萬五千人在還沒到達頂峰時就放棄了。看到這些數字我猶豫了，這座山可是讓不少人鎩羽而歸呢。我是不是又給自己找了一個可能會失敗的挑戰呢？還是會更糟糕？

吉力馬札羅山提供了各式各樣饒富興味的死法，有傷寒、瘧疾、黃熱病、肝炎、腦膜炎、破傷風還有霍亂。當然，這些病你都可以打預防針。但打預防針沒辦法預防起霧。山上的霧不但來得快，還濃得跟雲一樣（一位登山客在網路上提供了證言：「吃午餐的時候……霧濃到我根本不知道自己吃了什麼，即使吃進嘴裡也只能猜測可能是什麼食物，因為看不見。」）由於能見度是零，有些人的行進路線會偏離步道，最後曝曬過度而死。即使晴空萬里，你還是有可能踩到鬆動的岩石，刺激地滑向死亡。有時候山自己就迎面撲來了。二〇〇六年七月，三位美國登山客被秒速兩百公里的落石擊中而身亡。有些巨石跟車子一樣大，科學家懷疑原本撐住這些巨石的冰塊是因為全球暖化而融解的。另一方面，低溫症也令人擔憂；山上夜晚的溫度會降到零度以下。之後我在搜尋資料時又看到一小篇報導，還真是讓人揪心啊：

「高度五千八百九十五公尺的吉力馬札羅火山是非洲第一高峰，也是世界上最高的火山。雖然吉力馬札羅山被歸類為死火山，但一直都在蠢蠢欲動，而且證據顯示，大規模的山崩可能造成山的邊坡裂開，引發大規模的熱氣外流與岩石崩落，這和聖海倫火山噴發時的情況類似。」

火山?!還有可能會噴發?

但是攀登吉力馬札羅山最大的威脅是高山症，攀升速度太快的話就會引發高山症。症狀輕微的話就是感到噁心、喘不過氣，還有頭痛。嚴重的話會引發肺水腫或腦水腫，造成肺部充滿液體或是腦部腫脹。攀登吉力馬札羅山的登山客中，有百分之八十出現高山症的症狀，其中百分之十出現致命症狀，或是造成腦部受損。八分之一的機率？我不喜歡這數字。也許這趟旅程太危險了。我的眼睛因為盯著電腦看太久而發痠，所以我關掉電腦。

小妹去參加游泳比賽不在家，我走進她房間找靈感，看要送她什麼聖誕禮物。我上次進來的時候，牆壁就已漆成亮藍色，掛滿了她和朋友的照片，這些朋友我一個都不認識。裘丹很晚才加入這個家庭，她比我小十五歲。她出生時我在產房，甚至連臍帶都是我剪的（我那過分拘謹的老爸，隔著窗簾安心地觀賞整個生產過程）。我那時認為因為我們年紀差太多，肯定不會有姊妹競爭，一定能成為好朋友。當時我年紀太小，無法明白光是年齡的代溝就讓我們注定無法成為親密的好友。我離家要去讀大學時，她還在牙牙學步；從那時起，她一年不過在假日時見到我幾次。

其中一面牆上擺著寬闊的軟木塞佈告欄，底下邊緣的鉤子上都掛著游泳比賽的緞帶獎牌，一字排開有兩公尺長。她才十三歲就已經是州紀錄保持人。看著這面佈告欄當然我覺得很驕傲，但是也替她感到心痛。這一整面的獎牌牆有一點讓人心碎，現在的裘丹如果沒有拿到第一名大家還比較驚訝。我在想對她來說，害怕輸的恐懼會不會已經遠遠壓過贏的快樂了？

「喔，妳嚇到我了！」老媽在門邊站著說，手撫著胸口，散發著向日葵基底的香水味。「我不知道妳在這，我只是在找剪刀，妳妹每次拿了剪刀就忘記放回去。」她匆忙走進房內，無奈地搖搖頭。果然，我們打開書桌抽屜看到一堆剪刀。

「我的天啊！」媽媽大喊出聲，但是她的語調充滿疼惜。

老媽的手指焦慮地拂過她常戴的金頸鍊說：「妳覺得她參加游泳比賽應該沒問題吧？」

「當然沒問題啊，媽。這已經是她第一百萬次離家參加比賽了，教練都會跟著她啊。」

「我想我還是打電話確認一下好了。反正我也要提醒她不要太晚睡，早餐不要吃太油膩，否則比賽時容易抽筋，而且……」

「夠了，妳不要再這樣了！」我突然激動地大叫。

「不要怎樣？」老媽看起來很困惑。

「不要無時無刻都在擔心。」

「我只是想要保護她。」我本來不想和老媽講這個的。我媽一輩子都在努力扮演母親的角色，而我要跟她說她有一部分做錯了。「妳覺得妳在幫她，但是長久來看，妳只是讓她人生過得更艱難而已。長大後她會不知道如何面對挫折和失望，偶爾讓她失敗一次對她有好處的。」我說，我講的不只是我妹妹，也是在講自己的情況。「比起成功，失敗是更好的老師。」

我深吸一口氣繼續說：「妳偶爾必須給她失敗的空間，這樣她才會覺得自己是可以失敗的。」

老媽的眼睛裡充滿淚水，但是我必須把話說完。

「而且我講的不是只有她而已啊，媽。每次妳對我做的事持懷疑態度時，都讓我覺得妳對我的能力沒有信心，妳這樣只會讓我更懷疑自己。」

老媽果然崩潰了，眼淚從她的臉頰上滑落，她說：「我會這樣是因為我在乎妳們啊！」

看到她的眼淚，過去六個月以來她所做所為帶給我的挫折感都煙消雲散了，我意識到擔憂就是老媽表達愛的方式。

「但是妳這樣就是在教導她『在乎等同於擔憂』。」我溫和地說：「她長大後會覺得，如果妳真的在乎妳的事業，妳就應該無時無刻都擔憂工作。如果你真的在乎妳的感情，妳就應該擔心另一半是不是劈腿或是不愛妳。這樣的人生會很辛苦，我知道妳也不希望她過這樣的人生。」

「當然不，妳說的很對。我應該要對妳們多點信任。」她抬頭看著天花板，擦眼淚的時候注意不去弄花睫毛膏。「我只是……我只是要想要有人給我照顧，你懂吧？」

「你可以再生一個小孩啊，當年妳生裘丹的時候，我就是她現在這個歲數。」

她笑出聲：「拜託！妳能想像你老爸臉上會有什麼表情嗎？」

「沒法想像耶，因為我前面又沒有人蹦出來。」

聽到這她笑得不可開交，我也跟著笑出聲。最後我們慢慢冷靜下來，只剩下偶爾幾聲傻笑。

「其實根本沒那麼好笑。」我說。不知怎地，這句話讓我們又爆笑出聲。

隔天早上我收電子郵件時電話響了。我接起電話，是潔西卡打來的，她連哈囉都沒說，照理說這樣是很不禮貌，但每次都會讓我感受到一陣暖意。

「顯然……」潔西卡說：「昨晚我在辦公室假日派對後，跌跌撞撞回家的路上，買了一棵聖誕樹。」

「為什麼妳說『顯然』啊？」我問。

「因為我正盯著客廳中間一棵裝飾好的聖誕樹看，但完全想不起這棵樹是怎麼來的。」

「妳在喝醉的時候裝飾聖誕樹？」我問。「還真是厲害啊，你該不會從猶太教改信基督了吧？」潔西卡是猶太教徒。

「我醉成那樣，很難說喔。」

我把腳撐在書桌的邊緣，往後靠在椅子上。我很高興家裡的椅子跟在辦公室那種可以旋轉的椅子一樣。

「在德州有什麼新鮮事啊？」潔西卡問。

「事實上，我在讀跟吉力馬札羅山有關的報導。我爸的一個朋友建議我可以挑戰爬這座山，我本來以為是個好主意，但是後來發現在爬山時可能會遭遇各種死法，就覺得不大妙了。」

「吉力馬札羅山？這主意不錯啊！」潔西卡帶著比我預期更多的熱情說，完全忽略我剛提到有可能會死的那部分。「爬吉力馬札羅山應該會是個改變一生的經驗。妳知道在吉力馬札羅山上可以看到地表的弧線嗎？我聽說那裡的日出美到不像人間的風景！」

「真的嗎？」我剛一直心不在焉地來回搖晃椅子，但這句話讓我停下來在椅子上坐直了。「很難想像妳吃苦耐勞爬山的樣子！」

「我知道啊，但最近我有點受夠紐約的生活了，我想要做點跟這裡的生活完全不一樣的事情。要不是去爬吉力馬札羅山需要一大筆錢，我自己就會去了。」

喔喔，我的積蓄已經花光一半了，金錢的考量在我選擇挑戰的時候變得越來越重要。我幾乎是害怕地問：「要花多少錢啊？」

「幾千美元吧。」

我的心往下沉了。「這有包括機票和登山裝備嗎？」

「不包括耶。」

「嗯，那我可能就沒辦法了。」我單腳撐住書桌往後一推，讓椅子轉了幾圈。「如果去了吉力馬札羅山，我就沒有錢完成剩下的計畫了。」我坐在椅子上轉圈時，看到一團模糊的影子經過。我把腳放到地面。「喔嗨！老爸。潔西卡我等會再打給你。」

他穿著壓花法蘭絨長袍和拖鞋。老爸從來就不會穿著短褲或睡褲和汗衫在家裏走動。從他吃飯、講話到穿著打扮，一舉一動都有一種莊重感。事實上，我根本不記得他有穿過沒有領子的襯衫或是牛仔褲。他穿袍子和拖鞋時，對我來說就是唯一看起來卸下防備的時候。

「我不是有意要打斷妳，我只是在想今晚妳要不要一起去買妳媽和妹妹的聖誕禮物。」他尷尬地停頓了一會兒，又說：「也許出去時我們可以隨便買點東西吃，就我們兩個。」經過昨晚的事情，這是他示好的表現。

我笑著說：「好啊！」

四天後，在聖誕節的早上，裘丹和我坐在客廳地板上，周遭像戰場一樣佈滿暴力撕開的包裝紙。她才剛打開我的禮物，那是一條掛著銀色方形墜飾的項鍊。墜飾上刻著在海裡游泳的人，他們的頭轉向側面，彷彿在換氣。

「謝謝！」她用十四歲少女特有可愛笨拙的方式微點著頭。她把項鍊翻過來時，表情變得很疑惑。我在背面刻了一句話，這不是愛莉諾說的話，但是我在搜尋跟恐懼有關的資料時不小心找到的。我只見過一次，但是一直很喜歡：**「恐懼只是缺少了呼吸的興奮。」**

對她這個年紀的人來說，這是一個有點難掌握的抽象概念：呼吸竟是恐懼的解藥。就連我第一次得知恐懼和興奮在生物學意義上彼此等同（想想心跳加速、出汗、肌肉緊繃這些徵兆吧）的時候也很意外，而恐懼的人只要大口呼吸就可以把恐懼轉換成興奮。

「在恐懼的時候屏氣凝神就等於是阻絕恐懼，試圖排除恐懼，」包柏醫生有次對我說，「但我們知道，忽視恐懼是沒有用的，應該要勤加吸氣、歡迎恐懼才對。只要深呼吸，就能讓焦慮程度下降，由興奮的情緒取而代之。」

「我晚點解釋給妳聽。」裘丹收到這個似乎很滿意。

我又回去翻起我的襪子，手碰到某個平滑又清脆的東西，結果拉出了一個空白的信封。裡面裝著一張老爸給我的支票。我眼睛睜得跟茶盤一樣大，盯著支票看了好一會兒。老爸坐在房間另一端的扶手椅往我這看，但是我一抬頭他立刻就假裝忙碌地看著自己的襪子。

「妳媽跟我都覺得如果妳要繼續做這……事的話，你可能需要有人幫忙負擔爬山的費用。」他用裝得很不情願的語調說。「我們剛好有足夠的哩程數可以讓妳免費來回非洲，反正不用的話這些哩程也是浪費掉，換成機票挺實際……」

我們都很清楚我過去半年來做的事情一點都不實際，我也知道他們並不了解我為什麼要進行這個計畫。不過，我這個最實際的老爸竟然要讓我飛到另一個大陸去完成爬山的挑戰，只為了看看自己能不能做得到。在這瞬間，我真的很愛我的父母，愛到幾乎全身疼痛的地步。

我還來不及回應，老媽就說：「我能不能說一件事就好？我發誓說完這我不會再多說一句。」她之前一直在安排大家拆禮物的順序，這樣禮物打開的驚喜才會越來越大。但是現在她走過來，把手放在我的手臂上。

「答應我，妳會小心恐怖份子。」她說：「他們最喜歡綁架人要求贖金了。」

回到紐約，我和麥特決定去他父母位在漢普頓的家度過新年。就在半夜十二點四十五分，我發現我那瓶安眠藥失蹤了，在手提包裡怎麼找也找不到。

「但我**確定**我有帶出來啊！」我告訴麥特：「我記得我把那瓶藥放在包包裡了。」我把手提袋放在地毯中央整個倒過來，硬幣和唇膏散落在地板上，但除此之外什麼都沒有。麥特停下使用牙線，看著我近乎歇斯底里地在行李箱裡翻箱倒櫃。

「也許找不到是件好事。」他說，「寶貝，妳每晚都要吃那些安眠藥才能睡，我很擔心。」

我沒有回應他，我唯一能想的就是要怎樣才能拿到一些安眠藥。我可以跑一趟當地的藥局或是美妝店？不，這些店在過年的時候根本不會營業。

我清醒地在棉被底下焦躁地翻來覆去好幾個小時。可憐的麥特靜靜在我旁邊承受被我騷擾的痛苦，不過我很肯定他一定想要搖搖我，叫我不要再翻來翻去了。原本預計是要在這待整個週末，但是我已經計畫好隔天下午要搭哪一班巴士回去拿我的安眠藥。這樣無眠的夜晚，叫我多忍一天都辦不到。凌晨四點時，雖然我知道這樣非常不禮貌，但我正在考慮要不要洗劫他父母親的藥櫃，拿走一瓶寧睏眠，這時我突然彈起來。我知道我的安眠藥在哪了。我抓了櫃台上的鑰匙，飛奔出前門，在幾秒鐘內就打開了車廂蓋。果然，那瓶藥在開車的過程中滾出我的包包了。我帶著勝利者的姿態回到客房時，麥特開了一盞燈坐在床上。我沿著房間的邊緣開心地手舞足蹈，彷彿在搖響葫蘆般地搖晃著藥瓶。他揉了揉惺忪的睡眼。

「妳問題大了，諾艾兒，妳根本是藥物成癮嘛。」

我喝了一口水，頭往後仰，感激地吞下幾顆藥。「你不覺得你這樣說太過頭了嗎？」

「過頭？我們在阿魯巴島的時候，妳把安眠藥、護照，還有珍珠項鍊一起放在保險箱耶！」

「是你叫我把貴重物品擺進去的耶！」

麥特翻了翻白眼，拍了幾次枕頭，之後就背對我躺下來。我於是爬上床在他旁邊躺下。

「我又不是嗑藥尋求快感。」我對著麥特的背說，他沒反應。「我只是想睡覺而已，這是人要生存的基本需求耶。」

「妳都挑輕鬆的路走。」他說話時沒有轉身。「妳應該要更努力地去嘗試看看。」

「我應該要更努力地失去意識？」

「你知道我說的意思。」

「但是我必須要睡覺啊，我只是得花比一般人久的時間才能睡著嘛。想像一下如果你每天要花三小時通勤上班，但有人想出一個辦法瞬間就能送你去上班，你會怎樣？」

「我會選擇安全的交通工具。」

「對，每個人都這樣說，但我卻沒看見任何一個人騎馬或駕駛輕便馬車上班啊！」

「妳不擔心吃那麼多藥會損害身體器官嗎？」他靜靜地問。

我關掉了燈，沒有回答。我當然擔心，以前也曾試著要少吃一些安眠藥。但一旦度過幾個無眠的夜晚後，你就會訝異且驚恐地發現：人為了睡眠很容易就會出賣自己的肝臟。我正打算跟他說這個時，聽見他的呼吸聲變深沉了，麥特總是很快就可以入睡。

這習慣是從讀耶魯時開始的。我在大學學到很多，其中一直烙在腦海、保留到現在的就是熬夜方法。我的同學都是從愛好戶外活動的私立名校畢業的，那些學校多得是像愛莉諾的校長蘇凡特女士那樣的名師。他們上大學前就已經為常春藤名校嚴峻的教育做好了準備。這些學生知道如何在一小時內把一本書摘要成三百字的大綱，還能保留應有的重點；他們可以在一個下午就擠出二十頁的研究報告，還有時間在晚餐前去打一場極限飛盤賽。相反地，我上的高中只有百分之十三的畢業生繼續讀大學，學術水平測驗考試（SAT）的平均成績只有八百七十六分，滿分是一千六。我上大學的時候，根本就跟桂格廣告上的脆船長一樣經驗不足，沒辦法真的上戰場打仗。

大一的時候我還可以應付。但是大二時我的功課量增加了，因為我換主修科目，必須要修額外的課程。為了能跟上課業，我讀書讀到凌晨三點。長久下來，我的身體已經訓練到無法辨識疲倦的感覺。這對讀書來說是很好，但是真的要睡覺的時候就不大妙了。因為我當時平均一天只睡四或五小時，不可能服用安眠藥。此外，大學部的健康中心並不會開安眠藥給學生。（我覺得這很好笑，因為每隔一陣子他們都會發保險套。換句話說，如果你想和某人一起睡覺，他們會提供必需品，但如果單純只想要睡覺，你就得靠自己。）

我的室友建議我在睡前喝一杯紅酒放鬆，我於是去當地不檢查身分證的煙酒商店買了一瓶梅洛葡萄酒，當晚把酒倒進我從用餐間偷來的塑膠杯裡，喝了幾口就皺起臉。真難喝！我討厭葡萄酒。我走到瓶瓶罐罐的酒放得像戰利品的壁爐櫃那裡，拿下一瓶傑克丹尼爾威士忌，給自己倒了一小杯。我最好快點喝完，我一股腦喝下去時對自己說。不到幾分鐘，我就覺得烈酒流竄進血管，散發出誘人的感覺。我的心跳減緩，陷入無夢的睡眠中了。很快我就養成每晚睡前喝一小杯傑克丹尼爾威士忌的習慣，等到一小杯開始沒效時，我就再喝一杯。到大四時，我的睡前酒已經進展到兩杯酒精濃度百分之九十五的長青酒了，這酒的高濃度是一杯威士忌的兩倍。沒錯，喝這種酒有時候烈到我隔天喉嚨都有燒灼感，但是比起喝四杯威士忌，睡前喝兩杯長青酒，讓我覺得自己比較沒那麼像尤金・歐尼爾劇本裡的酗酒角色。

大學畢業後，我搬到有很多醫生願意開安眠藥的紐約。我停止了睡前喝酒的習慣，開始去醫學中心看睡眠失調的毛病。醫生說我既不是腳不寧症候群，也不是睡眠呼吸終止症。就身體的檢查結果，他們找不出任何造成我無法入睡的原因。我的身體最後對藥物產生了抗藥性，就跟睡前酒越喝越多一樣。即使吃了一顆安眠藥，我還是一個晚上會醒來十次。所以我又加了半顆，等我的身體又對這樣的藥量失去反應，我又再加半顆，就這樣半顆又半顆……

七年後，我一晚要吃五顆安眠藥才能入睡，連潔西卡都很擔心。「妳吃那麼多藥會讓你變公主嗎？否則我想不出什麼理由得吞那麼多亂七八糟的東西，就算是口交都比安眠藥還好吧？」

「我又沒吃到藥物過量的地步。」我為自己辯解。「要吃到四十顆才算藥物過量。」

大家得知我幫八卦雜誌寫文章時，有時會開玩笑說：「你晚上怎麼睡得著啊？」「吃安眠藥啊。」我面無表情地回答。但是那只是其中一部分而已。醫生一個月可以開的合法藥劑量只有三十顆（顯然是因為安眠藥會上癮），而這樣的量我大概一個禮拜就吃完了。所以我開始到處找醫生，有一度我同時吃兩種牌子的助眠藥，去了三間藥房，看了四位醫生，只為了獲得一晚的好眠。當然，到處看醫生是違法的，而且還很昂貴。以前我有公司完善的健康保險，還算可以負擔。但是我被裁員後只有自由專欄作家的便宜健保，涵蓋的給付就只有一句簡單的話可以形容：「沒什麼好說的」。

接下來的那個週末麥特住在我家。我從浴室洗完臉出來時，他正懷疑地盯著我的安眠藥瓶。

「這和上個禮拜的牌子不一樣吧？」他提出指控。

我心虛的表情告訴他答案。「我就知道！藥局的標示不一樣。妳到底一晚吞多少這玩意兒？」

我沒辦法對他說謊，所以我就老實招了：「多到如果我繼續這樣吃下去，我就沒錢可以完成剩下的克服恐懼計畫了。」

「這玩意兒有那麼貴？」他問。

「貴到你不會相信的地步。此外，我去爬吉力馬札羅山的時候也不能吃安眠藥。」

聖誕節那天我們一拆完禮物，我就直接上網查看爬吉力馬札羅山要怎麼去，還要準備些什麼。在讀登山客成功登頂的心得時，我偶然間看到了關於安眠藥的資訊。當然會提到安眠藥的這位登山客肯定也是謹慎小心的那型，我就更進一步地研究了在山上吃安眠藥的可能性。得知登山吃安眠藥相當危險時，我心都碎了。安眠藥會抑制你的呼吸，山上本來就因為氧氣不夠而容易呼吸困難，再吃藥的話可能會導致睡眠中死亡。

這我根本辦不到啊。我沒法想像離家麼遠，處在那種艱苦的環境，還不能吃我的安眠藥。萬一我完全無法睡著怎麼辦？這樣我連爬都爬不上去，還談什麼從山頂下來啊。但是我也沒辦法想像自己告訴爸媽說我不爬了，我要怎麼說？說我選擇安眠藥，放棄他們的慷慨贈禮？我做不到，尤其是在我跟老媽說了她應該要對我和妹妹有信心之後我更是沒辦法。如果我告訴她我吃安眠藥的事，她一輩子都會有理由擔憂我了。

「妳應該要把面對安眠藥成癮列為計畫的一部分。」麥特建議。「出發前往非洲前讓自己戒掉安眠藥，想想還有什麼比不吃安眠藥更讓妳害怕的嗎？」

「如果有的話，我寧願不要知道。」我喃喃自語。

幾天後我來到包柏醫生的診間聽他說：「研究顯示，認知治療比安眠藥更能改善失眠。」

「我一直以為你會這樣說是因為你不能開藥耶！」包柏醫生拿的是博士學位，但不是醫學院畢業。「就像老二很小的人總是說『大小不重要！』。」

他看了我一眼表示警告。

「對不起。」

「失眠大部分是因為心理活動過度活躍而造成，也就是憂慮。」他說。「告訴我，妳努力想入睡的時候都在想什麼？」

「想很多事情耶。萬一我繳不出房租怎麼辦？今年結束後我要找什麼工作？麥特是不是我的『真命天子』？班艾佛列克的頭髮是真的嗎？」我停頓了一下，想到包柏醫生可能不知道班艾佛列克是誰，但是他已經開口插話了。

「首先，妳要明白人到了晚上輾轉難眠是天生的。」他解釋。「焦慮讓我們的老祖宗在原始的環境中存活下來。動物隨時可能攻擊你、陌生人可能會殺害妳、妳能否存活端看部落需不需要妳。在這些情境中，不擔憂是沒辦法生存的。」

「但是我現在為什麼會憂慮啊？我們已經不處於以前那種世界了啊？」

「說得沒錯。現代文明以過快的速度消除了大部分的恐懼，我們的生物演化無法趕上。」他說：「事實上過去五十年來，焦慮的比率正在大幅度的增加。今日平均每個孩子展現的焦慮程度跟一九五〇年代的精神科病人一樣。」

「而這些人就是在四十年內要成為國家棟梁的人？」我說：「還真是令人欣慰啊。」

他出神地望著遠方。「現在我們大部分的憂慮都是沒有必要的，我們擔心過去犯的錯、介意別人對我們的看法、無中生有地幻想未來可能發生的恐怖景象。就算希望可以睡著、放鬆或無所事事時，我們的心還是喋喋不休。」

我想起幾個禮拜前看到愛莉諾說過的一句話，但之前我一直不懂這句話的意思：「我想大部分的人都至少擔憂著一些想像出來的恐懼。但我覺得跟有理由害怕的恐懼比起來，處理這些想像的恐懼也同樣重要。這些想像的恐懼有時對我們造成的傷害更大。」現在我懂這句話的意思了。

包柏醫生從他的幻想中回神說：「好消息是，妳努力克服焦慮就等於是跨出了克服失眠的第一步。」他說：「現在梭哈的時候到了。」

「梭哈？」我緊張地問。

「妳必須作出選擇。」包柏醫生說：「妳是要繼續走這條路，還是要換個方向？妳繼續一晚吃三顆安眠藥的話會怎樣？還是四顆？」

現在對包柏醫生說我已經吃到五顆好像不怎麼明智。

他繼續說：「安眠藥是用人工的方式改變妳全天的生理節奏。為了要打敗妳的失眠症，妳必須要戒掉安眠藥。」

一股恐慌感向我席捲而來。失眠讓我覺得好像在坐心靈的監牢，躺在黑暗中，我什麼都沒辦法做只能思考，困在自己的憂慮裡。安眠藥是我唯一逃出牢房的生路，也是逃離我自己的一個方法。今年我要面對的恐懼已經夠多了，不用再多加這一個吧？現在我必須白天夜晚都面對恐懼嗎？這我辦不到。至少現在辦不到，也許明年可以試試，等到我的計畫結束、找到另一份工作、稍微回復以往的正常生活時，再來專心處理失眠的問題。但是叫我現在面對？他是認真的嗎？

Chapter 9

快樂不是一個目標，而是一種副產品……散播歡樂讓我們對人生充滿興趣，也對明天充滿期望。

——**愛莉諾・羅斯福**

我寄出志工服務申請表一個多月後才接到醫院的來電。我還以為他們做了背景調查，發現我在大學曾對突襲檢查派對的警察回嘴，而認為我是個危險份子。相反地，他們對我說很喜愛我的短文，現在志工服務有一個空缺。

經過面試、新進志工訓練、各種醫學及藥物測試後，醫院安排我在奶昔計畫（為醫院的腫瘤科病房製作奶昔的計畫）擔任志工。和我一起擔任志工的是一位叫做貝卡的二十三歲前體操啦啦隊員，她鼻梁上的雀斑討喜到令人害怕的地步。先不管其他外在條件，我立刻就喜歡上她了。我們的任務很簡單：去一間間病房詢問病人想要巧克力還是香草口味的奶昔，把奶昔調好後送去給他們。腫瘤科的病房樓層設計得跟宿舍一樣，房間在走廊上一字排開，每間都有自己的前門和私人衛浴，許多病人都有室友，兩張床的中間會用拉簾隔開。

第一天上工的時候，我畏縮在一旁看著貝卡接單。她正在申請醫學院，還申請到醫院不同病房做志工，所以她已經習慣應付病人了。一開始我的聲音聽起來很高，基本上跟假音沒兩樣。我用過度好聲好氣的語調說話，就像女人對其他人的小孩說話的方式一樣。但是在處理過幾個病人之後，我放鬆下來，找回了自己慣常的說話方式。

我們大部分的時間都在做預防準備，盡量不要將病菌傳給病人。在志工訓練時，我得知每年有十萬人是因在醫院接觸到的傳染而喪生，所以在進入病房前，要做好預防措施。首先，病人會先依其免疫系統的脆弱度分為三個等級：手部消毒、接觸隔離和飛沫隔離。這些分類都貼在病房的房門上，告知我們進房時要做哪種準備。手部消毒是指雙手要噴上消毒殺菌劑；接觸隔離則是噴上消毒殺菌劑以外，還要戴上塑膠手套、在衣服外還要穿上長袖的罩袍；飛沫隔離則是噴消毒殺菌劑、戴塑膠手套、穿上罩袍、還要戴上密實的外科口罩，這種口罩會讓你呼吸聲像沉悶的低吼，而且還得戴上包覆雙眼的透明塑膠眼鏡，就像是個人專用的擋風玻璃般。全副武裝的效果有點類似星際大戰裡的黑武士。在醫院走廊和這些病房間也有負壓「前室」，這是一種特殊的通風系統，可用來預防空氣傳染，阻斷空氣進出。一定要確實將前一扇門關閉，才能打開另一扇門。離開每個病人的房間後，你必須要做「丟棄」的動作，也就是把所有幾分鐘前用過的物品全數丟掉：把手套或口罩丟進垃圾桶、罩袍扔進洗衣籃，再重新噴一次手部消毒殺菌劑。接著要到下一間病房，重新開始剛剛的流程。總共要跑六十間病房。

回到做奶昔的房間，我不敢置信地搖搖頭說：「只為了拿到一杯奶昔，就讓免疫系統冒這麼大的風險，這也太瘋狂了。」

貝卡唰一聲拉掉手套說：「奶昔對這些病人有雙重好處，不但能提供必須的卡路里，還能提振士氣，別小看一杯奶昔的力量啊。」她遞給我冰淇淋杓說：「跑了一趟後有何感想？」

我在冰淇淋上捲動杓子，做一球香草冰淇淋。「跟我原本想得不太一樣。」我本來以為會看見什麼情景？像電影裡的癌症一樣？每個病人不但光頭又蒼白，身邊環繞著為了顯示團結也把頭髮剃光的家人？「很多人看起來都很……正常，不說的話我根本就不會發現其中有些是病人。」

「是化療造成掉髮，跟疾病無關。」貝卡壓過攪拌機嗡嗡作響的聲音對我大喊。「化學治療會殺死所有細胞，健康的細胞修復速度比癌症細胞快。所以化療殺死癌症的速度，會比殺死你的速度稍微快一些。」

當天晚上，我一口吞進慣常吃的五顆安眠藥上床睡覺。我比較喜歡的安眠藥牌子已經吃完了，那種牌子的藥可以馬上讓我不省人事。我現在吃的後備安眠藥要久一點藥效才會發作，而且會引發幻覺和短暫的失憶。有時候我吃了藥，但幾分鐘後卻會忘記自己到底有沒有吃，於是我就得把整瓶藥都倒出來，從開藥日期往回數，確認藥丸的數量。

今晚只有幻覺，我的填充娃娃動起來要跟我講秘密。我躺在床上看著他們向我走來，他們的手腳不停動著，彷彿想找到比較好的睡姿。我第一次產生幻覺是在廁所裡上睡前最後一次小號的時候，我往下看著地板上的《美國週刊》，發現照片裡的明星對我招手。我想我一定是在幻想，所以打算回到床上，但才到床邊我馬上就定住了。棉被底下看起來似乎有某個人躲在那喘著氣，連棉被上下起伏的樣子都清楚可見。我的手試探地把棉被往後一拉，但是底下什麼東西都沒有。

到現在我已經習慣幻覺了。我翻過身不去看填充娃娃，戴上眼罩，這樣就不會看見房裡像彼得潘童話那般自行移動的影子。到目前為止，這種藥最恐怖的副作用就是你會覺得房裡有其他人。有一次我和一個也吃同樣安眠藥的朋友聊天，提到「那些人出現的時候」，他因為深有同感而瞬間變得炯炯有神。他完全明白我在講什麼。有時候這些人會跟你說話，逼真到你甚至還會回話的地步。奇怪的是，幻覺發生的當下你一點都不會覺得奇怪。我這一輩子都很擔心別人會在半夜闖進我的房間，但是現在有人就在我房裡，我卻不害怕。**這點**讓我很擔心。

*

比起奶昔，這些病人似乎更渴望大家將他們當成一般人。大部分病人僅有的人際互動，就是我們這些照顧他們的人，所以我營造出我們不是在醫院，而是在某個餐廳的感覺。如果病人樂意配合，我就會扮演刁蠻的女服務生角色。他們為了口味選擇而爭論不休時，我會在旁等待。奶昔是他們一整個禮拜可以吃到最美味的食物，所以他們都很認真思考要點什麼口味。

「妳推薦什麼口味啊？香草還是巧克力？還是我應該要混合口味？我沒辦法下決定！」

我會靠近他們，用像是講什麼秘密似的口吻說：「哎呀，我們都知道巧克力味道真的是無法比啊，我說得沒錯吧？」或是說：「來狂歡吧！各一半一半！」如果他們要求吃草莓口味，我會裝出斷然拒絕的樣子：「**草莓**?!我們沒有草莓口味的奶昔，你是什麼健康食物狂熱份子嗎？如果你要吃的是水果，那就叫護士幫你買個水果杯吃啊。你現在到底要不要喝奶昔？」他們愛死了我這樣說話。

我想到愛莉諾在二次大戰期間千里迢迢去造訪受傷的士兵，就覺得自己做的實在是微不足道。她把自己五十八歲的身體塞進一台小小的、因為容易著火而惡名昭彰的轟炸機，飛行了三萬六千公里到澳洲、紐西蘭、以及十七個南太平洋小島。這橫跨五洲的旅程相當艱辛，途中她瘦了十三公斤。敵手將她的好意貶低為作秀，抨擊她用政府公帑環遊世界。然而她卻從日出工作到日落，駕著車走了數百公里遠的路途去醫院和軍營，探視了四十多萬名的士兵。她造訪了無數的醫院，每一間病房的每一張床都停留訪視，和受傷的士兵仔細交談。有時候士兵受的傷非常嚴重，愛莉諾要強自鎮定才能不在病人前顯得畏縮害怕。

我也學會在走進每間病房前，讓自己堅強起來。有些病人瘦得令人不忍卒睹，有些病人則失去了身體的某一部分。有個病人其中一隻腳的腳趾全部遭到截肢，我送奶昔去的時候他正在睡覺，他的腳撐在床尾的枕頭上，看不出來是什麼，好像沒有了臉的頭一般。我這才發現，腳沒有了腳趾根本就不像腳了。

有一次我走進一間常去造訪的病房。「哈囉，戴莉絲！今天想喝什麼口味啊？巧克力還是香草？」我問，但只聽見喘氣的聲音作為回應。我抬頭看，發現她的喉嚨上有個洞，接了一根管子出來。她做了氣管切開手術，沒辦法說話。我想了一會兒，明白不能把我的筆拿給她寫字，那支筆上面都是細菌。

我特意用溫暖及平穩的聲音說：「嗯，戴莉絲，要不然我們來玩拇指向上或向下的遊戲吧！拇指向上就表示好，向下就表示不好。妳想不想喝奶昔啊？」

拇指向上。

「妳想喝巧克力口味的嗎？」

拇指往旁邊比。那是什麼意思？她用嘴型說了我無法理解的話。

「呃，妳是說你想喝香草口味？」

拇指又往旁邊比了一次。我突然間明白了。「啊！妳是想要混合口味的吧？」

她開心地點點頭。兩隻手都比出了拇指向上的手勢。

有時候還會有人唱歌。有一次某間病房裡傳出了歌聲，裡面住著一位消瘦憔悴、四十多歲的女人，她用顏色鮮艷的圍巾覆蓋住頭部。稍早我到她病房時，她還是處於意識不清的狀態，現在有人帶來一把吉他唱著〈該來的還是會來〉，連走廊上都迴盪著歌聲。我靠在門外的牆上仔細聆聽了幾分鐘，覺得自己很幸運能見證這個令人記憶深刻的瞬間，但我也覺得有罪惡感，好像自己侵犯了某人的隱私。後來貝卡經過，用悲傷的聲音低聲說出我心裡正在想的事：「聽起來好像一首輓歌。」

走廊盡頭是歐斯先生的病房，他是我最喜歡的病人之一。他是一位六十多歲、禿頭（不是因為癌症而禿頭，是因為禿頭而禿頭）的退休稅務律師，他總是明目張膽地和人調情。我打開他的房門送奶昔給他時，他正在講手機，但還是揮手叫我進去。

「我在跟我弟弟講話啦。」他一邊說，一邊用手掌蓋住通話孔。接著他把手機調成擴音模式放在桌子上，這樣他才能用雙手拆開吸管。「等一下啊。」他大聲說：「有醫院志工在這喔！」

「她辣不辣啊？」電話那頭問，顯然不知道自己的聲音已經透過擴音器傳出來了。

「那就要看你對辣的定義啦！」我大喊：「你喜歡女人毛髮濃密嗎？如果你喜歡大腳毛怪的話，一定會覺得我很辣啦！」

歐斯先生發出嘲弄的笑聲問：「甜心啊！妳結婚了嗎？」

出於本能，我差點就說：「你瘋了嗎？我年紀這麼小，怎麼可能結婚？」

當然，我現在年紀已經夠大了。小時候學校的攝影師為了要讓我露出牙齒笑，就問了我這個問題。不過，這個問題就算是對現在的我來說也還是難以想像。

「為什麼這樣問？」我問。「你想要扣抵稅額嗎？」

「妳有白色洋裝嗎？」歐斯先生逼問。

我往下看著我的寬鬆長褲和志工工作服說：「沒穿來耶。」

「要不要你去找一件洋裝，我穿上西裝，然後我們私奔去結婚？」他邊說邊眨了一下眼。坦白說，要不是他已經結婚了，這還真是女生夢寐以求的甜蜜求婚啊。

我把手扠在腰上，對著他穿著的醫院罩袍上下打量說：「嗯，你就已經穿著洋裝了，我應該是要穿西裝吧？」

房內靜默好幾秒，我還擔心是不是玩笑開過頭了。接著，歐斯先生爆出一陣大笑，電話那頭也是。

我去看八十多歲的衛德斯坦先生時，他六個孩子喧鬧地坐在周遭。

「快進來！這水很乾淨呢！」他五十多歲的兒子留著鬍子、體格魁梧，聲音低啞地叫著。你可能覺得這是一大家子擠在桌前歡樂地吃晚餐的場景，不過他們的父親躺在床上起不來，每次他想要開口說話，都只能發出喘氣聲。衛德斯坦先生排好明天要動腦部手術，不過明晚午夜過後他就可以吃固體食物了。

「給他來杯大杯的香草奶昔吧！」他的兒子眨眨眼說。「要玩就玩大點，要不就回家。這可是我們家的座右銘啊。」

「還真是玩得很瘋啊！我喜歡！」我對著衛德斯坦先生讚許地點點頭，在我的墊板上草草寫下訂單。這群人在我離開房間時，開心地跟我揮手道別。

幾分鐘後，我還站在走廊上的隔離推車前，努力想脫掉塑膠手套，這時，他兒子慢慢走過我身邊。

「啊，我剛忘了問你，」我說：「照顧你爸的護士是誰？」

他惱怒地看著我，突然說：「我不知道！值班表上說是誰就是誰啊！」我轉過身，覺得有點被刺傷。大約一分鐘過後，我聽見有人大聲哽咽啜泣，回頭看見他弓著背靠在牆邊，眼淚從臉上滾落。

「天啊！」他抽噎著說：「天啊！」

天啊，我該不該說些什麼安慰他？醫院並沒有教我們遇到這種情況要怎麼辦，一切都由你自己判斷。從他剛才跟我說話的樣子來看，他似乎不想要人家打擾，所以我靜靜關上隔離推車的抽屜，放輕腳步離開。快要到轉角前我往回看，發現他的姊姊站在他旁邊，用側邊擁抱的方式摟著他。我繼續往下走，他的悲泣聲一路跟著我來到走廊盡頭。

愛莉諾擔任第一夫人的頭十四年，每年平均接到十七萬五千封信。有一封信是來自一位窮困的女士叫貝莎•伯斯基，她為字跡凌亂而感到抱歉，解釋她是因駝背而造成身體往側邊彎曲。愛莉諾幫她約好了專家、安排動手術、去醫院探望，而且假日還送禮。後來貝莎康復，愛莉諾幫她找了一份工作，參加了她的婚禮，還成為她小孩的教母。她是徹頭徹尾地行善。我很希望自己的故事也像那樣，但我唯一能為病人做的就是拿甜點給他們，所以我不覺得自己有什麼貢獻。有時候我甚至覺得自己好像還讓事情變得更糟糕，這些片刻我記得最清楚。

有一天我正在詢問某位病人她要喝什麼，她患有糖尿病的室友聽到了我們的談話。

「我可不可以也喝一杯啊？」有人哀怨地問。

我走到分隔床位的拉簾另一端。一位四十多歲的亞裔女子用懇求的眼神看著我。「我很抱歉，但妳這個禮拜的血糖過高，」我說：「妳不能喝奶昔啊。」

「求求妳！我一定會保守秘密的。」

我試著想像一個人要病得多嚴重，才會願意為了一時的快樂讓自己病得更嚴重。「真的很抱歉，但是我還是不能給妳奶昔。」

她痛哭失聲：「妳不懂！」她把臉埋在雙手裡：「今天真的是最痛苦的一天！」

「**我是個冷血無情的怪物。**」我心裡這樣想。

我總是和貝卡一起搭地鐵回家，她到站時蹦蹦跳跳地下車說：「下禮拜見！」我手伸進背包拿出《紐約時報》。到了下一站，有一群孩子嘰嘰喳喳地上了車，他們講話的聲音大到我沒辦法繼續看報紙。這群孩子全部都穿著像是制服的服裝，不過其中有兩個男孩還戴著棒球帽，女生把百摺裙的腰帶往上捲，裙子短到嚇人的地步。另一個男孩也和他們走在一起，雖然他也穿著一樣的服裝、留著相似的髮型，但卻格格不入。他散發出一種絕望感，他的早熟特質似乎並不怎麼受到歡迎，這在十幾歲的青少年間更是如此。他想要坐在他們旁邊時，其中一個戴棒球棒的男孩把腳伸了出來擋住剩下的空位。

「你這沒出息的傢伙，我們有說你可以跟我們一起坐嗎？」他嘲弄地說。

這個孩子很明顯洩了氣，在幾排之外的位子坐了下來，就坐在我對面。他很努力越過我的肩膀盯著地鐵看，眼淚就快要流出來了。

紐約客有個不成文的規定，你不會在地鐵上和陌生人說話。但是不知怎地這小男孩觸動了我的內心深處，我真希望可以為他建造一台時光機，這樣就能讓他知道幾年後，他根本就不會在乎現在這些白痴的想法。此外，我那天撞見衛德斯坦先生的兒子在哭，到現在我都還在質疑自己處理得對不對，所以我不想要後悔自己沒對這男孩說出我想說的話。我坐在位子上往前靠，把手肘撐在膝蓋上。我想要靠得近一點，讓其他孩子無法聽到我說的話。

「情況會改變的，我發誓。」我對這男孩說。

他抬頭，驚訝地看著我，顯然在想我是不是某個搭地鐵的怪咖，還是某個想跟他傳福音的傢伙。坐在我們附近的人，也用怪異的眼光看著我們，我可以感覺到自己的雙頰有些燒紅，但是我不在乎。

他依舊看著我，我說：「人小的時候嘴巴都比較壞，小孩就是會這樣，但是情況會好轉的。一旦你從高中畢業，你周遭就會有一堆新朋友，而幾乎每個人都會對你很好。你現在的這個世界不是真實的世界。你只要記住，有一天會有很多人希望你和他們坐一起。」

我不想讓他覺得不自在，所以我沒等他回答，就又靠回去繼續看報。幾分鐘後，我偷偷從報紙上緣瞄了一眼，他的眼神又再次放空，不過臉上帶著小小的微笑。

安德魯太太現在五十多歲，過去兩個月來，我看著她美麗的紅髮日漸稀少，只剩下少數幾撮。上禮拜我問她想喝什麼口味時，我知道光是要聽我在說什麼，就已經耗盡了她全身的力氣。

這禮拜我小心翼翼地進到安德魯太太的病房，看到她還在我鬆了一口氣，不過只能是勉強還活著了。即使是在睡覺，她連呼吸都看起來很痛苦。有個男人睡在角落的椅子上，我猜應該是她丈夫，他看起來全身上下一團亂，彷彿已經在那睡了很多天。

他的手揉了揉自己憔悴的臉說：「醫生，她的情況越來越糟了，妳有什麼辦法嗎？」

我往後看，沒人在我身後。他以為我是醫生。在接觸隔離病房裡，所有醫護人員都要穿一樣的長袖黃色罩袍，所以很難分辨我們裡面是穿著志工圍裙還是醫生的白袍。他用絕望的眼神看著我，想尋求一絲希望。我沒辦法給他希望，甚至連給他草莓口味的奶昔都辦不到。

「不好意思，我只是志工。我，呃，我是做奶昔的。」我說的時候覺得很可笑。「我是來這問你太太的點心想吃什麼口味的。你知道她喜歡吃哪種口味的嗎？」

他眨眼看了我一會兒，困惑地說：「你說什麼？」

「我是來問奶昔口味的。我們有巧克力或香草……」我的聲音越來越小。

他的眼睛往下看著膝蓋，沒有回應。

最後我問：「有什麼我可以幫你的嗎？」不過我心裡明白我什麼都幫不了。

探病的人離開癌症病房時說的話往往都不恰當。我去一位病人房間送奶昔時，一群來看他的同事正要離開。

「早日康復啊！」有些人說。

其中有個人拍拍這男人單薄的肩膀說：「你很快就可以回來工作了！」。這擺明是很離譜的話。幾個月前的我也會說同樣的話，現在我想要搖搖這些人，叫他們清醒一點。這男人對著朋友笑，但顯然他知道自己不可能再回去工作了，我們心裡也明白。我最近聽到有位醫生告訴另一位醫生說這位病人是ＤＮＲ，也就是放棄急救（Do Not Resuscitate）患者。「通常會放棄急救的都是末期病人。」貝卡後來對我解釋：「病人基本上就是在說：『讓我死吧！』。」

你愛的人無時無刻都在假裝還有希望，是多麼令人孤寂的事啊。你變成一個待處理的問題；變成早已不相信聖誕老人存在的小孩，卻還得聽父母堅稱他真的存在。

像這樣的時刻，我很想要伸出援手做點什麼，但是我的身分並不適合。醫院裡有輔導諮詢師和病人談這類的事情。貝卡和我每次和病人的互動只有幾分鐘，不足以長到可以和病人變成好朋友，但是我知道我可以為他們做一件事。這些人的器官受到疾病的侵襲正在逐漸毀壞，而我卻是出於自己的意願每晚毀壞我的器官。出於對他們的敬意，我知道我必須要戒掉安眠藥。

Chapter 10

昨天是歷史，明天是謎團，而今天是禮物，所以『現在』在英文才叫做present❸。

——**愛莉諾．羅斯福**

要戒掉安眠藥真是說比做容易，坦白講，就連要說也不是那麼容易。在之後的兩個禮拜，我怕會失敗，也怕失敗後還得面對其他人的失望和指責，所以我沒有告訴任何人我的決定。我甚至連包柏醫生都沒說。我去看診時他問我想要說些什麼，我提的是那禮拜發生的另外一件事。我最近因為要寫撰稿文章，一直在研究網路交友，找資料的過程我發現了一個叫做茉莉的女人的個人廣告。上面問了一個問題：「如果在當下，你可以去世界上的任何一個地方，你會去哪？」茉莉回答：「就在當下。」其他大部分的人都說要去墨西哥的度假大城坎昆，所以我覺得她的答案很別出心裁。**我真的能夠活在當下嗎？**我心裡想道。

「嗯，妳活在當下的次數頻繁嗎？」包柏醫生提出問題。

「我連『活在當下』的確切意思都還不是很懂咧，所以我才問你啊。」我的語氣尖銳了點，本來沒打算這樣說話的。兩個禮拜沒睡飽讓我脾氣暴躁。

他沒有發現我的語氣轉變，反而做了一個深呼吸（就是人要解釋一件相當複雜的事情前會做的動作）。「我們現在要講的是內觀（Mindfulness），這是一種專注在當下經驗的技巧，不帶判斷也不要試著掌控周遭發生的事情。徹底體驗當下。東方很多冥想的核心思想就是這種內觀法，其中以佛家為代表，但是妳不一定要是佛教徒才能練習內觀。」

「所以你是建議我試試看冥想？」我已經每天晚上花好幾個小時閉眼躺在床上胡思亂想，想到還要刻意做這件事讓我覺得無法忍受。「冥想跟我的計畫不符啊，兩腿交疊坐在那喃喃吟誦有什麼好恐怖的？」我厲聲道。

他的表情還是很有耐心，但顯然他已經知道我有點不對勁了，他等我自己把狀況說出來。最後我脫口說：「不好意思，我只是太累了。我最近在試著戒掉安眠藥。」目前我正試著減少用藥量，一次吞五顆藥實在太危險了，但只吃四顆的話我還是會在床上翻來覆去幾個小時。

「真高興聽到妳這麼說。」他溫暖地說：「當然不是高興妳很累啦，但這基本上回應了我們剛才所說的事。我們都知道妳的失眠和焦慮有關，練習內觀可以幫助妳找出讓妳焦慮的根源。」

包柏醫生一隻手肘隨意地撐在一邊的椅子扶手上。「不只是這樣，內觀還可以幫助你活在沒有恐懼的當下。所謂的恐懼只會存在於過去，像是擔心妳老闆昨天說過的蠢事，或是存在於未來，譬如妳會恐懼墜機的可能性。」

我試著想像活在現在是什麼樣子。身為部落客，我已經習慣要活在未來，總是在尋找下一個

❸譯註：有禮物之意。

故事要寫什麼。湯姆・克魯斯和凱蒂・荷姆斯的寶寶出生時，我的編輯經過我的桌前問：「妳在寫什麼？」

「蘇莉・克魯斯今天下午出生了。」我說。

「這早就是舊聞了！打電話給凱蒂的訓練師，寫一篇她如何瘦身的報導，接著把過去三個月出生的名人寶寶照片放在一起，做個問卷調查：『你覺得蘇莉第一次出去玩應該要選誰？』」

「這寶寶連大便都還不會，我們就已經要寫她的社交活動？」

「我們必須要永遠超前一步，要一直問自己：『下一步咧？下一步咧？』。」編輯一邊說，一邊快速地把手指彈得啪啪作響。事實上，我大部分的人生也是這樣過的。高中時，我所有心力都放在申請大學這件事上。到了耶魯，每個人都一心一意想找到最佳的暑期實習工作。畢業後，我的注意力就轉向找工作，接著再找另一份工作，然後想著升遷等等。

「但是內觀要怎樣幫助我處理恐懼？」

「我們常把自己的想法當作是事實，人都有這種傾向。如果我們思考某件事，就會認為那件事就是這樣。我們告訴自己我是個失敗者或是我的人生一團糟，然後就會把這樣的態度當作事實接受，我們情緒就會隨著這樣的想法發展。」包柏醫生往前靠，他灰褐色的鬈髮舞動了一下，跑到了新的位置。「內觀教會我們把想法只當成想法，而不是事實。我們不必因為想到令人害怕的事情就真的感到害怕。」

「我在瑜伽課有試著冥想，但是後來總是會分心。」

他安慰地對我點點頭說：「妳可以先從減少人生中令妳分心的事物開始，這樣妳才能更專注於當下。舉例來說，電視就是用來逃避現實生活的。手機和網路聲稱可以讓我們的關係連結得更緊密，但是實際上卻讓人際更疏離，這些科技也讓我們與自己的距離越來越遙遠。」

「放棄所有的科技不用？現在這聽起來夠恐怖了。」我半開玩笑地說。我的思緒飛回到二〇〇三年的八月，當時紐約東北歷經一場維持兩天的大規模停電。大家無預警地受困在地鐵和電梯裡，所有的號誌燈都熄滅，遊客因為沒辦法用電子磁卡打開飯店房門而湧入街上，自動提款機無法運作，所以大家都只有錢包裡的錢可用；州長宣佈紐約進入緊急狀態。不過這次大停電對我來說，最痛苦的不是要爬三十層樓才能回家，也不是在炙熱的酷暑沒冷氣可吹，而是沒了手機、網路、電子郵件或電視後，那種坐立不安和孤寂的感覺。

*

「第一次到鱈魚角來嗎？」計程車司機駛離海恩尼斯巴士站時問。

「對啊！我的意思是我以前來過南塔克特島，但是……」

「那不一樣啦。」他爽朗地說。「來這洽公還是旅遊啊？」他甘迺迪式的口音很有趣。

「可以說是兩種都算吧？我是來這裡進行五天的靜默修行的。」

「妳付錢好讓妳不用講話？哎，妳覺得有用就好。」

「不只是不說話而已。我還不能用網路、不能傳簡訊、不能收電子郵件，也不能碰跟工作有關的事。」

「不要買電腦就什麼都不會想啦！」他很驕傲地說。我看著後照鏡裡映出的三分之一張側臉，猜這傢伙大概八十多歲了。

他的手往遠處比：「那條路走到底就會到科瑪斯海灘，是以發明特藝彩電那傢伙的名字來命名的海灘。」他把「特藝彩電」講成「特宜蔡點」。

現在正下著毛毛細雨，眼前的世界彷彿隔著一層紗門。這些房子都是典型的鱈魚角風格，有陡峭的屋頂讓雪可以輕易滑落，屋瓦褪成一種雅致的灰色，和天空相映成趣。

「這裡四月通常不到攝氏十度？」我預約這趟旅程時，想像自己可以每天在海灘散步，享受春日暖陽照在背上的感覺。

「這週比平常冷得刺骨喔。」他說：「南塔克特灣來的冷風可是會吹進你骨子裡呢！」

「有沒有看到我們左邊的沼澤啊？」他邊問邊朝散發暗紅色光澤的溼地點點頭，這沼澤地是特藝先生自己設計的。「那可是個蔓越莓沼澤呢。」

「真的假的?!」我伸長脖子看去，就好像喝了一輩子的蔓越莓伏特加酒，終於來到朝聖地一般。我痴痴望著，直到車子轉往附近另一條路，沼澤消失在視線外為止。

大部分的靜默修行中心都跟宗教有關，我本來就是天主教徒，所以我就選了一間最近的基督教中心。我每個禮拜天都會上教堂，做禮拜可以讓我一禮拜都內心平靜。但是最近我去教會都沒在禱告，而是不停看手錶心想：「可不可以進行得快一點啊？我還想在基督再臨前離開這咧。」

「到啦！」計程車司機說。他停在一棟前院招牌寫著修行中心的房子前，車道旁大約有十間小屋。我下車時他遞給我一張名片說：「如果妳受不了沉默的生活，這張給妳以防萬一啊。」他眨了一下眼睛說。

「妳來這裡是想釋放什麼？又想獲得什麼呢？」四十多歲的修行中心管理人員艾莉絲問，我們坐在鄉村風格的用餐間填寫最後需要的文件。艾莉絲異常地沉穩寧靜，這種人要不就是受到宗教感召出來為眾人服務，要不就是會在地下室藏屍體。她留著一般媽媽的及肩中長髮，灰髮透著一絲優雅。她無框眼鏡的後方有一張完全沒有皺紋的臉。

「我想我已經變成沒有手機、電視或網路就沒辦法活的人了。」我承認：「所以我想要釋放掉那些讓我分心的事物，學會如何……存在。」

「靜默不只是不出聲而已，重點是要沉澱妳的內心。」她一邊把一絲智慧的頭髮往耳後撥。「大部分的人都覺得獨處時要面對自己的思緒很難。你願不願意讓我教你一個可以用來平靜內心的技巧？」

「當然願意。」

她把手覆蓋在心上，閉上眼睛說：「我在這兒。」她停了幾秒鐘張開眼睛。

我歪著頭問：「就這樣？」

「就這麼簡單。你要告訴你的心你就在這兒，準備好聽它對你說話。」

她遞給我一枝筆還有一張表格，叫我填寫住址還有信用卡資訊。「在這裡妳想去哪都可以，我們唯一的要求是要尊重其他人的靜默，不要跟正在修行的人講話，不過妳可以在修行時唱歌。從現在開始，除非有必要，否則我不會跟妳說話。」

我點點頭，不確定是不是已經要開始靜默了。艾莉絲指了一間車道旁的小屋給我看，我走進去脫掉外套，很快就打了陣冷顫，又把衣服穿了回去。自動恆溫器上面顯示是攝氏十九度，我把溫度調到快二十七度。

「才這樣妳就覺得冷？」我心裡想著。從今天算起再過整整三個月，我就要去爬吉力馬札羅山了，山頂的溫度可是零下一、兩度呢。我前一天付清了餘額，現在已經沒有回頭路了。

我蹲在角落火勢很旺的壁爐旁，雙手卻沒感覺到半點溫暖。我往裡頭看，發現壁爐的火是假的，裡面的木柴也是假的，難以置信的是木柴上還鍍著一層亮漆充當假火光。

我笑著站起來，第一次注意到房內的柳木五斗櫃上擺了一台新的平面電視，旁邊的標示愉快地寫著免費提供無限網路。我都忘記依凡頌在觀光季節也是照常營運的旅館，我拿出手機，打了執行靜默前的最後一通電話。

「我覺得我的壁爐蠢斃了。」麥特接電話時，我對他說。

「什麼意思？」阿爾巴尼新聞編輯部背景一片吵雜。

「沒什麼。」我一屁股坐在褪色的花朵蓋被上。「只是要跟你說我平安抵達了。」

「感覺如何啊？」

「坦白說有點不安。」我打量著小屋周遭，發現其中一面牆壁是玻璃拉門，上面的鎖搖搖欲墜。「這屋子感覺上像是恐怖電影裡會出現的場景，電影中大家都知道你要離開五天不會找你，所以壞人趁這機會誘導你來這裡，拿你做實驗。等到別人明白發生什麼事時，抓我的人早就帶著我的內臟逃之夭夭了。」

「真不敢相信我會有五天聽不見你的聲音。」他說。麥特和我從來就不是那種會吵架然後冷戰好幾天的情侶。基本上我們從來不吵架，我們最長的吵架紀錄發生在搭紐約地鐵F線時，不過就是三站的時間沒說話而已。

「我也是。」我邊說邊吞下哽在喉嚨的感傷，光是這禮拜有五天看不到他就很令人難受了。掛掉電話後，我很不情願地關機。我把黑莓機放在五斗櫃上，盯著這些禁止使用的電子產品看。雖然這跟基督的三大誘惑試探不太一樣，但是把這些東西放在房間五天，只會讓我更難忍住不去用。

玻璃滑門響起一陣敲門聲。

艾莉絲頭探了進來說：「幾分鐘後有個團體禱告禮拜，歡迎妳來參加。」

我點點頭，想換個地方透透氣。我換上寬鬆的長褲，沿著紅磚人行道走到聖瑪莉教堂，這是一間位在主屋後面漂亮的房舍。我正要走進去時，艾莉絲突然出現，遞給我一本禱告書。

「很高興妳來參加，這邊請。」裡面大約有三十張椅子，上面放了讚美詩集。前排的中央坐了一位五十多歲體型壯碩的女子，戴著眼鏡，身穿寬鬆的毛衣。

「這位是瑪格莉特，她是昨天來的。」艾莉絲說。瑪格莉特和我相視一笑，靜靜打著招呼。

「可以開始了吧？」

我的笑容凝結在臉上。「等等，開始？這不是團體禱告禮拜嗎？三個人不算是『團體』吧？三個人連打雙人網球都不行耶。」

艾莉絲解釋，這是一種問答式的禮拜，我和瑪格莉特要輪流吟唱詩文段落。我第一次鼓起勇氣在眾人面前唱歌，也不過是幾個月前的事，當時唱的還是一首吵雜的電影配樂饒舌歌曲，這可是完全無音樂伴奏的兩人唱和呀！瑪格麗特打開歌唱本時顯得迫不及待，我打算禮貌地婉拒時想起我不能開口說話，於是我們就尷尬地開始了。前二十分鐘我拚命想讀懂樂譜，我的聲音又細又小，飆高音時就好像要想辦法把雜貨店最高那層架子上的一盒麥片構下來一樣。艾莉絲說要進行接下來的讀禱告文時，我真是鬆了一口氣。

禮拜儀式結束不久後，就到了六點的晚餐時間，每天都在主屋的廚房用餐。我走進去時，瑪格莉特點頭和我打招呼。原來之前的禮拜儀式會這麼少人參加，是因為除了我之外，她是這禮拜唯一的賓客。過了沒多久，艾莉絲背對我們端著一個盤子，推開廚房的彈簧轉門進來了。盤子上是一道由罐頭紅豆和碎熱狗做成的菜餚，點心是一條綴有藍莓的玉米麵包。她放下一瓶番茄醬說：「吃完時把盤子放在櫃檯，願主賜妳平安。」接著她就離開了。

瑪格莉特安靜地低頭禱告，雖然通常我在吃飯前不會禱告，不過我還是跟著低頭了，只是沒有禱告。我在心裡默默告訴這些豆子：「待會再為你們哀悼。」當然囉，晚餐快結束時，瑪格莉特和我彼此都尷尬地坐在那，我們飢腸轆轆的肚子發出鯨魚唱歌般的聲響。她發出的是高亢的尖聲，我的則是低沉的隆隆聲，吃飯這件事本身變得很尷尬。為了不要一直盯著彼此看，我們視線往下看著盤子或房間周遭，假裝對廚房家電用品很感興趣，這種感覺就跟一個很糟的約會一樣。我的腦海每次都會在不適當的場合出現一個聲音，催促我做「喔嘎噗卡嗶啵！」的大金剛動作。我如果靠過去，手抓著她的胸部大喊：「叭！叭！」不知道會怎麼樣？她會打破靜默的誓言採取行動？還是繼續關注她的豆子？我的腦子動個不停。用完餐時，我們倉卒地把髒盤子疊起來，一起回去小屋。我看了時鐘發現我不過才離開十五分鐘，晚餐要是不說話或不看電視來拖時間的話，需要的時間真的是短得驚人。

我回去的時候房裡還是很冷，所以我決定要來放熱水泡澡。我怎麼想都不覺得艾莉絲是會裝設按摩浴缸的人，不過我很高興她有這樣的想法。我把水龍頭調到最熱，然後優雅地走進浴缸。我的皮膚碰到熱水綻出一種開心的粉紅色。我將頭靠在後面的牆壁上，快速說了感謝的禱告語，心想我會不會是唯一一個禱告詞說得像奧斯卡得獎感言的人：「我想要感謝上帝賜給我一個按摩浴缸，說真的，我沒想到會得到這個。我不知道該說什麼，嗯……解放西藏？」

我閉上眼睛思考明天該做什麼。也許去走主屋後的迷宮？我第一次在靜修中心的網站上發現這裡有迷宮時，想像的是一個有高聳圍牆的迷宮，裡面可能是吃人樹叢，它們還會神奇地移動位置——就跟電影裡一樣。但之前我在去教堂的路上經過了這個迷宮，發現它只不過是一條地面上的紅磚小徑。話雖如此，我還是在滿心期待下查閱了迷宮的歷史。

在中古世紀早期，歐洲興起一股建造大教堂的風潮，有二十二間大教堂建造時都在地面上加印了迷宮圖紋。當時的基督徒視耶路撒冷朝聖之旅為一種神聖的信仰義務，不過十字軍東征橫掃歐洲使得朝聖之路險阻重重，還害人喪命。基督徒領袖一致認為，機伶的孩子只要敢在深夜冒險進入治安不良的鄰近地區，就等同於到達聖地了。「我們別冒生命危險，就這麼辦吧。」他們就決定讓無法前往聖地的信徒，用走迷宮取代朝聖之旅。

隨著時光流逝，走迷宮變成一種隱喻：走向中心的路徑象徵探詢自己內心的旅程。迷宮的兜圈打轉很容易讓人忘卻自己身在何方，在理論上象徵拋下外在世界讓人分心的事物和一切憂慮。心靈的沉澱讓人可以敞開自我、投入旅程，而迷宮的中心代表了自我完全的臣服，信徒可以獲得心靈的平靜、思緒的清明、啟發、甚至讓聖靈充滿自身。我讀到這裡時滿心懷疑，但也很好奇。

新世紀的神秘主義學者珍・休士頓是現代迷宮復興運動的始祖，她甚至用迷宮作為自己的標示。一九六〇年代，她開始提倡走迂迴曲折的路徑，作為一種心靈啟發的方法。希拉蕊・柯林頓擔任第一夫人時，珍有點像是她的心靈導師，帶領她進入引導式的冥想，在其中等待並接觸愛莉諾・羅斯福。珍要希拉蕊想像自己在和愛莉諾對談，一人分飾兩角。

我的思緒因為水突然變溫而回到現實。難道是因為我的身體已經習慣了本來的溫度所以覺得不熱了？我才進來不過幾分鐘而已耶。我把右腳放在仍在流動的水龍頭底下，水像冰一樣涼。我的好心情立刻就沒了，我氣得把浴缸裡五公分高的溫水潑濺得到處都是。

「開什麼鬼玩笑啊?!」我大喊。

*

之前吃的菜餚和豆子讓我整晚都不好睡，所以我繼續睡，錯過了歐式早餐的時間。到了午餐時，我已經飢腸轆轆，抵達後發現用餐間是空的，櫃檯上有張艾莉絲留的字條：

瑪格莉特和諾艾兒

我留了白胡桃南瓜湯和一份雞肉沙拉三明治在冰箱裡。

請享用！

——**艾莉絲**

我打開冰箱看到裡面有兩個裝滿了湯的特百惠杯子，盤子上還有半條的小份雞肉沙拉三明治。瑪格莉特之前一定來過，吃掉了半個三明治但沒有喝白胡桃南瓜湯。我把容器放進微波爐幾分鐘，在桌前坐下來準備吃我那份午餐。我喝著湯，努力判斷這湯到底是不是換了個名字的咖哩時，瑪格莉特走了進來。她打開冰箱，頭歪向一邊。她看了字條又看向坐在桌前的我，又打開一次冰箱。我這才明白瑪格莉特之前根本沒有來過。我現在面臨選擇：要不就是來個比手畫腳的猜謎遊戲，要不就是直接打破靜默的誓言，我選擇了後者。

希望她不要因為我開口說話而覺得受到冒犯：「食物都在這兒了。」我的聲音有點太大聲，迴盪在鋪了亮木地板的用餐間內。

她感激地看著我說：「謝謝，我正覺得奇怪呢。」

「我們可以分著吃。」我向她提議，並把放著三明治的盤子推到桌子的中央。

「太好了！」加熱完她的湯後，她坐在我對面，拿起裝著三明治的盤子直接擺在她面前。

哎呀，要講這個真是有點尷尬。也許我乾脆就讓她吃掉三明治什麼都別提？現在氣氛正好，我幹嘛破壞啊？但是包柏醫生會說我這樣就是在「逃避」。

我清清喉嚨說：「嗯，事實上，我剛剛說食物都在這兒，意思是冰箱裡本來就只有半個三明治，我也是才剛坐下來要用餐。」

「喔！」她臉紅了：「對不起！我還以為妳已經把另外半個吃掉了。」

「妳如果想吃就拿去吃沒關係。」我說，雖然很餓但突然覺得自己很慷慨。

「怎麼可以！我們對半分吧！」她拿了一把塗奶油的刀子，開始切三明治。「我剛看到一個青少年在院子裡工作，也許艾莉絲說他可以吃三明治，而他多拿了一些？你也知道小男生食量都很大的。」

「若真是這樣，你還得稱讚他聰明，懂得偷靜默客人的食物呢。我們能跟誰說啊？」

她回我一個微笑。我們帶著一種新的同袍情誼吃自己四分之一份的三明治，喝咖哩／湯。神奇的是，我們吃完時我竟然飽了，食物的量剛剛好。

瑪格莉特的母性讓我想念起我的媽媽，我真希望自己在聖誕節的時候對她說話的態度可以好一點。在過去幾個月，我對憂慮了解越多，就越明白憂慮有多容易成癮。根據包柏醫生的說法，人的擔憂有各式各樣的理由。我們相信自己如果思考一個問題夠久，最終就可以想出解決的辦法。擔憂讓我們產生自己可以掌控未來的錯覺，讓我們會幻想出最糟糕的情況，以為自己可以預防壞事發生。我們以為擔憂可以給我們動力去完成事情，我們擔心考試，以為這樣就會讀書做準備；我們擔心外貌，希望這樣可以鼓勵自己去健身或是節制飲食。此外，我們會擔心是因為這樣可以讓我們不那麼害怕，這點我很難理解。

「憂慮是妳的身體用來壓抑恐懼的方法。」包柏醫生在最後一次看診的時候解釋道。

「恐懼和憂慮基本上不是一樣的嗎？」

他搖搖頭。「恐懼是一種情緒反應，會表現在生理上，像是思慮緊繃、肌肉疼痛、心跳加快或是流汗等。憂慮會抑制這些生理反應。」

「所以憂慮比較像是一種防衛機制？」

「憂慮可以暫時讓我們覺得好一點，所以我們才會一直憂慮。」

*

隔天還是一直下雨。冷風吹得雨點到處飛灑，從下面給你溼答答的上勾拳重擊，所以帶傘也沒用。還好我帶了幾本愛莉諾的書來這兒，我花了一整天的時間讀她關於宗教的想法。我唯一知道的是，她一輩子都是聖公會的信徒，也很高興發現我們的觀點相當一致。她寫到每個個體「在理性和精神層面上都有責任決定自己的想法，不該未經理智的思考過程就接受其他人的意見。」

她還說：「重要的不是你的國籍，也不是你對外宣稱信什麼教，而是你如何把你的信仰體現在生活當中。」

她的看法對當時的社會來說是很先進的。談到信仰，她認為唯一的必要條件是「不管宗教信仰為何，這個信仰一定要能讓人在這個世界過得更好，而且要能帶著平靜的心去面對未來可能發生的一切。」

後來我讀到了一段讓我很震驚的敘述，它實在太令人難以置信，我幾乎都要縮手讀不下去了。一九二〇年時，愛莉諾當時三十六歲，她寫信給婆婆說：「我寧願被吊死，也不要讓人家看到我去參加幾乎都是猶太人的集會。」甚至在一九三九年的時候，她寫給以前的德國同學說：「也許削減一下猶太人的優越感是有必要的。」但她承認：「有智慧和度量的領導人，可能可以用比較人性化的方式做到這點。」

下午禱告集會時間到來的時候，我很高興可以逃離愛莉諾。在過去九個月，對我來說她一直都像神祇般的存在。發現她也會犯錯讓我內心產生了信仰的危機。**我最敬愛的擁護平權份子愛**

莉諾竟然認為希特勒不過只是一個愚蠢的校園霸凌者嗎？在禱告禮拜的時候我不斷地想著。禱告儀式是由艾莉絲的先生吉姆帶領的，他才剛出差回來。他有神學的碩士學位，但是更重要的是他的聲音很洪亮，可以在唱讚美聖歌時蓋過我的聲音。吃晚餐的時候我吃得很慢，吃完後拖著沉重的腳步回到小屋，害怕繼續面對愛莉諾。

我決定要先放下書本，試試冥想。冥想是以佛教哲學為依據，此宗教認為人大部分的不快樂都是源自於對事物的執著和回應。

人生有太多會讓我們惱怒的事，像是塞車、電腦出問題、飛機上不斷尖聲哭鬧的嬰兒、討人厭的同事等，面對這些問題時，我們就會心煩意亂。對於正在發生的一切，你心裡會形成一種判斷（「那個嬰兒真的很討人厭！」「我真不敢相信麥特又遲到了！」）。同樣地，我們在擔憂某件事時，我們也會過度執著於自己的想法，把擔憂視為是某件必須注意的事情，直到問題解決為止。冥想可以訓練心靈不回應這些日常壓力，學會放下。

在練習冥想的過程中，每當思緒進入你的意識中（不管是內在思緒還是外在正在發生的事件），你都會意識到腦海裡有這想法的存在，但是不做回應也不會加諸任何情緒。舉例來說，如果在冥想時有個噪音讓你分心（汽車的喇叭聲），你意識到噪音的存在，但很快就放下。你要試著不去回應噪音，但不該想著「噪音讓人無法好好冥想」，或是對噪音感到焦躁或好奇。你只要重回觀察自己想法的狀態就好了。如果心裡有了憂慮，你不該只是不斷跟著憂慮起舞，盼望解決或預測未來的結果，你只要注意到自己有這個想法就好了，之後要學會放下。冥想教導我們和自己的憂慮保持距離，不要一直處在擔憂的狀態。就像記者報導容易激起情感的新聞時，自己的情緒也不能隨之起舞，要保持中立的觀察者立場。

聰明年長如愛莉諾，也知道平靜心靈的重要性。「我知道很多人覺得除非周遭完全靜下來，否則什麼事也辦不了。」她寫著：「這一定是因為他們從來就沒有學會如何獲得內心的平靜，這種平靜是一個內心深處的寧靜綠洲。」

提到愛莉諾讓我想起了她說過的反猶太言論，我心裡一顫，把她拋出腦外。我飛奔回床上，脊椎直接抵著床頭櫃。我把注意力放在呼吸的起伏上，就像包柏醫生教我的一樣。我觀察呼吸，但是試著不要去控制它。幾分鐘後，我發現自己打量著房間四周。我的視線落在平面電視上，「好想念電視喔！今晚會播最新一季的《法網遊龍》耶，不過我得說我並不是那麼喜歡那個跩個二五八萬的新地區助理檢察官，而且那個法醫的髮色也太可笑了！」

我發現自己的思緒到處飄的時候，就把注意力拉回到呼吸。吐氣，吸氣。「等等，我有沒有叫潔西卡幫我餵鸚鵡啊？希望媽媽沒有忘記我這禮拜來做靜默修行，沒辦法回她電話。她可能會以為我死在某個面對恐懼計畫的意外中。」「不行！」我責備自己：「你不是應該要專心冥想嗎？」我專注在呼吸上才一兩分鐘，我的心臟就開始不斷噗通噗通地劇烈跳著。「真不敢相信我還有這麼多恐懼要面對！我快沒時間了！還沒做完我大概就精力用盡了！等等，我在做什麼啊？這根本一點都沒效嘛！」

我意識到，一直讓我分心的根本不是這些科技產品，而是我自己。我的黑莓機、電腦等只不過是用來分散注意力，不讓自己擔心的工具而已。就跟我用安眠藥來逃離夜晚的焦慮一樣，我決定今天就到此為止，明天再來練習冥想。

我的眼睛飄到放在我旁邊床上愛莉諾的書。我嘆口氣打開它，不過愛莉諾當然沒有讓我失望。在一九四〇年代，她和幾位猶太人培養出堅定的友誼，所以反猶太信念消退了。她從未在公開場合提過自己看法的改變，也許她二十年後說的這段話可以表達她的想法：「你的交友圈越小，你對人的體驗就越少，而你的興趣也會越狹窄。每個人所作的決定之中，交友是很重要的一部分，我們應該盡量擴大自己的交友圈。」因為後來認識的這些猶太朋友，她成為猶太運動最大的公眾支持者之一。她遊說美國國會放寬猶太難民尋求庇護的移民法規，目標無法達成時，她還公開地譴責了立法委員一番。

「這個國家到底是怎麼了？」愛莉諾在她的報紙專欄中寫道：「如果研究歷史就會發現，我們一直都在接納其他國家遭遇不幸的人。雖然看起來似乎是我們慷慨大度，但其實這些人帶給我們的好處何止千倍之多。」

到了一九四七年時，她呼籲創立猶太國家，也就是後來的以色列。「只是談論和平是不夠的。」她曾經寫道：「我們還要相信和平的價值，只是相信還不夠，我們還得採取行動。」她的反猶太言論仍讓我覺得受到了背叛，但是就某方面來說，我現在對她更尊敬了。要改變其他人對某事的想法是一回事，但是她卻願意先改變自己的想法。

到了第三天的時候，我已經快要抓狂了，雨一直下，根本哪都去不了。三餐變成一天中最令人興奮的時刻，每晚轉開我的假壁爐已經變成一個令人期待的狂想。愛莉諾的格言是「每天做一件讓你害怕的事」，然而不知怎地，什麼都不做反而更難。

做完轉開壁爐的儀式後，我決定要試試包柏醫生教我的一種技巧，他說這可以讓我停止焦躁，專注在當下。「妳可以把憂慮從日常生活中『劃分開來』。」他說：「在下午設一個三十分鐘的『擔憂時段』，把所有煩惱的事都寫下來。妳只有在每天的這個時候才專心做擔憂這件事。床邊準備好紙筆，如果妳睡覺時開始擔心，就把擔憂的內容寫下來，留到明天的擔憂時段再來想。」

「但是一直沉溺在擔憂中不會讓我更焦慮嗎？」我問他。

「剛好相反，把憂慮寫下來會讓妳覺得這些憂慮是可以處理的。妳會明白妳的擔憂並不像想像的那麼多，這些憂慮不是一百種不同的憂慮，可能就只有五種不斷重複出現。一陣子後，妳就會厭倦老是擔憂這幾件事。一旦妳對某事感到厭倦，妳就會對它失去興趣。」

把憂慮寫下來會很有用的另一個理由，是因為之後你可以回頭看看你在擔心什麼，這些也會變成證據，讓你明白擔憂有多沒建設性。

「有個實驗要求參加者寫下未來兩個禮拜他們擔憂的事情，並預測會發生什麼事情，結果顯示其中有百分之八十五都沒有實現。」包柏醫生告訴我：「這數據告訴妳什麼道理？」

「大部分時候，我們根本沒什麼好擔心的？」

「沒錯！」他看起來很得意。

我雙腳交疊拿著一本便條紙坐在床上，開始寫：「我擔心幾禮拜後去高空跳傘時，降落傘打不開；我擔心做單人脫口秀時會在舞台上搞砸一切；我擔心爬吉力馬札羅山會失敗；我擔心我沒辦法找到全職的工作；我擔心還沒挑戰完就把錢用……」我句子寫到一半就打住了，一小攤墨水累積在我停筆的紙上。在這段剛剛寫的話裡有好多個我。我這才意識到，焦慮會讓你一事無成，也會讓你沉溺其中。焦慮通常跟你或你的感覺有關，然而這也是另一個要適度限制焦慮的原因。給自己一點時間，然後繼續過日子。

我最後一晚去吃晚餐時，發現瑪格莉特已經回家了。顯然她一句話也沒說就走了。我很訝異地發現自己很想念她，除了從她左手得知她已婚、喜歡穿毛衣外，我對她一無所知。上床睡覺前，我把書放進行李箱，突然意識到我是用愛莉諾的書來代替高科技產品，分散自己的注意力。每次我開始要面對這週的憂慮時，我就打開書來看。這些書只是另一種形式的逃避。哇！這五天還真是失敗啊！

下了五天的暴雨後，雨聲減弱成滴滴答答的第一時間我就發現了。我打開玻璃滑門，溜進後院，走到月光下的迷宮，我是刻意要走進去的。

我剛來這兒的時候對艾莉絲說我想要學會如何**存在**，但是**光是存在**就需要努力了。只靠靜默是不夠的，你沒辦法在幾天之內，靠捨棄不用一些小東西就獲得重大的心靈改變。

我必須要繼續努力，不光是今年剩下來的日子要努力，也許我的餘生都要努力做這件事。我迂迴地朝迷宮中心前進，對這次靜默修行的失敗慢慢沒那麼介意了。走迷宮時，你可能以為自己是朝某一方向走，結果後來才發現走的是完全相反的方向。這個迷宮不像綠籬迷宮，沒有此路不通的問題，就像人生也不會碰到真正的死路一條，看似死路的情況不過是要給你回頭的契機。

的確，我的冥想練習失敗了，而且我思緒雜亂到連專心擔憂都辦不到，不過我們都是正在雕塑中的作品。即使是曾經反猶太的愛莉諾，後來都成為猶太運動最堅定的支持者。

「只是談論和平是不夠的。」她說：「我們還要努力做到。」當然，她指的是真正的戰爭，但是內心的和平也是一樣的道理。

就這樣，我拋開了所有思緒，繼續走著迷宮，迂迴又迂迴地前進，感受著冰涼的紅磚和腳底的霧氣，朝著中心持續邁進。

Chapter 11

人生的目的是要過生活，無所畏懼地盡情品嘗，為擁有更豐富的體驗，熱切地接觸新事物。

——**愛莉諾・羅斯福**

小時候我常常做往下墜落的夢，我並不清楚自己從哪兒掉下來，但卻很明白自己就是要往下墜了。做這種夢的時候，我的身體會猛然抽動，喚醒差一點就要掉下床的我。（「妳很幸運。」我童年最好的朋友用一種非常肯定的語氣對我說：「如果妳在夢中掉到地上，妳在現實生活中就會死掉，這是有科學依據的。」）過去二十九年來，高空跳傘基本上就是我最恐怖的夢魘。

我認真思考愛莉諾一輩子曾面對過的體能挑戰。一九三三年時，她曾經深入俄亥俄州的煤礦區，進行一趟長達四公里的地底之旅。煤礦區是非常危險的地方，你可能會碰到頂部塌陷、爆炸或淹水的危險。這些災難發生時，救援礦工的工作不但艱困，而且常常根本就是個不可能的任務。但愛莉諾想要親眼看看這些礦工的工作環境，最後她得出結論：礦區真的是「黑暗、潮溼又極度恐怖的地方。」

她之後參加了在阿拉巴馬州的伯明罕舉行的南方人類福祉大會。當時一九三八年的州法嚴禁黑人和白人在公開集會場合坐在一起。愛莉諾大步走進種族分離的會堂，和她的民權領袖朋友瑪莉・麥克里歐德・貝頌坐在「黑人那邊」。警方告知她這樣的行為已經觸法，必須和白人坐在對面時，她搬起椅子坐在走道中間。她從來沒停止為平權奮鬥，即使有人威脅到她的生命時亦然。

一九五八年，她要飛往田納西州的民權研討會發表演說時，接到美國聯邦調查局的來電。「我們沒辦法確保您的安全。」他們說：「三K黨懸賞七十萬要您的項上人頭，我們沒辦法保護您。」

「我沒有要求你們的保護。」這位前第一夫人反駁：「我已經作了承諾，我一定要去。」她在納什維爾機場和一位七十一歲的白人女性朋友碰面，上了車。她們在半夜獨自駕車唯一的保護措施是一把裝了子彈的手槍，就放在前座兩人之間。如果愛莉諾可以在七十四歲的時候帶槍上路，面對一堆有殺意的種族主義份子，我當然可以去高空跳傘。即使我知道我去高空跳傘不會改變這個世界，但是我的確認為這可以改變我自己。此外，如果我能夠冒這種險，也許有一天，我有機會改變其他人的人生時，我就能鼓起勇氣去做。

愛莉諾曾經說過：「只有勸誘別人一起合作，我們才能改變並達成目標。」她指的是像林肯、甘地和邱吉爾這類有大批追隨者的領袖，這樣才能帶來真正的改革。我決定把這原則納為己用，用這當藉口叫比爾、克里斯和潔西卡和我一起從飛機上往下跳。

麥特實在是太怕高了，他不但拒絕去高空跳傘，甚至連到現場看我們跳都沒辦法。不過，他倒是在我們要去高空跳傘的前一晚寄了一封電子郵件文章給我，標題叫「如何從高空跳傘的意外中存活下來」。文章裡充滿了各種恐怖的故事，像是第一次高空跳傘的新手和他綁在一起的指導員在跳傘途中心臟病發，或是高空跳傘老手在自由落體的時候腦袋「卡住」，讓他們忘記拉降落傘。

「還真是幽默啊，多謝你了。」我回信說：「對了，你到底要有多健忘才會忘記拉降落傘啊？他們到底是讓哪些人去高空跳傘了啊？阿茲海默症的病患嗎？」

「好問題。」他回答：「我的意思是，在那個特別的瞬間妳會想些什麼？對了，妳看了我附上的照片沒？」

我把游標往下拉到他的郵件底部，點了附件檔兩下。突然之間，我的整個電腦螢幕被一張四個光溜溜的高空跳傘者照片給佔滿了，他們在半空中對著相機咧嘴大笑。這張讓人心神不寧的照片足以證明以時速一百九十二公里往下墜落時，會產生什麼樣的身體反應。這些女人的胸部往上倒，就像顛倒擺放的穀類麥片碗一般。我把這張照片寄給要和我一起去跳傘的同伴們，標題寫道：「真的很不好意思，但是你們一定得看看這個。」

比爾幾乎是立刻就用他的黑莓機回應：「老天啊，我的眼睛！把這張照片收到安全的地方藏好好嗎，諾艾兒？」

「我的老天爺！」潔西卡說：「**這些奶子到底是出了什麼事？**」

「明天妳的奶子也會有一樣的下場啊，潔西卡。」克里斯寫道。「有時候，是恢復不了的喔。」

「說真的，萬一我在高空跳傘的時候哭了，你們不可以取笑我喔。」潔西卡回答：「而且我們是跟著教練一起跳的沒錯吧？就是綁在我們背上的那種？」

「我建議不管做啥最好都是兩人一起，一前一後。」比爾寫道：「我現在就被一個藥妝店的老兄綁住了。」

「對啊，第一次跳一定都是綁著一起跳的。」克里斯說，他以前試過一次高空跳傘。

「我想會這樣做是因為，有些人在第一次高空跳傘時昏過去。」

「真的假的？」我說。「我不知道還有昏過去這個選項耶。我需要事先申請，還是在報到的時候先告訴他們？」

奇怪的是，即使怕這件事已經怕了一輩子，我卻沒有想像中那麼焦慮。在這計畫剛開始的時候，不管挑戰有多小我都會緊張，像是和路邊小販為了二手五斗櫃討價還價、去上第一次的搖擺舞等。甚至光是想到要做某件嚇人的事就可以讓我緊張得腸胃打結了。

這個計畫實在太大了，所以我被迫用一種新的方式來處理我的恐懼。隨著這一年計畫的展開，我注意到：只要我越擔心未來要面對的恐懼，我就越不知所措。我沒辦法一邊擔憂要爬吉力馬札羅火山、高空跳傘，或是任何想到要挑戰的事，一邊還得克服另一個恐懼。所以我以天為單位來克服恐懼，只專注在眼前要面對的挑戰。萬一擔憂真的在不該出現的時候出現，我就進一步劃分開，把這些擔憂交給「擔憂時段」。我的志工服務讓我能正確判斷這些憂慮的重要性。

那天早上我們從賓州火車站出發，在火車上找到四個面對面坐著的位子。

潔西卡、比爾分著看週六的《紐約時報》，克里斯和我則努力喬好放腳的位置，以免我們的長腳一直碰到彼此。

「要去的地方叫做『長島高空跳傘』。」我對大家說：「顯然他們很擅長應付第一次高空跳傘的人。」

「高空跳傘大概會花多久時間啊？」潔西卡問。

我用黑莓機查了一下公司的網站。「上面說『高空跳傘當天請預留至少三個小時給我們』。」

「三小時，或是死亡後永恆的時間。」她嘆口氣。「妳剛說我們是哪一站？」

「史畢昂克（Speonk），大概坐兩小時會到。」

「史畢昂克是什麼怪名字啊？」她問。

「巧的是，我今天早上在找路的時候發現這名字是印第安原住民語的『很高的地方』。」

「這也是妳的降落傘沒打開、身體撞擊到地面時會發出的聲音。」比爾連頭都沒抬，看著報紙說。

「愛莉諾曾經試過高空跳傘嗎？」克里斯改變話題問。

「第一間營利的高空跳傘中心開始營業時，她都已經七十多歲了。但是就我對愛莉諾的了解來說，如果有機會的話她一定會試的。她曾經去普來西德湖玩了一趟一點六公里長的水上平底雪橇，那可不是開玩笑的。」

他瞄了我的臉一眼。「以一個即將要面對人生中最大恐懼之一的人而言，妳倒是看起來挺自在的啊。」

「我知道啊，很奇怪吧？」在最後關頭緊張得抓狂，一向都是我的強項。不過一年前，我曾在遊樂園滑水道長長的人龍前方突然覺得自己沒辦法滑下去，結果所有排在我後面的小孩和父母親都得讓路，我才能一路跋涉，走回剛過來時的階梯，走的時候還努力避開大家的眼神。所以啦，雖然我今天整個早上都感到異常的平靜，但很有可能我只是還沒抓狂而已。

「到了上飛機時妳就知道了，人生中最漫長的十五分鐘啊。」克里斯微笑說。

兩小時後，列車長廣播下一站是史畢昂克時，潔西卡驚慌地轉頭對我說：「我得做愛。」

「妳說什麼?!」

「你也知道啊，做最後一次愛再上路，以免我回不來怎麼辦？」

「嗯，別指望我。」

「也別指望我。」克里斯說。

她望向正在把報紙都會版塞進手套玩偶裡的比爾，他正用這手套玩偶來和附近的乘客搭話。她轉回頭面向我們說：「事實上，我想我不做也是可以。」

這間高空跳傘公司有條小小的飛機起落跑道，就在一個拖車社區的旁邊，其中一個拖車頂上還掛著一面海盜的旗幟，外面有個招牌寫著：「長島高空跳傘，請進……」裡面有一面牆上掛滿了開心飛在半空中的顧客照片。

「諾艾兒你看，那些人看起來一點都不害怕啊。」克里斯說。

「更重要的是，他們看起來都沒死啊。」比爾說。

克里斯往前看著一張照片：「我的老天啊，那是不是瑞奇・馬丁？」

「正是。」其中一位六十多歲的員工慢條斯理地說，他站在我們後方。

我們全部都擠了過來，這位拉丁流行天王靜止在照片裡的天空中，對著相機微笑，附近白雲朵朵，就像追隨偶像的粉絲一般。強風吹得他的鼻孔往上横張，變得像兩頂迷你降落傘。這員工帶著美國南方的濃濃口音介紹自己叫做寇迪，他凝視著瑞奇馬丁幾秒鐘後說：「那甲貨（傢伙）小腿可壯的咧。」

員工引領我們走進一間房間，裡面滿是面向電視螢幕的折疊椅。我們在那裡看了一段影片，裡面有位比較年長的男人坐在書桌後面解釋高空跳傘的風險。影片的顆粒很粗，房間又全是鑲木板的設計，大概可以推斷出是在一九七〇年代拍攝的，但是這影片最令人印象深刻的是這男人的鬍子，他的鬍子往下延伸超過了書桌的上緣。潔西卡說這影帶是「鄧不利多教授在告知我們的死法」，還用她的數位相機拍了一張鬍子的照片。

「這看起來好像是蒙大拿州分離主義團體寄給總統，宣稱要脫離美國獨立的那種影片。」比爾說。

很快就到了簽署「如果死掉，不要怪我」的切結書時刻。公司還要求我們對著錄影機講出自己的名字，並大聲唸一段合約的內容，他們把一切拍下來作為額外的法律預防措施。比爾表情嚴肅地誦讀：「我本人，比爾・伊利沙白・舒爾茲，明白我即將要從事的運動所含之風險……」個人資料表格要求我們寫下緊急聯絡人，還特別提醒我們「不要寫任何會和你一起上飛機的人。」

「天啊！」潔西卡低聲說。

我們四人擠進一台小貨車，要到幾百公尺遠的簡便機場去搭飛機了。這台車除了窗戶之外，地板、牆壁和天花板的每一寸都鋪上了金色的粗毛地毯。寇迪在駕駛座上轉身，驕傲地說：「歡迎搭乘『粗毛毯貨車』，這寶貝是我們跟某個傢伙用兩百塊美金買來的。」然後他發動了引擎。

「這地毯上有很多ＤＮＡ耶！」克里斯咕噥著。

比爾攀爬進車裡，欣賞裡面七〇年代的裝飾。「想想以前有多少鬍子留在這啊！」

事實上，車上沒有安全帶，也沒有座位。這還真是無法讓人對這公司保持多少信心，更別提他載著我們去起落跑道時，沿路車上的滑門都是開著的了。我們抵達起飛區後，指導員教導我們在自由落體時要拱著背，而且在快要著陸時，要把雙腳往上縮起，以免被綁在背上的教練踩到。

單引擎飛機的空間，只夠搭載兩位高空跳傘的人以及他們的教練。包柏醫生跟我說過暴露於令人害怕的情境中越久，將來焦慮減少的程度就越大，所以我決定要當第二批跳傘的人。比爾想看我抓狂的樣子，所以他決定跟我一組。克里斯和潔西卡先跳，潔西卡的教練是一位叫做提姆西的金髮男子，身形瘦長、感覺性情很溫和。他幫潔西卡穿上全套的降落傘背帶，往下跳之前，提姆西會把他的背帶和潔西卡的扣在一起，讓裝備結合以便等會一起往下跳。現在提姆西在測試背帶的強度，他站在潔西卡的後方暫時扣上背帶。潔西卡很嬌小，提姆西揹著她站直的時候，她的腳離開地面晃呀晃的。她看起來好像是給父母親揹在胸前的嬰兒一樣。

「好了，一切看起來都沒問題。」提姆西一邊解開背帶一邊說：「第一批，準備出發！」

「我愛你們。」潔西卡顫抖著說，她和克里斯轉身跟著教練走向飛機。飛機起飛的時候，潔西卡一度透過窗戶憂慮地看著我們，讓人覺得很可怕。突然間她看起來年紀好小。今天以來我首次感到緊張，我不是為自己的安全擔憂，而是為我拉來陪我的朋友擔憂。為什麼我要把最親近的三個朋友都帶來？我記得緊急聯絡人不能寫任何會一起上飛機的人。我應該要混雜幾個沒那麼熟的朋友在裡面，分散一點風險。天空看起來有點霧又很耀眼，比爾和我瞇著眼睛看著飛機越過我們的頭頂，往高空飛去。

「那是不是他們？」有個小點從飛機裡冒出來時，我問。十五秒後，第二個小點也跟著出來了。隨著小點慢慢長大，我覺得好像在看快轉版的懷孕過程。不到幾秒鐘他們就進化成不斷扭動的人類，不到一分鐘，兩頂降落傘就展開了，在單調、一片白色的天空中盡情展露他們的色彩。克里斯的瘦長的四肢跟一旁小巧的潔西卡對比起來有一種趣味的喜感。

「好像彼得潘和小仙子！」他們往下飄時我說。即使他們離我有九公尺遠，我還是可以察覺到他們臉上散發著既迷惘又開心的感覺。

「你們現在做的這個才是真正的極限運動啦！」克里斯和潔西卡在幾百公尺遠的地方著陸，比爾對著他們大喊。「以後你們拼極限（extreme）這個字不會再以E來開頭了，從現在開始用三個X來拼啦！」

「在高空我嘴裡說出來的第一句話是『媽呀！』」潔西卡笑著說。「在整個自由落體的過程中我都在罵髒話，打開降落傘後則是一直對提姆西道歉我剛說了那麼多髒話。」

我想到克里斯以前曾經做過高空跳傘，但他的表情比我預期的還要狂熱。「有另一個人和自己綁在一起，本身就會讓人覺得安心。」他說：「但安心到一半，和我綁在一起的人卻背叛了我，直接拖著我從飛機上往下跳。」

「跟第一次比起來感覺如何？」我問。

「這次的高空跳傘更……」他停頓了一會兒，顯然是在找一個安全的形容詞，「比起第一次更有**極限**感。我一路尖叫往地面墜落時，我賭和我綁在一起的教練心裡一定在想：『等等，小女孩不是綁在另一個人身上嗎？』」

我和潔西卡的指導員是同一位，也就是提姆西。比爾的指導員叫做賽巴斯汀。如果萬寶路煙的男模和歐史拜斯（Old Spice）止汗劑的男模結婚，決定要在英國養大他們的孩子，這孩子就會像賽巴斯汀。他的手拍在比爾削瘦的肩膀上，力道大到讓比爾還往前踉蹌了一下。

我靠向比爾低聲說：「你今天肯定得和他拳頭碰拳頭擊掌一下，逃不掉啦。」

「飛行是一種藝術，或者更可以說是一種訣竅。」賽巴斯汀用他粗啞的英國腔說。「這訣竅就在於如何把自己拋向地面飛去，卻又不要直接砸向地面。」他調皮地笑著。

賽巴斯汀約有一百九十五公分高，帥得令人炫目，和提姆西的三千次跳傘經驗比起來，他的一萬兩千次可說是相當驚人，不過我卻很高興不是和他一起跳。我們四人走向飛機時，我聽到賽巴斯汀對比爾說：「萬一降落傘沒打開，我怕的不是死亡，而是活著。到時候我會躺在地上，盯著自己的腸子看，知道我下半輩子都得坐在輪椅上，用唯一會動的一邊眉毛來和別人溝通……」

我們到達飛機時，提姆西指著飛機輪子上方的一塊長方形金屬，它寬幾十公分，向外延伸約六十公分長。「看到這塊踏板沒？輪到我們跳的時候，我會先叫你們站到飛機外面去，踏在板子上，但是別往下看。往下看通常會嚇得半死。你們看著螺旋槳就好。」

「**螺旋槳**？」我心裡邊想邊攀爬進了飛機。這就是他們能想到最棒的視線焦點所在？（「如果你發現自己因為離地一萬英尺高而驚慌失措，就放鬆下來把視線焦點放在幾公尺外不斷轉動的葉片上吧……」）

又來了，還是沒座位，只有不太牢靠的安全帶連在地板上。我在自己的位子上縮成一球，背靠著駕駛的座椅。提姆西也縮身坐在我前面，和我近到小腿都貼在一起了。賽巴斯汀在我左側，和我肩碰肩坐在一起，比爾蹲在駕駛座椅旁本來應該是副駕駛座的地方。他被告誡要小心不要碰到儀表上的任何開關，以免我們成為報紙的頭條。我們從跑道上起飛，搖搖晃晃地朝天際飛去時，我從右手邊的窗戶看出去，看見克里斯和潔西卡不斷朝我們揮手。

我一直等著自己恐慌的那一刻來臨，看是要開始大哭或是說要回去，但坐在小飛機裡的我冷靜得驚人。這是我今年第三次搭小飛機，搭的時候還知道自己等一下要從這架飛機上跳出去。害怕似乎可說是……沒有意義。我記得富蘭克林擔任海軍次長時叫愛莉諾去巡迴訪視精神病院，然後向他回報情況。

「我心想：『我辦不到。』我害怕瘋子。」她寫道。「接著我意識到我是次長的太太，這是我的職責。無論我辦不辦得到，我都得去做。」面對恐懼就是我現在的工作。那是一個我每天都必須去的地方，既然如此發牢騷和抵抗有什麼用？

「我們現在到五千英尺高了。」提姆西在引擎的轟隆作響聲中大喊。「就快了。」

今天的風很大，飛機像酒醉般顛簸搖晃，駕駛努力地保持平衡。撇開粗毛毯貨車不談的話，這架飛機應該是整個跳傘行動中最不安全的部分。在一次特別明顯的陡降中，我不由自主地抓住了賽巴斯汀的膝蓋。一分鐘後我們急遽往右側彎，我的手臂環住他整隻小腿。

「這女的還真是上道啊！」賽巴斯汀得意洋洋地說，大家爆出一陣笑聲。

實際上，我很想要趕快跳傘，只要讓我離開這架飛機就好。我提醒自己，再十分鐘這一切就會結束，我就可以回到地面和克里斯還有潔西卡團聚。

「現在八千英尺高了。」提姆西向我提供最新訊息。

聽到這句話我就知道我該轉身跪著了，這樣他才能在我後方把我們的背帶扣上。提姆西把帶子拉緊。前方的比爾正四腳著地前進，想盡辦法不要碰到他前方儀表上的任何儀器。賽巴斯汀往前靠向比爾，把兩人扣在一起，他假裝用力地性騷擾比爾。

「這裡舒服嗎？這裡？舒服吧！」賽巴斯汀每次假裝戳比爾就會大叫說：「看樣子你很喜歡喔，老弟！」

「大約再三十秒。」提姆西說，他坐在自己腳背上，蹲在我背後。

「只要呼吸就好。」我告訴自己。我想起包柏醫生曾經對我說過的安全行為。「人害怕的時候會屏住呼吸。」他說：「他們想要封閉自己遠離恐懼，但是努力想要擺脫恐懼向來沒用。我要妳大口吸進恐懼，讓自己完全沉浸在恐懼之中。吸氣的時候，想像自己把所有的恐懼都吸進去。」

「現在一萬英尺高了！」提姆西尖聲說：「準備要跳了！」

比爾和賽巴斯汀比較靠近艙門所以會先跳。賽巴斯汀踢開門，凍人的冷風瞬間灌入艙內。他們兩個在大開的洞口前就預備位置，而我的頭髮在空中狂亂地飛舞，彷彿在揮手說再見。我該不該看他們跳呢？真不知道這是不是個好主意。我轉過身去，用眼角餘光看他們。不過最後我還是抵抗不了好奇心，即時轉頭回來看到比爾和賽巴斯汀往前傾，以驚人的速度被吸出飛機之外。

「現在換我們了，快！快！快！」提姆西發出催促。我拖著他，膝蓋著地慢慢往打開的艙門移動。

「聽好，諾艾兒，把腳放在踏板上！」他大喊。

異常冷靜的我把腳放在金屬踏板上，努力盯著我的鞋子看，把其他一切都排除在外。在離地一萬英呎的高空，看著這隻熟悉的球鞋讓我覺得安心不少。

「很好！」提姆西大叫：「現在把頭伸出去！我要開始倒數到三了！」

我把視線焦點維持在球鞋上，將頭探到時速一百四十公里的大風中。在地面訓練時，提姆西說倒數的時候我們會一起來回搖晃兩次，數到三時一起晃出飛機外。

「一！」我們往外傾。

「二！」我們往回靠向飛機。

「三！」提姆西帶著我一起朝天際晃出去，接著，我們以每秒六十公尺的速度，頭朝地往下墜落。

一開始跳出飛機外時，我有兩個想法。每位跟我談過的高空跳傘者都說：「跳的時候，不會像搭雲霄飛車那樣有胃往下墜落的感覺。你會覺得自己好像在飄浮，而不是墜落。」所以我的第一個念頭是：「他們騙我！」的確是會有胃往下墜落的感覺，不過只持續一兩秒。不管怎樣還是有啊，這是值得一提的。想到克里斯和潔西卡沒有警告我，我就有一絲惱怒。雖然我並不覺得自己是以每秒六十公尺的速度往下墜，但說「飄浮」好像還是有些不太到位；我非常清楚地意識到自己的身體正朝陸地猛衝而去。我的第一個念頭是：「我的天呀！這也太高了吧？真不敢相信自己竟然在比吉力馬札羅山的山頂還要高兩倍的地方！」

之後我腦袋一片空白，所有的感官都接受了過度刺激，天空和地面在我面前扭成一團。我根本不知道比爾在哪裡。聲音震耳欲聾，我正破空而行。大風把我的臉頰和嘴唇吹成一個很白痴的笑臉，和我那時的感覺產生呼應。提姆西輪流翻轉我們，讓我可以有三百六十度的視野。之前天氣有些陰，但是現在晴空萬里，太陽在雲朵間閃爍，我可以看到遠處的火島和泛著粼粼波光的海灣。地平線像是個環繞著我的光圈，在陸地上投射出蒼白、不屬於人間的光芒，完全沒有以前我從飛機窗戶看到的那種粗獷森林綠或深海藍的顏色，也沒有把地面切割成不同區塊的幾何圖形。彷彿這世界是用粉蠟筆重新畫過一般，所有事物都和諧地融為一體。

「哇喔！」我上氣不接下氣地驚嘆著，強風吹得我幾乎開不了口：「這實在太漂……亮……了。」

這時提姆西輕拍我，示意要拉降落傘了，我不敢相信已經過了四十五秒，感覺好像才過了五秒。提姆西拉開降落傘。我之前一直擔心降落傘打開時會被猛力一拉，好像很痛，沒想到只是輕輕往上提一下而已。有幾秒鐘的時間，呼呼作響的風聲消失了，包圍在我身旁的是我以前從沒體驗過的絕對安靜，深刻無比。我又再一次敬畏地喟嘆。接著降落傘在風中拍動的聲響傳進我的腦海，寂靜的片刻也隨之結束了。

「你覺得現在的風景怎麼樣？」提姆西問，我差點忘了他在我背後。

我往下看。地面仍帶有那種夢幻的感覺，看起來很不真實。不過我那盪來盪去的腳倒是太過真實了。我的耐吉黑色彈性褲清楚地出現在視線焦點內，大剌剌地展現色彩。這褲子在散發柔軟色澤的陸地對比下顯得可笑。這讓我想起一九六〇年代電影裡的「戶外」場景是叫演員站在事先拍好的背景影片前，打開電扇來模擬自然風。

「我辦到了！」我尖叫。

「拿去，握住這個。」提姆西邊說邊遞給我綁在降落傘尾端的控制方向把手。「待會我會解開妳腰部的背帶，妳應該就不會覺得有條帶子卡在妳的臀部了。」

我還沒回答，提姆西就解開了我腰部的背帶，我往下掉大約十五公分。一開始我很震驚，以為整個人毫無支撐地往下掉了。後來肩膀的帶子從我腋下把我拉住，我往上看著自己用力抓緊的把手。每個人都跟我說降落傘打開後的滑行是高空跳傘很美好的部分，但是現在我看著把手心想：「萬一我不小心鬆開把手會怎樣？我們會不會直接摔落地面啊？」

「現在用左手往下拉，讓我們朝左邊去。」提姆西指導道。

「老實說，我寧可讓你來操控。」

他抓住栓扣說：「你可以放手了。」

「你抓好了嗎？」我問。

「抓好了。」

「你確定？」

「我確定。」

雖然他這樣說，我還是往上看一再確認他已經抓住了，我才把手放開。幾百公尺遠外，比爾和他的降落傘完全呈現水平狀，賽巴斯汀操控著降落傘以螺旋狀的方式不停旋轉。他們下降的速度很快，好像太快了。

「喔不！」我大叫。「他們是不是有麻煩了？」

提姆西笑著說：「不是啦，只是賽巴斯汀愛走刺激路線啦！」

我鬆了一口氣嘆道：「那就好，拜託不要那樣對我。」還好，在接下來快樂的四分鐘裡，我們就只是乘著降落傘滑行在空中而已。

機場跑道出現在我們下方了。我可以看到克里斯、潔西卡和比爾，比爾只比我早跳二十秒，但是卻因為螺旋狀的旋轉，比我提早整整五分鐘抵達地面，他們開心地跳上跳下，像是在慶祝著什麼。

「因為今天風很大，我們下來得相當快。」提姆西說。「我們要看降落時的位置來決定要採取什麼姿勢，最後一刻我會告訴你是該站還是該坐。」

老兄，我們的確下來得很快，是非常快。我覺得彷彿是從行進中的車輛上跳下來一般。我們和樹齊高的時候，我緊張地問：「站還是坐？」他沒回答。

「站還是坐?!」我尖叫，離地面只剩幾呎遠了。

「坐！」提姆西發出命令。我縮起雙腳，提姆西的球鞋努力抓地，我們終於在大而沉重的步伐聲中停了下來。

「妳辦到了！」潔西卡尖叫著和克里斯一起跑過來。

我還處於難以置信的狀態，完全說不出話。從我口中發出的是介於笑聲和馬嘶叫聲的聲音。

比爾已經解開所有挽具，正喝著汽水。

「你那螺旋狀的旋轉實在是太酷了！」我對他說。

「我嚇死了。」他承認，但說得很小聲只有我聽得到。「但我怕如果我有意見的話，他只會往下降得更快。」

他們發給我們「證書」，我們在高空跳傘的招牌前拍了團體照。之後比爾雙手一拍合掌問：「你們要不要短時間內再來個裸體高空跳傘啊？」

半小時後，我們來到了火車站。那是一個戶外的月台，但我們坐在覆有頂棚的等候區的長椅上。空氣中有一道令人炫目的光，彷彿是被塑膠玻璃牆關在裡面似的。比爾讚許地審視著我們。「從我站的位置來看，我現在看到的是三位徹頭徹尾的激進份子。你看！我們激進到連那位女士都不想進來這。」他邊說邊指著一個在外面月台上講著手機的女人。我拿出我的高空跳傘證明，上面寫著：

長島高空跳傘中心特此頒發雙人自由落體高空跳傘證明給

諾艾兒・漢考克

她在二〇〇九年五月九日踏上了一段最驚人的美妙旅程。

她從高空中飛行的飛機上跳下來，把命運投向風中，縱身躍向自由。

願你能夠隨時盡情享受頂上的藍天，也祝你永遠都是緩慢著陸。

「這聽起來好像是節錄自《阿比阿弟大冒險》耶。」比爾咕噥。「不過想想指導我們的老兄非常人狀態，也就沒什麼好驚訝的了。」和賽巴斯汀一起狂野墜落的比爾，看起來仍舊有些餘悸猶存。

「指導員肯定是在那間掛著海盜旗的拖車屋裡，一邊抽大麻一邊寫出這段話的。」克里斯認同地說。

「我倒是覺得這段話說得很貼切。」潔西卡說。

我們驚訝地轉向她，她臉紅地說：「我是說，我往下飄的時候，我想得全是那些『我愛這個宇宙，還有裡面所有人』的嬉皮論調。那真的是個完全解放的體驗。」她桀驁不馴地點了一下頭說：「對啊，怎樣？我就是獲得了他們所說的那種見鬼感覺。」

「我帶了驚喜給大家喔。」克里斯說。他狡猾地笑著，從背包裡拿出一瓶萊姆酒。「來慶祝吧？」我們把酒傳下去，每個人都直接從酒瓶裡往嘴巴裡倒了滿滿一口。接著我們又喝了一輪。

我非常地滿足，開心到甚至有些惆悵。這就好像每次快要看完一本很棒的書時會有的感覺。即使我現在還身處於這一刻，我就已經在懷念這一刻了。很快火車就會來把我們載回城市裡，我卻希望自己可以和這三個願意為我從飛機上跳下去的人永遠坐在這個窮鄉僻壤的火車站裡。

Chapter 12

成熟的人凡事不說絕對，即使情緒極為激動也能保持客觀，
明白所有人事物都有好和壞的一面，行事謙遜，並以慈愛的心面對生活裡的所有情境。

——**愛莉諾・羅斯福**

「真的很奇怪。」包柏醫生問我高空跳傘的感想時，我對他說：「我要從飛機上跳下去時，把注意力放在當時正在我眼前發生的事情上。我撥開了額前的一撮頭髮，還記得他們打開門時我的頭髮在空中飛舞，風就這樣灌了進來。不過，不知怎地我就是很鎮定。我告訴自己：『你不必經歷這場漫長的折磨，只要經歷現在這個時刻就好。』我把高空跳傘視為是許多片刻累積而成的一段時間時，我才意識到我恐懼的時間也許只有三秒——就是在要站上飛機外的踏板之前。而我開始覺得恐懼時，我就把注意力放在更微小的層次，專注在自己的鞋上。我的心理層面是百分百受到控制的，但卻是自由的。」

我發現包柏醫生了然地看著我笑。「怎麼了？你為什麼那樣看著我笑？」我問。

「妳就是在冥想。」

「我是嗎？」我驚奇地說。「我辦到了！」我之前幾個月來一直想要試著練習冥想，但是竟然是在高空中我就這樣辦到了。

現在我已經知道要如何克服生理上的恐懼，該來面對情感上的了，比方說「我和麥特的關係」。自從南塔克特島那次旅程之後，這問題就被我藏到了心底深處。經營感情的人總是會花很多時間在預測未來，想知道前方會有什麼等著，但或許真正的答案可以在過去時光中找到。再說，如果我想避免傷害這段感情，或許就該先搞清楚自己在過去的關係中犯過什麼錯誤。

愛莉諾寫道：**「我們很容易對自己有誤解，不管是好的還是壞的特質皆然。只要我們對自己有任何嚴重的誤解，就不可能帶著正確的動機往前邁進。」**

世界上有兩種人：一種是分手後還和前男友當朋友的人，一種就是完全都不聯絡的人。我就是後面那種，所以我的前男友們算是完全未開發的資源。這些重要的人所接觸到的是你很少顯露於外的部分，是家人和朋友幾乎無法碰觸的地方。光是想到要再次體驗過去的失敗和挫折，我就比面對之前所有挑戰時還要緊張了。我內心某部分希望藉由審視過往感情中的錯誤，避免對麥特犯下相同的錯。

我兩位大學時代的前男友，以賽亞和班竟然答應了訪談，讓我感到震驚。兩段感情都結束得很糟糕，對他們來說，接受訪談根本沒什麼好處。

以賽亞和我在大三那年認識，當時是籃球隊長的他和我交往了十個月。起初他很有熱情，非常照顧我，後來卻漸漸變得冷淡。我問他哪裡出了問題，但他就是不肯說。在我們關係將要結束之際，他完全封閉自己，不想和我聯絡。他越疏離，我就越主動貼上去。在他眼中，我似乎成了看到就煩的角色，不再有辦法逗他笑了。起先他真的很投入這段關係，所以我知道我一定是做錯了什麼。為了找回我們過去的快樂，我又栽得更深，結果他逃得更遠。某天晚上，我們躺在一張長椅上看星星，我對他說「我愛你」，他卻沒有任何回應。這場面成了一個象徵，指出這段關係不過是我一頭熱罷了。幾個月後他甩了我，而且是用令人髮指的方式：在我生日那天跑到別的女孩子的派對上，打電話提分手。這是我生命中最難過的一段時光之一，要我和他聯絡實在很痛苦。沒想到他在電話裡聽到我的聲音似乎很開心，讓我意外的是，我們那段情在他心中竟然留下不少美好的回憶。

「但你後來開始討厭我，」我說，「為什麼？我做了什麼嗎？」

「這不是妳的錯或誰的錯。我那時陷入了低潮，大學快畢業了，整個球季球都打得不怎麼樣，我發現我愛了一輩子的籃球即將畫下句點。那是我生命中最痛苦的一年，但如果沒有妳，我會過得更煎熬。妳是我當時的快樂，和妳在一起就很有安全感。」

我傻眼了。

「真的嗎？」好幾年來，我一直都在想當初是哪裡做錯了，結果現在才發現我沒有。

班的問題則是完全相反：我不愛他，不過我也不願意放手讓他走。所以我們算是半分手，開始和別人約會（這招總是很有用）。我們這段「不知道該怎麼定位的關係」又持續了一年，但是卻凝滯不前。曾經甜美的感情變質了，苦澀慢慢堵住了我們之間的所有互動。

「我們還在交往的時候，我做過哪些不對的事嗎？」我問他。此時我們人在紐黑文吃中餐，他在這裡的耶魯大學神學院負責建築安全監管工作。

「我當時希望你可以堅定一點，不要再找我。」他說，「我也希望自己放下自尊，不要一次又一次主動聯絡你。」

「你覺得為什麼一切會變得這麼糟？」

「在我們交往的最後一年半裡面，我們沒有安全感，常常忌妒彼此。我們太不成熟了。」

不成熟，這就對了。我們做出以前從來不會做、後來遇到其他人也不曾做過的事。班會在凌晨五點喝醉時傳簡訊給我，告訴我他有多愛我也多恨我。有一次，我抓到他和我一個朋友有一腿，我氣沖沖地打開他的衣櫃，把衣架上所有我買給他的每件漂亮襯衫都拉下來。

「如果我繼續讓你用我的好品味去到處釣馬子，就懲罰我下地獄！」我抱著一堆衣服大叫。

「妳不可以這樣！」他抗議地說：「那些是妳送我的禮物！」

「**現在**我就要把禮物拿回來，怎樣?!」我說完就大步離去。當天晚上，在我室友阿曼達扎扎實實的道德勸說後，我非常不情願地把這些襯衫還給他，以維護當初給予的精神。

「好，最後一個問題。」我在訪談進入尾聲時說：「人在一段感情中會改變很多，或是他原本就有的某個特質會變得更明顯。你覺得我的情況是？」

班思考了一下，欲言又止。我點點頭表示鼓勵，他才皺著一張臉承認：「到後來，妳對我不再有吸引力了。應該說，我知道我曾經認為妳很漂亮，但妳對我來說變醜了。」想也知道這話很傷人，但我知道他要說出這話來打破僵局，已經很不容易了。我笑了，接著班也笑了。我對他說很感謝他對我這麼誠實。

喬許是我高中時期的男朋友，也是我三段感情中最認真的一段，因此我也最害怕。當然囉，我就把他放到最後來訪談。我的手指在打這句話的時候，根本就在發抖。「哈囉！我正在進行一個計畫，打算在三十歲前面對所有恐懼，所以我要回過頭訪談所有的前男友，問問當時的感情狀況（你想就知道這有多恐怖吧？哇哈哈！）。你願意坐下來和我聊聊嗎？我可以去華盛頓找你喔。」

「哈囉，這計畫聽起來真危險！哈！」喬許回信：「我等不及要聽妳說更多這個計畫的事了。你可以下下週末來找我！妳可以睡在我的沙發上。」

我本來因為他這麼快就答應感到很驚訝，現在卻有點擔心。在信中我沒提到麥特，也不知道喬許現在有沒有女朋友。萬一他以為我只是送上門的一夜情怎麼辦？他肯定覺得我沒必要橫跨好幾州才能訪談他吧？但幾天後，我收到喬許寫的另一封信。

「對了。」他寫道：「我女朋友莫妮克基本上每晚都睡在我公寓裡。但別擔心，她很歡迎妳來。我們很期待妳的到訪。」

我在鬆了一口氣的同時又有點不安。鬆一口氣是因為我現在有個不那麼讓人尷尬的理由可以回信說：「我也是耶！下次你們到紐約時，來見見我男朋友麥特吧。」不安則因為我意識到自己即將要看見他們手牽手、接吻、還睡在同一床上。我真的能夠面對嗎？突然間，我要過夜的這個決定好像有點太過頭了。

「真不敢相信妳竟然要做這件事。」潔西卡說。出發前往華盛頓的前一晚我有點驚慌，所以打給她。

我打開我的筆電。「哪件事？妳是指我去華盛頓，和高中前男友以及現在基本上和他住一起的女友度過整個週末這事？還是在去之前在網路上查他女友的資料這件事？」

「兩件都是啊。嗯這樣好了，我現在過去妳那。」

「帶瓶酒來啊！」我說。

「我不但帶了酒，也把克里斯帶來了。」潔西卡說，我打開門發現他們兩個站在門口。我們才剛把酒倒出來，潔西卡就拿走我的電腦，放到她大腿上。

「首先，我們來個具體一點的，看看要面對的是個怎樣的人。」不到幾秒，她就點出了喬許的臉書頁面，在網路相本中找到了他的女朋友。

「媽的！」我吸口氣，走到潔西卡旁，按下了按鈕放大其中一張照片。電腦螢幕上出現一位有光亮黑髮和漂亮小麥膚色的美女，我絕望地看著潔西卡。

「嗯，她還真是美得令人不爽耶。」她承認。

「她看起來也很幽默。」我悲慘地說。

「妳從照片就可以看出她很幽默？」克里斯懷疑地問。

一個恐怖的念頭閃進我的腦海。「天啊！我在那裡的時候，你想他們會不會做愛啊？我的存在會不會是種刺激感啊？就像趁父母在家的時候做愛一樣？」我現在的安眠藥量已經減少到每晚半顆，但是我還是至少得花一個小時才能入睡。

「當然會啊！」潔西卡說。「男友的前女友在隔壁房間，女生總得宣示一下主權啊！」

「我們也會。」克里斯同意道。

「對，但那是我們沒肚量又小心眼。」我把臉埋在枕頭裡。「我跟你們說！如果我聽見他們做愛，我真的會心臟病發作。」

「塞耳塞啊。」潔西卡如此建議，並舉起酒杯向耳塞的存在致意。

「萬一他們在我面前卿卿我我，我抓狂怎麼辦？」這段感情結束很久後，我還是持續嫉妒了好一陣子。過去十年來我曾經和喬許喝過幾次咖啡，我從沒問過他現任女友是誰，我怕自己無法承受。

「這有什麼關係？」潔西卡問。「妳也有一個相當完美的男朋友可以親可以抱啊。」

「我知道啊，妳說得很對。」事實上，麥特好到我問他週末是否可以去找喬許和他的女友時，他都回說：「他是妳小時候約會的對象，而我們都已經不再是小孩了。所以，撇開我本來就對妳百分百信任這點不提，我一點也不覺得這有什麼好擔心的。」麥特沒有憂慮的理由。但問題不是出在我對喬許還有感覺，而是出在我會忌妒莫妮克。我這個人最糟的特質之一，就是會為以前交往過的男孩子感到忌妒。這幼稚到了極點，還指出我心中潛藏了更大的不安全感，得和包柏醫生討論討論才行，不過我得先熬過這個週末啦。

喬許說話的方式會讓你覺得他難以駕馭，彷彿他會抓著你的襯衫說：「你給我聽著！」他是道地的德州人，不過卻又像一九三〇年代布魯克林區愛打架的孩子。有一次他走上階梯時，我看到他轉頭對一位站在他身後、很受歡迎的啦啦隊員說：「我讓你看看我的屁股好嗎？保證感官極度刺激，但請控制好自己。」他既沒禮貌又輕率，我立刻就喜歡上他了。我查出他的課表，調整我自己的作息，以便在課堂間巧遇他。我高聲和他調情，在走廊經過他身邊時拍打他的屁股。

「嘿！不可以觸摸商品！」他會這樣大叫。

我們約會了幾個禮拜，他邀請我去參加一個大學儲備軍官的社交活動。雖然這樣做不太對，但為了讓他知道我胸部也挺大的，我跟朋友借了一件藍色的緞面洋裝，還特地為了這個場合叫老媽幫我吹了個頭髮。我們跳一支慢舞跳到一半時，有幾個喬許大學儲備軍官的好兄弟熱切地向他走了過來說：「差不多是時候了！」

「是時候做什麼？」我問。

「事實上我有件事一直打算要問妳。」

「嗯……」我的心跳加速了。他要問我要不要當他的女朋友，在眾人面前！

「從我大一參加大學儲備軍官的舞會開始，我一直都有個慣例，就是四腳著地在舞池裡像頭驢子般衝來衝去。」他解釋。「但是我在想今年也許可以換成你騎著我逛舞池。」

等我意識到他是認真的時候，參加派對的人已經在我們周遭圍成一圈。我記得有人還拿著錄影機。喬許手腳著地趴了下來，回過頭用一種「要不要試試？」的表情看著我。你夢寐以求的男人在所有同袍面前，要求你加入一場盛大的驢子狂歡時，你應該也沒得選擇了。所以我就撩起拖地的禮服，爬上他的背，用盡全力地抓緊。

這段感情持續了一年半。在那段期間裡，我們用一種青少年才有的熱情活力來談戀愛。他挾持了學校的廣播系統，透過擴音器邀我去參加舞會。他生日那天，我拍了一封電報唱歌給他聽。

我在《休士頓記事報》裡登了廣告表明我對他的傾慕；他趁我工作的時候在我車裡塞滿了玫瑰。

「喂，這在紐約根本行不通啊。」潔西卡插話說：「一定會有人偷走那些鬼玩意兒。」

「有人連車蓋上的裝飾都要偷！我只是要附和一下。」克里斯說。

他第一次說「我愛你」的那晚，喬許穿著三件式西裝出現在我家門前，帶我去一間位於休士頓市中心、以使用桌布聞名的餐廳。用完餐後，我們手牽手散步穿越鄰近的公園，看到了一個氣勢雄偉的噴泉。他把我抱起來走進噴泉裡，我在他的懷抱裡和他慢舞。「我愛你。」他說。接著，他淘氣地笑著，把我泡到水裡，我全身包括禮服都浸濕了。我推倒他，他潑我水。最後，我們洪亮的笑聲吸引了一群人，我們把彼此拉出來向大家鞠躬時，眾人都為我們喝采。

我和麥特的感情已經穩定到可預測的地步。喬許會寫情書，詳列他愛我的每一點，以及他有多麼願意為我而死。麥特在我們三週年紀念送了我一張卡片，上面寫著：「我很感激這一生能遇見你。我愛你，麥特。」**我很感激這一生能遇見你**。是很感人啦，但是我對朋友也會說這句話啊。媽的，我想我甚至還對我的髮型師說過這句話。這樣的熱情夠嗎？我可以這樣過一輩子嗎？

潔西卡體諒地微笑，把酒沿著邊緣倒進杯子。「在紐約，我們一切都可以享用最高級的，有無限的選擇。我們習慣『反正還有更好的』這種想法了，因為沒錯啊，有更好的公寓、更好的工作、更好的街角餐廳提供的更好的美食。我們永遠不滿足。在這座城市的訓練下，我們開始會擔心某樣東西還找得到更好的，結果就看不到自己的真命天子了。不然你想想，紐約人為什麼比美國其他地方的人晚婚那麼多？」

「妳為什麼和喬許分手？」克里斯問。

「他大我一歲，去了波士頓讀大學。我們當時遠距離戀愛，但是身處不同的世界要維持實在太難了。」我說。「你猜我是怎麼知道的？在交往滿十八個月的紀念日時，我為他精心策畫了一個尋寶遊戲，在我們感情裡不同的紀念地點留下線索，讓他去找禮物，這個紀念禮物我放在他說我愛你的那個噴泉旁。但是我把第一條線索交給他時，他嘆口氣看起來很困擾。『這要花多久時間？』他問。『我媽還要用車耶。』」

隔天我在華盛頓下了公車，想到喬許會在我看見他之前先看見我，我就很不安。最後我終於看到他在銀色旅行車的暗色玻璃後方開心地揮著手。他的髮線有些上移，但是其他方面倒是沒什麼改變。

「午餐要不要吃個漢堡啊？」他在我上車時問。

吃東西時，我們閒聊起彼此的家人。我很高興聽到他母親的乳癌現在已經受到控制。聽到我的小妹現在已經十三歲還有男朋友時，他有點震驚，畢竟他和我約會時小妹還是個嬰兒。他說他最近申請了幾間商學院，正在等候結果通知。

吃完午餐後，他載我經過白宮和各個紀念碑，維持時速八十公里的速度，不斷向我介紹窗外這些重要的建築物。

等紅燈的時候，他轉向我問：「妳想去哪裡訪談？要找間咖啡店嗎？」

我猶豫著，突然間覺得很脆弱。我擔心萬一我看著他的眼睛，而他說出了我無法承受的事情，我可能會哭出來。我不希望他因為我的啜泣而改變答案。但我想，如果坐在他旁邊，兩個人都盯著前方看，這樣我應該還可以忍得住。

「要不我們就開著車到處晃，你一邊開車我一邊問你問題？」

不曉得他是否覺得這要求很怪，不過至少他沒表現出來。「好啊，但待會妳要付油錢喔。」

他把旅行車開進了東波多馬克公園的海恩斯角。我意識到我們是繞著一個大圓環開，而圓圈其實帶有舒緩的冥想特質。心理分析學家榮格相信畫圓圈可以讓人更容易進入自己的潛意識探險。小孩首先學會畫的圖形就是圓圈。對榮格來說，圓圈代表了對立兩面的掙扎與和解，以及自我的終極融合。

將麥特也算在內的話，在喬許之後我總共只交過三個男朋友。直到現在，我都沒問過喬許的感情世界。我深吸了一口氣。

「好，第一個問題。在我之後，你交過幾個女朋友？」

他用一種溫柔親切的方式笑著，讓我覺得我的問題好像很幼稚。「天啊，我得想一想。這問題很難計算耶，一般的約會算嗎？還是要超過一年以上的感情才算？」

我既驚訝又沒那麼驚訝地發現，喬許有一卡車的前女友。事實上，光是叫做艾咪的就可以歸納成一類。我很尷尬地發現，我和他的那一段感情在他的感情回憶錄中，根本就不是什麼刻骨銘心的事件，喬許對我的意義和我對喬許的意義兩者是天差地別。我只不過是個其中一位過客，一位不叫艾咪的過客。

「你和莫妮克是怎麼認識的？」

「莫莫和我認識很多年了，但是直到去年我們才有了超越普通朋友的火花，這種感覺真的是太棒了。」

最後一句話有點讓我傷心，就跟「莫莫」這字眼一樣。我讓自己忙於注意清單上的問題，努力不要洩漏任何情緒。該是問起我們那段感情的時候了。

「你一開始為何會受到我吸引？到最後為什麼又覺得我沒吸引力？」

「妳的自信、活力。妳可以走進任何一個房間，馬上就成為裡面的一部分。」他帶著微笑說。「妳故事說得比誰都好。」

這話讓我覺得很悲傷。我最後一次覺得自己是個房間的一部分，是因為我抽了一些不好的大麻，以為自己是一件家具。當時的我要獨撐大樑都行，但是隨著年紀增加，我開始覺得大夥兒都在的場合讓我緊張。「為什麼妳在晚宴上都不說話？」以前我還會出去參加晚餐派對時，麥特都會這樣問我。每個人要講的事情似乎都更好笑、更聰明了，越多人講話，我的意見就顯得越遜。我不開口說話的時間越久，一開口說話時眾人盯著我看的壓迫感就越大。（「她等了這麼久才開口竟然說這個？」我心裡想像他們這樣說。）最後如果我真的開口，也只能講一兩句就會開始恐慌，我會忘記自己說到哪，突兀地結尾：「嗯所以……就這樣。」在場的每個人都無言以對。我開始會在上課前一晚把一些可以發揮的論點寫下來，在課堂上把這張小紙條放在膝蓋上，以免點到我時腦袋一片空白。我總是在課堂一開始就把這些背誦的論點講完，這樣就可以不用和其他人講的內容作比較。我的課堂參與程度只到剛好可以及格的地步，再多我也不想。

「那你不喜歡我哪裡？」我很怕他會講出一大串連我自己都不知道的負面特質，或一些無法改變的事情。我試著回想愛莉諾說：「成熟的人……即使情緒極為激動也能保持客觀……」

「你佔有慾太強了。」他立刻說。

我想起一件往事。喬許和我曾經在一間十八歲以上才能進入的俱樂部外面排隊，有一台豪華大轎車抵達，載著一大票單身女郎。從車頂天窗探出頭的是一群留著爆爆頭、喝酒醉的女生，她們來回搖晃的樣子加上頭髮的造型，看起來好像鬱金香插在太矮的花瓶裡。

「正喔，淑女們！」喬許大喊。沒多久他們就用長長的水晶指甲示意他過去，他跑向轎車、跳上車頂，一頭栽進打開的車頂天窗裡，雙腳還懸在外面。我看到滿是水晶指甲的手從車裡伸出來奮力把喬許一路拉進去，於是大步前進，把手伸進車頂打開的窗戶，抓著他褲子的後面把他拖出來。

「說實話，你的確劈腿過啊，又不是我沒來由地偏執。」我現在可以笑著面對了，儘管他的不忠曾經令我心力交瘁。「我們這段感情你有任何的後悔嗎？」

「我真的很後悔以前劈腿。」我們開始約會的幾個月之後，喬許和朋友去了德州的奧斯丁玩，他在那裡和一個德州大學姊妹會的女孩有了一腿。「妳發現我劈腿時揮拳揍了我的臉，妳後悔過嗎？」

「一點都不後悔。」我開心地說。「你後來還有劈腿嗎？」

「沒有。看到我對你造成的傷害後，我怎麼可能還會劈腿？劈腿事件後，我們再也回不去從前了。」

他說得沒錯，劈腿的事動搖了我們這段感情裡的權力平衡。在我們剩下的交往歲月裡，每次我們對任何事意見有分歧時（不管是為了多小的事），劈腿的傷痛都會再次出現。有時候我們在接吻時，我都會想到他輕吻這個姊妹會女孩的畫面（我卑鄙地逼喬許說出關於那女孩的一切細節，我知道她個子小、有黑褐色的鬈髮，跟我是完全相反的類型），我的心情瞬間就會盪到谷底。這種遭背叛的感覺即使在和喬許分手許久後，還是如影隨形地跟了我好幾年。

「不過我很愛跟人家調情。」喬許說。「女生不能管我管太緊。」

「莫莫是個怎樣的女生？」我試著也用喬許說的暱稱問。

「莫莫非常冷靜，一點都不黏，她是我碰過最隨和的女生。」

「嗯，那我還有哪一點是你不喜歡的？」

「你痛恨旅行，我記得我想過，自己無法和一個痛恨旅行的人在一起。」

這點他說得沒錯。即使是在海灘上喝飲料放鬆度假也一樣，只要是旅行都會讓我不自在。我痛恨處於過渡之中的感覺。我的胃會很緊張，就像面臨了某個還沒想出解決方法的問題。回到家、行李都打開收拾好、我又即將回到生活常軌的時候，我才會覺得這問題已經解決。喬許大學畢業後花了一年時間自助旅行，探訪了三大洲。他在西班牙的潘普洛納和公牛一起奔跑、在泰國穿越叢林、在阿根廷攀爬冰河、還在法國葡萄園找到一份摘葡萄的工作。到處出國旅行，尤其是自己一個人上路，從一開始就在我「想要克服的恐懼」名單上。我很想告訴喬許我打算去爬吉力馬札羅山，讓他知道我已經不是從前的我了。我知道他會既嫉妒又佩服，但那不是我到這兒來的目的，所以我繼續問我的問題。

「你覺得為什麼後來我們走不下去？」我問。

這個問題他思考了幾秒鐘。我本來以為他會說：「那時我們太年輕了。因為我在異地讀大學，遠距離讓維繫感情變成一種壓力。」不過，他說的是：「我比較願意全力投入這段感情，而你喜歡你比較習慣的事物。」我的臉色變得蒼白。喬許有一點讓我很喜歡，就是他會逼我走出自己的舒適圈。但是也許對他來說，我只不過是一直在把他往下拖？他真的是說到痛處了，因為這一點也是我和麥特這段感情中讓我擔心的。每次他批評我不夠積極參與社交活動，我就會心想他還要多久就會受夠而離我而去，選擇另一個熱愛參加派對、不需要心理治療師逼迫就會去嘗試新事物的女生？

他停在一個由樹叢組合起來的裝置藝術附近，打開了車門。「在附近開了一個小時兜兜轉轉，我的膀胱已經快要爆炸了。」他說。接著，在確認警察看不到他之後，他朝樹叢的方向前進，在那裡撒了泡尿。

我的計畫是回去喬許的住處和莫妮克碰個面，就直接去外面的酒吧。這樣萬一我和莫妮克的會面很尷尬的話，我就有藉口可以馬上離開去喝酒。真的會馬上就離開。我和喬許坐在面對面的沙發上，在他的客廳裡聊著天，這時響起了鑰匙轉動門鎖的聲音。我的胃抽了一下，知道這場會面會決定未來整個週末的氣氛。

「有人在家嗎？」一個愉快的女聲大喊。

「我們在這！」喬許回答。

莫妮克走進來時，我發現事情比我想的還糟糕。她本人甚至比照片上還漂亮，臉書的照片也沒捕捉到她完美的豐滿胸部。

她握了我的手。「真高興終於見到你了。」她的語調如此溫暖，我相信她是真心誠意的。

喬許急忙閃開，在沙發上讓出了位置給她。他們沒有一見面就接吻，讓我鬆了一口氣。我們選了個安全的話題，聊跟工作有關的事。她是國際計畫專家，在美國商務部工作。她問我克服恐懼計畫的相關問題，我講了幾個最近的冒險給她聽。我真的開始覺得這樣的談話很愉悅，喬許記憶中那個很會說故事的諾艾兒彷彿又回來了。這時，一陣敲門聲傳來。大家還來不及去開門，一個高挑深黑波浪鬈髮的女生就走進了房間。「諾艾兒，這是我們的朋友馬凡。」喬許對我說：「她今晚要和我們一起去酒吧玩。」

我們很快就到了喬治城一間叫做史密斯先生的酒吧。喬許幾位大學的好兄弟也順道一起來玩，每個人輪流買酒。史密斯先生酒吧僱用了一位有天份的鋼琴演奏家，但他歌聲卻很爛，不過店裡的顧客都努力想蓋過他的聲音，所以他的歌聲好不好也就不那麼重要。

「甜——美——的卡洛琳！喔——喔——喔！好時光從沒這麼棒過。這麼棒！這麼棒！這麼棒！」我們震天價響地唱著，拳頭朝向空中揮舞。

「這輪的酒我來買。」我說。「誰要威士忌？」喬許和馬凡舉起手，莫莫則繼續喝她的伏特加蔓越莓。我們三個把烈酒杯扔回去。喬許把他的酒杯砰地一聲丟在吧台上，接著把臉埋在馬凡的大胸脯裡，瘋狂地搖晃他的頭，同時不斷振動他的嘴唇，這個動作叫做「開汽艇」。馬凡發出狼嗥聲。我驚恐地回頭看莫莫，但是她卻開心地笑著。

嗯，現在我知道為何這段感情無疾而終了。

後來馬凡把手伸進天花板的風扇裡，差點把風扇弄斷，馬凡被酒吧踢了出去，我們也就跟著離開。我們跑去附近一間跳舞的夜店，在那裡喬許又立刻跟一群中年非裔女子搭訕起來。他們很快就全都下到舞池了，喬許在其中一個女人後面快活地跳舞，一邊還不斷地假裝打她的屁股。莫莫看著這整個過程，被逗得很開心，偶爾還用她的手機快速拍幾張照。我離開去了洗手間。回來的時候，喬許、莫莫和其他我們這群人全都跑去舞池裡了。我爬上一個高起的平台，上面擠了一群吃吃傻笑在跳舞的女生，我見一群看似大學兄弟會的男生包圍著莫妮克。其中之一還恣意地在她身上磨來蹭去。我的視線掃過整間夜店找喬許，發現他正在跳霹靂舞，而之前和他一起跳的女人在為他加油喝采。很奇怪地，我覺得我應該要保護莫妮克。救援行動就此展開。我跳下平台，一路熱舞過去。

「嘿！小妞！」我尖聲說，把手穿進她和那男生中間、環繞在莫莫身上。她向我使了個鬆了口氣的眼色。

「耶！」這男的發出歡呼，心想他現在可以跟兩個女生一起跳舞了。他抓住我的臀部，用腰骨貼住磨蹭我的屁股。好極了！我開始瘋狂地甩動我的腰骨，事實上，我狂野地甩到幾乎把他撞離好幾呎遠。

「哇！」他說，不確定該拿這個舞池闖入者怎麼辦。「你的舞步還挺有兩下子的嘛。」

他一次又一次地想貼到我後面，我奮力搖擺腰骨不斷把他彈開。他想要從我旁邊溜過去莫妮克那裡，我繼續進行第二階段的計畫：手臂上場了。我配合節拍熱烈地揮動雙手，拍打推開我附近的所有人。這男的警覺地往後退。幾分鐘後，他們知道自己沒搞頭，就竄進人群中溜走了。

莫莫對著我笑。「妳剛剛真是太棒了！」

我們在凌晨三點回到家時，幫我鋪好沙發、倒水給我喝、確認我棉被夠蓋的是莫莫。我喝了一口水，大口吞下一顆安眠藥（我已經減到每晚一顆了）。他們一關上房門，我就立刻塞了潔西卡建議我戴的「隔絕做愛聲」海綿耳塞。我盯著天花板、聽著自己被耳塞放大的心跳聲至少有一小時之久。我即將有三個大挑戰要面對，儘管我有「擔憂時段」，也盡量劃分憂慮，但要不擔心是越來越難了。我想東想西根本很難入睡。此外，我睡在沙發上，所以也睡得不太舒服。我瞇眼看到ＤＶＤ播放器上的時鐘顯示凌晨五點，再幾個小時他們就會起床，我卻會因為睡眠不足而有起床氣。我不想當個無禮的客人，對吧？我翻過身把手伸進就靠在沙發旁的背包裡。我拿出了安眠藥罐，說服自己這次不算違規，因為我是為了喬許和莫莫才吃的，不是為我自己。我自己失眠總不能拖累人家。反正，我只需要一點點。半毫克就夠了，這根本就不算什麼。

隔天早上醒來，莫莫遞給我一杯剛煮好的咖啡，問我想不想來點她親手做的鬆餅，我很感動。「喬許必須去公司一趟。」我們坐在廚房餐桌旁她說：「但他很快就會回來載你去巴士站。」

我和她邊吃早餐邊輕鬆地聊天。只有我們兩個，一個是喬許的過去，另一個是喬許的未來。我很訝異我們可以處得這麼自然，也很驚訝自己這麼喜歡她。在所有的挑戰中，這是跟我個人最有切身關聯的。我大部分的恐懼都是要學會放手，不要再那麼裹足不前。而這次來找喬許，我要面對的是放開一段感情的恐懼，確切來說，我要放開的是念頭。

喬許載我去搭巴士時，莫莫也一起跟來了。我坐在旅行車的後座去巴士站，彷彿他們是我父母親一樣。他們擁抱我說再見，我把背包揹在一邊的肩膀上，排隊上巴士。就在我要踏上車之前，我轉身看到他們仍舊站在旅行車前對著我揮手。

我找了一個靠窗的位子坐下，大部分時間都盯著窗外看，卻什麼都沒看進眼裡。我發現喬許不是那個不告而別的人，我才是。在喬許身邊時的那個我是最美好的我。我對他有完全的自信，覺得有他在的時候我更能做自己。喬許就像我的父母和師長，他逼我去嘗試新事物，但我必須要為我自己成為那樣的人。我離家還有一小時遠時，麥特傳了一封簡訊給我。

「寶貝，妳就快回到我身邊了！」簡訊寫著：「等不及要見妳了！」

想到我和班過去那些可怕的爭吵，我就覺得能和麥特在一起要心懷感恩才對。想到曾經疏遠我的以賽亞，我就想謝謝麥特不曾隱瞞什麼。他把自己完全交給我，不求回報。他會開好幾個小時的車載我去參加某個活動，儘管他自己一點興趣也沒有；我盪高空鞦韆的時候他拍下了全程，為了找到最佳角度，還在急忙中踩到其他人。我真不敢相信自己曾經對他有過懷疑。我和喬許的確是有過快樂的時光，但我們也曾對彼此大嚷大叫。我們之間熱情很不穩定。喬許不能給我安全感，我在他身邊總是**想要更多**。麥特示愛的方式不會很引人注目，但他的愛一直都在。在他身邊，我就能表現出做好的一面，他會叫我離開安全地帶，去做新的嘗試。但我有能力自己去做這些，我必須要靠自己才對。

「我的小妞回來啦！」我打開麥特公寓的大門時，他大喊。我循著他的聲音走到臥室，看到他在讀一本有點愚蠢的科幻小說，這是他的嗜好。「妳去了好久，我差點就忘記妳有多性感了！妳穿這件衣服真好看。」他邊說邊把我拉到床上用鼻子緊挨著我。我穿著一件有點髒的耶魯T

恤，我盯著他的臉想知道他是不是在取笑我，但是他是認真的。

造訪喬許的三個禮拜後，我收到了他寫來的一封電子郵件：

我想讓妳知道莫莫和我在上個週末訂婚了。

她很驚訝，但是我們超級興奮的，也很期待婚禮的籌備。

我們兩個都想和妳分享這個好消息。

看到訂婚這字眼時，我的心在胸膛裡短暫地猛跳了一下。接著我又把信看了一遍，確認裡面說的內容，接受這個事實，一切都如預期。

「哇！恭喜！」我回信說：「你是怎麼求婚的？你大動作地表示，還是一切從簡？」

「我在美國國家植物園裡設計了一個尋寶遊戲。」他回信說：「而且最後一個線索是在我第一次告訴她我愛她的地方。在那裡我們準備了野餐的東西，我單膝下跪求婚，所以應該算是既盛大又簡單吧。」

我有一秒鐘的時間連話都說不出來。接著我把我們的對話內容轉寄給潔西卡，還寫了一句說：「他偷走我的點子！當成自己求婚的橋段！喔，真是卑鄙。太卑鄙了！」

「嗯，妳不如這樣想。」她回信說：「在牧師宣佈他倆結為夫婦之後，喬許可能會對伴娘開汽艇。」

Chapter 13

勇氣比恐懼更讓人振奮，而且長久來看，勇敢也比較容易。
我們不必一夕之間就成為英雄，只要一次往前踏一步，迎接挑戰，
你就會明白這挑戰不像看起來那麼恐怖，你也會發現自己有力量可以直視挑戰。

——愛莉諾・羅斯福

「所以妳下一個要嘗試的挑戰是單人脫口秀，然後妳要去殯儀館工作一禮拜，沒錯吧？」包柏醫生問。

「接著是吉力馬札羅山。你這麼一說，我又開始想為何我要把最大的挑戰放在最後了。」

「真可惜，妳無法把兩個挑戰結合，你可以在殯儀館做單人脫口秀啊，保證一堆人聽！」

我發出哀號。

「其實，公開演講是美國人的頭號恐懼，死亡實際上才排第二。」

「對啊，演員傑瑞・史菲德對這點倒是發表過一些看法。大部分的人寧願躺在棺材裡，也不願意致悼詞。我完全可以理解，我上台的時候就會覺得死亡倒也不失為一個合理的選項。」

「所以這麼說來，單人脫口秀是妳最大的恐懼囉？」

我點點頭。光是想到站上台我的肌肉就已經緊繃了。「我寧願做任何事，任何其他的事。說真的，我願意把銀行帳戶裡的一切都交出來，嗯，應該說帳戶裡剩下的錢，換取不要做單人脫口秀的權利，我知道這聽起來非常荒謬。」

「一點也不。人類害怕公開演說，跟動物受到潛在掠食者包圍時會感到緊張是出於同樣的理由。」他說：「記住，一切都可以回溯到演化。我們的老祖宗住的地方附近到處有危險的鄰居，而公開演說得在眾人面前站在一個顯眼的位置。想想在一萬年前，你住在一個險惡的環境中，周遭都是飢餓、憤怒而且還不知怎地有點偏執的陌生人。那個站在陌生眾人面前演講的人，肯定最後會變成別人的晚餐。」

「所以觀眾會把我給生吞活剝，這就是你要告訴我的嗎？」

他眨了眨眼說：「如果妳幸運的話，吃妳之前他們會先把妳給殺了。」

幾個禮拜前，我寫電子郵件給克里斯，問他是否知道有任何的喜劇俱樂部會舉行公開的舞台之夜。克里斯身為紐約雜誌網站的部落客，紐約發生的大小事都在他掌握之中。他寄給我一則新聞報導，裡面提到一個「紐約最好笑記者」比賽，在這比賽中，新聞記者要在喜劇俱樂部裡站上舞台，表演長達六分鐘的單人脫口秀，結束時評審小組會宣佈得獎者是誰。

「而且這是做公益的喔。」他之後又寫了一封郵件說：「收入全數捐給軍事活動連線，這組織會買電話卡給在伊拉克從軍的士兵，讓他們可以打電話回家。」這讓我覺得我找對脫口秀出道的地點了，因為公益一直是愛莉諾人生中很重要的一部分。我今年如果沒有多做一點來向她致意的話，我會後悔。

從一九三三到一九四五年在白宮的那段時光，愛莉諾在全美各地以及國外大約發表了一千四百場演說，而且幾乎不帶稿。她也教戲劇、文學和美國史。她的公開演說生涯持續了四十年之久，而且到現在她依舊是有史以來最受歡迎的演說家之一。儘管愛莉諾後來有這樣的成就，但她一開始要演講時卻嚇呆了，像個石頭一般僵在那兒，她從小到成年都一直會怯場。逼她開始演講的人是路易斯・豪，他以前是報社記者，是富蘭克林主要的政治顧問。他是位個子矮小的老煙槍，還曾經宣稱自己是紐約四大醜人之一。富蘭克林因小兒痲痺在療養時，他鼓勵愛莉諾在政治場合發表演說，以維持丈夫的曝光度。

「我記得當時我覺得這是一件我不可能辦到的事。」愛莉諾在《實踐生活學習法》中寫道。

「只要妳得做，妳就會辦得到。」路易斯堅持地說。「就站上台試試。」

她第一次站上台是在三十八歲時，為紐約州的民主委員會女性部門午餐餐會演講。路易斯就坐在房間的後面觀察。

「我是極度心不甘情不願地上台。輪到我說話時，我害怕得全身顫抖，因為我根本就不知道演講要怎麼準備、該怎麼說話、要如何掌控觀眾。」她回憶道：「演講結束時，他批評我做的每一件事，尤其指出時不時就傻笑，儘管沒什麼好笑的。」

「千萬別帶小抄，」路易斯給她建議。「妳會失去妳的觀眾。」

要我遵從建議有點困難，因為我真正的專長就是呆滯，講幾個字後就會忘記要說什麼。有一次VH1電視台正在製作超辣好萊塢情侶檔特輯，製作人要找一位流行文化作家拍其中幾個鏡頭，他們找上了我。試鏡的時候，他們帶我到工作室，領我走進一個沒有窗戶的小房間，裡面有個金屬三角架，旁邊放著錄影機，網路上只拍到頭的短片就是在差不多這樣大小的空間裡拍攝的。我坐在一張金屬折疊椅上，製作人在我旁邊問我很基本的問題，像是：「說說你對Jay-Z和碧昂絲這對情侶的看法。」

「呃，碧昂絲是……」我停住，腦袋一片空白。

「沒關係，再來一次。」製作人催促著說。

我又重來一次，聲音顫抖著。「碧昂絲和Jay-Z這一對……」我又打住了。「對不起，我太緊張了。」即使在這樣小的房間，只有製作人和攝影師在場，我還是會驚慌失措。這樣的情形又持續了大約十分鐘，最後他們叫我離開，一致同意我不是他們要的人。

後來的幾個禮拜裡，我開始在各種場合蒐集脫口秀的笑點。潔西卡有一天晚上打給我說，我們一個共同的朋友懷孕了。

「不敢相信對吧？」潔西卡嘆氣。「又一個陣亡了。」

「如果我說想到懷孕我就覺得反感，這樣是不是很壞？」我問。「一隻蝌蚪游進妳身體裡，像寄生蟲一樣附著在裡面，不斷長大直到有一天從妳身體裡爆衝出來？不好意思喔，對我來說聽起來一點都不像個奇蹟。那聽起來像是妳在墨西哥染上的某種東西。」

「那就是我要全程剖腹產的原因，我才不跟恐怖份子協商咧。」

我笑著說：「妳竟然把小嬰兒比作恐怖份子？」

「任何挾持你的身體作為人質、從你的身體裡衝出來、還留下那樣的毀滅痕跡的傢伙都可以叫做恐怖份子。有人質遭挾持時，我們的標準處理程序是？你會送個先遣部隊把恐怖份子帶出來。」

我把手機枕在肩膀和下臉頰間，在廚房抽屜翻找出一枝筆和筆記本。「等等，妳可以再講一遍你剛剛說的所有話嗎？」

有一天在搭地鐵時，一個看起來像健身教練、曬得一身小麥膚色、帶有強烈侵略感的男人在我隔壁的位子坐了下來，而且立刻就把雙腿大剌剌地岔開。他的膝蓋和滿是汗的大腿碰到我的小腿區域，侵犯到我的個人空間。這種情形在搭乘大眾運輸工具時很常見，出現空間入侵者時，我通常會拘謹併攏雙腿來回應，把腳朝向另一邊，讓身體碰觸的機率降到最低。但是這一次，我飛快地把腳移遠一些時，肌肉男把雙腳張得更開了，彷彿在說：「太好了！這樣我有更多空間。」

我轉向他說：「不好意思喔，你現在**這樣**……」我指向他的腳。「我是不能接受的。」

肌肉男訝異地看著我。「怎麼樣？」

「你腳張得那麼開，好像是躺在家裡沙發上看球賽似的。我在我的位子上都快擠到邊邊去了。我是說，你憑什麼可以這樣？」

他無助地聳聳壯碩的肩膀說：「小姐！我的蛋蛋太大了沒辦法啊！我的蛋蛋那麼大，總需要多點空間啊！」

我豎起一邊的眉毛說：「嗯，親愛的，我的也需要空間啊！」

肌肉男笑了。「我欣賞你喔，小姐，妳還挺敢的嘛！」他併攏膝蓋，直到雙膝都正面朝前為止。我再次放鬆我的雙腿。「男人的睪丸到底有什麼了不起？」我心想。「男人把蛋蛋當成明星一樣對待，而他們的大腿就好像是保鑣般，把每個人都撥到一旁。」（讓路！讓路！讓他們喘口氣好嗎？）從解剖學的觀點來看，睪丸就像是知名的歐森雙胞胎姊妹花——只不過睪丸的毛髮更整齊。我有另外一個笑點了。

「我要什麼時候才能聽到妳的笑話啊？」麥特在幾天後問。我們剛在最喜歡的法國小酒館吃完晚餐，正晃著牽起來的手一路散步回他的公寓。

「表演的時候啊。」我曾想過要對麥特試試看我的笑話，但卻一直想起去年我寫的一篇文章。我打算把這篇文章投稿到報社的讀者意見專欄，就請麥特先幫我潤稿。我交給他的文章是一千八百字，他還我的時候刪掉了六百字。他刪動的幅度大到我都找不到自己原本敘述的思路了，根本不知道要如何修改。我也失去勇氣，不敢寄出我早先的文章版本。

他放開我的手，停在人行道中間。「什麼？我不能先聽喔？」他看起來真的很受傷，我就心軟了。

我開始講起我排好的劇本：「情色女星珍娜・詹姆森今年生了雙胞胎。這讓我想起了我最近在八卦雜誌《In Touch》中看到的一篇報導，是名人刺青專題。珍娜坦承她有一次差點就在手腕上刺了一個Hello Kitty的刺青，但是她決定不要，因為她心想：『我要怎麼跟我的孫子解釋啊？』」我停頓了一會兒。「真的是這樣嗎？那是你唯一該擔心的不知如何向孫子解釋的事嗎？」我期待地看著麥特。

他沒笑還畏縮了一下。

「拜託！那是我最好笑的笑話了耶！」

幾秒後他說：「也許妳可以講慢一點？」

「算了！不講笑話給你聽了。」

那天晚上睡覺前，我吞了一顆安眠藥後決定要再吃半顆。隨著比賽越來越近，我的安眠藥量也開始緩慢遞增。我睡不飽的話會昏昏沉沉，沒辦法寫劇本或任何文章。此外，我也在做登山的訓練，如果身體疲憊的話也沒辦法運動。這是個矛盾的難題：我必須要為爬吉力馬札羅山做準備，我沒辦法不吃安眠藥，但是要去爬吉力馬札羅山之前我又得停藥。我放一顆安眠藥在廚房的流理台上，把刀子擺在藥的中間。我往下一切時，其中一半彈到地板上。**「可惡！現在連藥都要跟我耍賴了是嗎？」**這應該是個徵兆，顯示連安眠藥都不希望我吃它們。不過，我拿出手電筒跪了下來，頭一邊抵著地板，手一邊來回照著。我體內那個成癮的我不願意浪費那珍貴的半顆安眠藥。最後終於找到了，它躺在冰箱下滿是灰塵的一團軟麻布上。我吹了一下，稍微沖洗後就吞進口中。頭往後仰吞藥時，發現我的小鸚鵡正往下盯著我看。

「我知道這看起來很不像話。」我說。

我被麥特先前的反應嚇到了，所以拖到離比賽只剩一個禮拜才開始排練劇本。我甚至連自己一個人在公寓裡都無法大聲地說出台詞。我想，這應該也沒什麼好訝異的。拖延一直都是恐懼的懶惰親戚。「只要做某件事會感到焦慮，我們就會拖延不做，像是報稅、做個不確定自己能否應付的計畫、或是不得不面對的深談。」包柏醫生曾經告訴我。「妳永遠都不會覺得自己已經準備好了。妳必須現在就去做，就算妳覺得還沒準備好也一樣。」

既然我知道這兩者有關聯，每當我發現自己開始拖延某事時，我就找方法來讓這件恐怖的事情變得沒那麼恐怖。如果我寫不出東西，我就會抄寫幾本喜歡的書裡的段落，直到有靈感為止。有時候從別人說過的話開始著眼是很有用的，所以我就向我最喜愛的喜劇演員吉姆．加菲根求助。我戴上耳機，在iPod裡放入他的喜劇秀。從床邊的桌子上抓了我的髮梳，站在鏡子前。表演吉姆的劇本比較沒那麼有威脅性，因為我不會去評判裡面的內容。

「只有我覺得天堂有大門很奇怪嗎？大門耶?!」我跟著吉姆複誦，模仿他表示懷疑的語調。「到底天堂附近都住什麼樣的人啊？你死掉後會去一個有大門的社區？真的有必要設大門嗎？他們可能是這樣想的：『嗯，有很多小孩會溜進來使用游泳池啊，要蓋這些大門也不容易耶。我們還得去地獄找個承包商耶，很麻煩呢。』」

我全然放鬆後試了幾次我的第一個笑話劇本，聲音聽起來既尖銳又沒信心。愛莉諾一開始公開演講時也有這個問題，她的聲音從一開始演講就很高，內心越不自在，聲音也會越高。她沒用強而有力的語調說明論點，反而用緊張的傻笑聲帶過。一位聲音表達教練教她在演講時要降低音調。高尖的語調會讓人覺得焦慮和刺耳，而溫暖低沉的語調會傳達冷靜和權威感。

我清清喉嚨，又重複了一次劇本內容，用更低、更輕鬆的語調。好多了。我拿出我用來採訪名人的數位錄音機，從頭到尾表演了一次全長六分鐘的脫口秀。接著放出來聽。我倉卒聽完所有台詞，彷彿想要儘快解決，離得越遠越好。

我打給馬克・安東尼・拉密雷，他是主辦比賽的人指派給我的喜劇大師。每位記者都會和一位專業的喜劇演員搭檔，他們會指導我們任何跟單人脫口秀有關的問題。馬克在紐約每間大的喜劇俱樂部都表演過，所以我相信他的判斷。

「單人脫口秀最重要的元素就是在舞台上展現自信。」馬克說。

「但是我就是在舞台上沒自信啊！」

「那就假裝妳有啊，妳要一直假裝直到妳真的有自信為止。只要觀眾一察覺到妳沒自信，妳就失去觀眾了。」

「也許他們會出於同情笑得更大聲？」我滿懷希望地問。

「如果表演者緊張的話，觀眾就會為他緊張。人只有在感到自在時才會笑，而且人只會在某人展現出鎮定的氛圍時才感到自在。」

「所以在舞台上嚇到剉屎是行不通的囉？」

他咯咯笑著說：「妳一定會表現得很好的。喔，記住一定要把台詞背得滾瓜爛熟，因為上台時會耗費許多腦力，妳的腦袋可能會暫時一片空白。」

一片空白？那正是我公開演講的強項啊。單人喜劇是公開演講中最難的一種，因為這不只是走上舞台把論點流暢地說出來就好。表演單人脫口秀時，你必須盡可能用最少的話語來帶出笑話的重點，否則觀眾會失去耐心。你的整套劇本必須要機智俐落，忘記一句台詞或是忘記一個字，都可能會毀了笑話的點。六分鐘的劇本要背的東西非常多。馬克叫我在電話中讀我的整套劇本給他聽。

「我必須跟妳說，」我唸完時，他說。「在過去幾年，所有參加過這個比賽的人當中，妳的劇本是目前為止我看過最黃、最可能引起敵對態度的。這有點危險啊，希望你可以製造出妳要的效果。」

我大聲敲門，希望麥特能在吵雜的電視聲中聽到（電視的聲音大到我在走廊就能聽見了）。麥特穿著上面印著小鬥牛犬的四角褲打開公寓的門，還戴著只有在週末放鬆時才會戴的金屬邊框眼鏡。

「嗨！我以為妳在家裡彩排演出耶！」他開始露出擔憂的表情了。「寶貝，妳還好嗎？妳看起來有點……過勞耶。」

我強迫自己嘴角擠出一個微笑。「我沒事！」我的笑容有點太過燦爛了。「只是有個想法想跟你說。」

麥特是我認識的人當中最理性的。如果我的良知以人形出現，還有一頭可笑的茂密頭髮的話，看起來就會像麥特。如果我讓麥特也支持我的計畫，那麼我就可以說服自己這樣做是合理的。

「每個人都迫不及待要看你明晚的演出呢。」我一屁股坐在他的沙發上時，麥特說。「我們要什麼時候到才佔得到好位子？」

「乾脆別來了？」我心想。「可以不來嗎？」我先撇下這問題，開口問：「我有沒有跟你說過我何時決定要成為作家的？」

他搖搖頭。

「我高一時上英文課，有天上的是諷刺文體。老師叫我們兩兩一組，一起寫出自己的諷刺體文章。我的搭檔強恩是班上的開心果，他忙著晃來晃去，結果整篇文章都是我在寫。到朗誦時間的時候，強恩讀了一半，我讀另一半。大家在強恩唸的時候笑得差點從椅子上跌下來，但我唸的時候大家卻完全沒反應。莎士比亞說得沒錯：整個世界是個舞台，不過有些人天生就是要當表演者，而有些人天生就是要當作家的。從那時起我就知道我要當作家了。」

麥特懷疑地盯著我看。「妳講這個的意思是要？」

「我只是……」我逃避他的目光。「他們從不讓我在學校戲劇裡演出卻把我塞在後面的合唱團中，這是有原因的，當然這不是因為我夠高。我在電視上不好看也是有原因的。我早就知道自己不是個優秀的表演者，為什麼我還要站上舞台表演給其他人看呢？這樣又有什麼意義？也許這個計畫的重點是讓我明白我無法克服所有的恐懼，但是卻能接受自己的缺點？」

他的表情軟化了。「寶貝……」

「愛莉諾甚至說過一句話。」我從後面口袋拿出一張紙讀著：「『對於我們每個人來說，**最困難的事也許就是清楚說出：我是有極限的。有一次，我就曾經因為缺乏經驗，個人能力又不足，無法完成工作。**』所以你看，我認為愛莉諾也站在我這邊……拜託，你電視也開得太大聲了吧？」我邊說邊轉向放在我們對面的電視。我抓起遙控器，手指一陣亂按，想按下電源開關鈕。電視螢幕卻在這時變成一片雪花，傳來陣陣靜電的吱吱聲。「吼！快點關掉！」

麥特溫柔地從我手中拿走遙控器。他按了個按鈕就關掉電視，房間頓時安靜下來。眼淚湧上我的眼眶，麥特在我眼中變成了不斷旋轉的萬花筒。「我不想表演了！」

「親愛的，我知道要上台很可怕。」他伸手過來。我倒在他懷裡，讓他抱著我放聲痛哭。我泣不成聲，抽噎得喘不過氣。

「我今年面對的挑戰還不過多嗎？」我啜泣著說。「我冒這麼多險還不夠丟臉嗎？難道我就不能保有最後的一絲尊嚴嗎？我已經精疲力盡了，麥特。我受夠時時都得擔驚受怕的日子了。」

「我知道妳承受的已經夠多了，寶貝，但扭曲愛莉諾說的話並不能讓妳逃避面對恐懼，只有妳自己才行。不過，我個人認為妳不應該逃避。想想妳今年到目前為止做過的那些恐怖事情，這些事有妳原本想的那麼恐怖嗎？」

我抽了抽鼻子、擦擦眼淚說：「沒有啊。」

「事實上，妳還挺喜歡的沒錯吧？妳不是才跟我說，除了籠中觀鯊外，其他挑戰妳都願意再試一次？」

「對啊。」我心不甘情不願地承認，看來我得認命了。

麥特低頭對著我笑，輕撫我的背。「我對妳有信心啊，寶貝。妳不是去試了高空跳傘？上台不可能比高空跳傘恐怖的。」

「就是有可能啊。」我抵著他的胸膛咕噥地說。「高空跳傘你頂多死一次而已。」

「連環漫畫現場俱樂部」擠身在滿是熟食店和酒吧的上東區。休息室的牆壁上掛滿了加框的黑白大頭照，全都是在這裡表演過的喜劇明星。我走進來時看到的有：傑瑞・史菲德、艾迪・墨菲、克里斯・洛克還有喬治・卡林。

儘管紐約的酒吧早在幾年前就已經禁煙，主廳聞起來還是有淡淡的煙味。在前方，一圈燈光打在舞台上像個靶心。這圈燈光的範圍小得讓我訝異，打光的落腳處可能只有一百五十公分寬。除了舞台後方的條狀假紅磚牆外，整間酒吧都漆成了深紅色。「**這樣牆上有血你也看不見。**」我心想。

當天稍早的時候，我問了大學時代做過即興喜劇表演的克里斯有沒有什麼最後一刻的建議。「如果來的人不多，你上台時就問觀眾：『嘿！是誰帶了這麼多張椅子來啊？』」克里斯的這句台詞我肯定派不上用場。現場大約來了兩百人，許多張方形桌子旁擠滿了人。

當天晚上有十位表演者，全部都在平面媒體或是電視新聞業工作。我們全被趕進旁邊的小邊間，和觀眾隔開。我向其他人介紹自己後，找了個安靜的角落，在一張紅色的皮椅上坐了下來，準備在腦海中把台詞順過一遍。我對時間的消逝感到又愛又恨。每過一分鐘，我就離我生平最大的恐懼越來越近，但是也離恐懼的結束越來越近。

在俱樂部裡昏暗的燈光下，我看到麥特和大約三十位我的朋友佔據了角落的位置。我以前的工作同事、大學時的死黨、麥特的大學死黨、當然還有克里斯、潔西卡和比爾，全都來了。看到他們全都來這裡支持我讓我很感動，眼淚差點就奪眶而出。同時間，我的心跳也加快了。我知道萬一我搞砸了，看到的全是熟人，而不是一輩子都不會再見的陌生人。

一位身材魁梧、身穿黑色皮夾克、戴著棒球帽和小金圈耳環的拉丁裔男子走了過來，伸出他的手。

「諾艾兒嗎?馬克，很高興見到你們倆。對了，妳是三號喔。」

「很好，這樣我很快就可以結束了。」我邊說邊傳簡訊給麥特，告知他我的號碼，這樣他才知道我何時要上場。「我不知道我為什麼這麼緊張。只不過是我人生中的六分鐘而已嘛，對吧？」

「事實上，是五分鐘。」馬克說。

正在用黑莓機打字的我突然抬起頭看他。「什麼？」

「嗯，真是不好意思啊。顯然我跟妳說六分鐘是搞錯了。司儀剛才跟我說你們的上台時間只有五分鐘。」

我有那麼一瞬間鬆了一口氣，又可以少站在舞台上一分鐘了。接著我意識到少這一分鐘意味著什麼。

馬克彷彿讀出了我的心思：「妳得刪掉台詞裡的兩個笑點。要不要來杯酒啊？」

我沉默地搖搖頭，無法說出半句話。我的心跳加速了，整個劇本是經過仔細架構的，笑點和笑點間銜接得天衣無縫，我花了一整個禮拜才記熟。刪掉兩個笑點會讓整個劇本亂了套。我把手伸進包包，拿出我用電腦紙整齊地打好的三張稿紙。我快速瀏覽，瘋狂地翻閱稿紙。我可以走安全路線，刪掉兩個最粗俗的笑點。這樣至少我不用擔心冒犯到觀眾。

「誰有筆借我一下？」我絕望地大喊。

一位經過的女服務生從圍裙裡抽出一支藍筆遞給我。她注意到我驚慌失措的表情，說：「美女，筆不用還了。」

我打算刪掉粗俗笑點的其中一行，但是當我的筆尖碰觸到紙張時卻下不了手。即使這樣做很危險，這些笑點卻最有可能帶來最大的笑聲。趁我還沒失去勇氣前，我翻到下一頁，刪掉了嬰兒恐怖份子和地鐵上坐我旁邊雙腿大張的男人這兩個笑點。

司儀是一位三十多歲可愛的黑髮男子，有著不易察覺的布魯克林口音。他站上舞台暖場了，而我瘋了似地草草寫下新的銜接句，以填補刪除笑點所遺留下來的空檔。幾分鐘後，他介紹了第一位表演者，是一位《紐約郵報》的政治記者。他的開場白是：「我是一位天主教徒、也是力挺共和黨的西印度群島黑人。這裡有沒有人和我一樣啊？」全場靜默。「嗯，我也覺得應該沒有。」觀眾捧腹大笑。

我努力練習我的劇本，但只說了開場白就停頓了。我的老天啊，我都還沒上台就已經腦袋一片空白！我在手中緊緊抓著劇本，紙張都被我抓縐了。這幾張紙是我最後的安全網。如果我拿著稿子上台唸出來，肯定不會有什麼令人尷尬的大錯。但我這樣做的話基本上也就失去得獎資格了，其他人都是背好稿上台的，如果我帶稿就不可能得名。一位CNN的製作人現在在台上了，她講的時候幾乎是面無表情，開場的時候她說：「我可以問你們一個問題嗎？一邊狼吞虎嚥披薩和冰淇淋，一邊看《減肥達人》，這樣有錯嗎？」她的劇本不斷讓觀眾發笑，但我幾乎聽不見笑聲，因為我只聽見自己的呼吸越來越喘也越來越大聲。

馬克從吧台回來大口喝著啤酒，也友善地碰了我的手臂一下。「下一個換妳啊，孩子。」

包柏醫生曾經說過，動物和人類覺得脆弱危險時腎上腺素會上衝。腎上腺素是一種表現的強化劑，讓我們有能量去全心投入、堅持下去，或是讓我們逃跑。我們的回應就是大家所熟知的

「或戰或逃反應」。我選擇了逃跑。

「我沒辦法上台。」我低聲對馬克說。「我還沒準備好。」

他盯著我看了一會兒，手撫著他的山羊鬍。「好，我想我可以把妳的順序往後移，幫妳爭取多一點時間準備。」

「幫我往後移，拜託。」他快步離開去提醒司儀。

在選擇戰鬥或逃跑的那一刻，你的身體會把胃裡的血液引導到當下最需要血液的肌肉。血液從胃中抽離會產生一種顫動感，也就是我們所說的「緊張得像胃裡有蝴蝶」。消化功能會暫時停止，因此會導致拉肚子。也就是說，我現在非常需要去洗手間。

司儀宣佈《早安美國》的記者是第三位表演者時，麥特從房間另一端困惑地看著我。

「怎麼了？」他做出嘴形說。

我搖搖頭，彷彿在說「我現在不想談這個」，然後就撇開視線。馬克幾分鐘後回來了。

「要不要下一個上場啊？」

我舉起手掌說：「我還沒準備好。」十分鐘後他又再問了一次。

我依舊看著稿子，連頭都沒抬地說：「還沒好。」

「諾艾兒，妳看著我。」他語氣嚴厲，但我抬起頭看到他的表情是和藹的。「我可以把妳往後移到第七位，但就到此為止。相信我，妳永遠都不會覺得自己已經準備好了，妳站上台去大膽一試就對了。」

下一個上場的是一位獨立發行雜誌作家，她戴著粉紅色的搖滾明星假髮，大步走上舞台。她穿著小矮人的衣服，同時又穿無肩帶的亮片洋裝。她在舞台上蹦蹦跳跳，對觀眾發出一陣低吟：

「扣、扣、扣？」

「是誰在敲門啊？」

「是憤怒牛。」

「哪個憤怒牛啊？」

「是哞——夫啦！」

這還是其中比較好的了。觀眾像石頭般靜默地坐著，偶爾間雜著幾聲沉重的嘆息。我深呼吸來緩和心跳。我記得包柏醫生曾經說過，十三世紀的詩人魯米寫過一首詩叫〈客棧〉。在這首詩中，魯米建議我們把情緒當成是未知會就出現的客人。不論是誰出現——開心、悲傷或沮喪，都要迎進門款待，因為我們可以從他們身上學到很多。

「把你的恐懼想成是一位沒通知就上門的客人。邀請恐懼進來，傾聽他說的話。不論他發了多少的牢騷，最後你會發現，你可以不去理會，讓他自顧自地講，你就繼續做你當天該做的事。接受他，對他和顏悅色。如果你和恐懼做朋友，你就不會介意他出現在你家門前。你甚至可能會期待他的造訪。」

所以我就邀請恐懼進門了，我在他發牢騷抱怨時耐心聆聽。「萬一你忘記要說什麼呢？你會看起來像個笨蛋！你所有的朋友都會為你而感到尷尬。他們會可憐你。萬一老一輩的人不喜歡你的黃色笑話怎麼辦？萬一你講太快，或是麥克風拿不好大家都聽不見，該怎麼辦？你想想，你根本從沒拿過麥克風！」

「任何事情都有可能發生。」我冷靜地回應。「但是我覺得應該會沒事，而且通常也都是這樣。如果真的很糟，至少有一天這會是個可以拿來講的好故事。」

很快我就發現恐懼不斷在重複講過的話。一開始我以為有很多要怕的，但他只是不斷將同樣的擔憂換句話說。我不再覺得驚慌失措，我放鬆了。我甚至可以當作沒聽到他在講什麼，就跟包柏醫生之前說的一樣。恐懼會讓人覺得無趣，十五分鐘後，他靜了下來，我甚至沒聽見他溜出門外。我知道恐懼會再回來，一樣會沒通知就上門，也許一輩子都會這樣。但是今年花了那麼多時間和他相處後，我對他已經有更深入的了解了。

突然間，就輪到我了。司儀宣佈：「她是一位自由撰稿作家，文章刊登在《滾石》、《格言》和《美國週刊》等雜誌。讓我們用熱烈的掌聲歡迎諾艾兒・漢考克……」

馬克拍了拍我的背。「去台上風靡全場吧！」

我把稿紙折好，塞進後面的口袋，笨拙地彎來繞去走向俱樂部的前面，還得側身擠過桌子。麥特和我對看，朝我比了一個拇指向上的手勢。克里斯和潔西卡熱情地揮著手，臉上掛著大大的笑容。

比爾大喊：「妳一定行的，諾艾兒！」

我站上舞台時，發現聚光燈刺眼的光亮讓我的朋友和其他大部分的觀眾沒入黑暗之中。我只看得到坐在幾呎遠前兩排位子上的人，這些大部分都是參賽者六十多歲的父母。很多人的臉色看起來都很疲憊，一隻手貼著臉頰，用手肘撐在桌子上。幾個大學兄弟會的傢伙往後斜靠在黑色的木椅上，手臂交叉在胸前。

我把麥克風拿在下巴底下，努力讓自己看起來有自信。「大家還喜歡今天的天氣嗎？」絕對的安靜籠罩全場，觀眾已經厭倦互動了。粉紅色假髮女孩的問題已經耗盡了他們的精力。最後終於有個可能是麥特的人，給了肯定的歡呼。

「我也是。」我繼續輕快地說。「我喜歡秋天，因為我討厭蜜蜂。秋天是蜜蜂活動的淡季。在春天和夏天，你永遠不知道什麼時候會有人轉頭對你說：『不要動！你頭上有蜜蜂！我是說真的，不要動！』」我做了一個困惑的表情。「不要動？嗯，你到底是站在哪一邊啊？你是想叫我保持不動，好讓蜜蜂可以找條清楚的血管來下手？」觀眾大笑。我受到鼓舞、勇氣倍增，繼續往下說。

「你曾經好奇過是誰發現蜂蜜的嗎？我就想過。因為我想見見這個仔細查看蜂窩後，心裡這樣想的男人：『你不覺得這是個好點子嗎？你看到那裡的危險昆蟲沒？我要闖進牠們家，偷走他們所有的屎玩意兒❹！』這就跟闖進『拉丁國王黑幫』的總部一樣嘛！」我本來有點擔心不是每個人都聽過這個街頭幫派，但這個笑點成功讓觀眾哄堂大笑了。「蜜蜂其實就是小型的幫派份子，不是嗎？總是成群出沒，身上還帶著武器。蜜蜂甚至沒有屁股，原本該是屁股的地方變成短劍。這武器還是內建的！所以別叫我『不要動』了，因為那可不只是蜜蜂刺而已，那已經是他媽的『歹徒駕車開槍殺人事件』了！」

在眾人的歡呼喝采中，我聽見克里斯爽朗有力的笑聲。我停頓了一會兒，靜靜數到三，馬克說這是告知觀眾我要改變話題的另一種方法。

我深深吸了一口氣，心想，不知道接下來講的笑點會不會冒犯大家。「嗯，我不喜歡幫人口交……」

笑聲像強風般席捲而來，害我都還沒講到關鍵笑點就得先停一會兒，我吃驚得幾乎要往後退一步。這笑聲的氛圍融合了男人的驚訝和女人欽佩的認同。全場安靜下來之後，我繼續往下說：

「我不喜歡幫人口交，就跟我不喜歡人家一股腦地嘔吐在我嘴裡一樣。」

這次的回應更是熱烈，全場的人似乎像波浪般動搖著，我驚訝地發現觀眾人數好像多了一倍。我把手扠在腰上，朝向觀眾得意地揚起一邊的嘴角，大家高聲歡呼表示認同。我往下瞥向第一排的座位，笑容有些動搖。底下的父母親都對著我皺眉，其中一個還嫌惡地朝我做鬼臉。我在蜜蜂的笑點後就已經不得他們的心了。「別在意！」我對自己告誡道。

「女孩一開始想做愛是因為口交，是吧？口交對我們來說就好比是性愛世界的大門。」我往前傾向麥克風，彷彿把當它成陰莖，還用一隻手把我的頭髮往後撥。「但是大約到了第三個男人時，我們就會停下來對自己說：『嗯，見鬼了！我幹嘛累死自己啊！』」我一邊揮舞著麥克風繼續說：「我知道有個地方可以把這玩意兒插進去，讓我不但可以呼吸——還能順便看電視呢。」

觀眾發出嚎叫，狼嚎一般的聲音！我在舞台上踱著步子，迎合觀眾的呼喊。

「我高中的朋友和我差不多在同個時間失去童貞，因為我們都既盲從又淫蕩。」觀眾咯咯大

❹譯註：shit，還有毒品之意。

笑。「當然事後我們會討論，因為女生總是什麼都愛拿出來講嘛。我所有的朋友都說：『喔，我的天啊！好痛喔！你不覺得很痛嗎？』我記得我說：『很痛？會嗎？嗯，我點的大份外帶跟預期的不太一樣耶。』接著，我裝出後來才想到的樣子說：『啊忘了說，我叔叔的陰莖超級小的。我不覺得痛可能跟這有關喔。』」

這個亂倫笑話讓前排的觀眾倒抽了口氣發出驚喘聲，但這負面聲音很快就被全場的笑聲給淹沒了。有人愛你就有人討厭你，表演的本質就是這樣。

除了前排觀眾外，每個人都喜歡情色女星珍娜・詹姆森的笑話，我早就知道大家會喜歡。觀眾捧腹大笑時，我手伸進口袋拿出我的安全網——打好字的稿子。我收尾的笑點很長，很有可能其中一兩句會講不好。我盯著這張方形紙好一會兒，心裡掙扎著。我的表演到現在為止都完美無缺，如果我在最後看稿子，肯定剩下的部分不會講錯。我的手指開始把紙打開來。

「不！」

突然間我停下來，把那團小方形塞回我的口袋。

「最後我要講個我親身經歷最瘋狂的地鐵故事。這個故事百分之百是真的，因為這麼高潮迭起的故事我是假造不來的。有天晚上我在地鐵站等車來，列車抵達時，在我面前停下的車廂是空的。看到空車廂我早該就要想到有問題，因為在紐約不可能發生這種事情。我踏進那節車廂，裡面充滿了糞便味。」在場的紐約客發出了然於心的竊笑。「原來車廂所有座位**真的**都被抹上了糞便。」觀眾的笑聲越來越大。

我繼續說：「那時我才意識到這節車廂實際上不是空的，而是所有的乘客全都擠到另一頭了。他們緊緊貼住彼此想保住小命，所以我也加入了他們——人類排泄物大概是最能讓大家團結一致的東西了。列車行駛到下一站時，有一對穿著半正式禮服、醉得七葷八素的情侶上了車。順道一提，當時才傍晚六點耶，這麼醉是怎樣？他們打算找位子坐下來。」觀眾群裡知道故事將如何發展的人，傳來幾聲會意的哀嚎。「我們意識到即將要發生的慘案，所以大家開始放聲尖叫：『不——！別坐！』但是這對情侶喝得太醉，根本就搞不清楚發生什麼事情，於是……他們就坐在糞便上。」全場集體哀嚎，但是哀嚎聲中伴隨著笑聲。

「我們就朝這對情侶大喊啦：『快起來！不要坐在那兒！』他們含糊不清地回應：『生——摸？發——生捨摸事了？』最後，他們踉蹌地穿越走道換到另一邊的位子。因為整節車廂都弄髒了，所以他們又再次地坐在糞便上。」在座女士驚恐地尖叫，男士則是拍了手好幾次，這種拍手只有在聽到別人的丟臉故事聽得樂不可支時才會出現。

「到了這時基本上我們已經快抓狂了，我們大喊：『不——！也別坐那兒！快離開！』於是這對情侶在座位上往旁邊滑動，一路抹過去，又坐了五個沾有糞便的位子。說真的，除了德國A片以外，我從沒見過有人像那樣在糞便中打滾的。」大學兄弟會一群坐在前面的傢伙，聽到這句話笑得全身都在抖動。

「列車又行駛到了下一站，這對情侶下了車，身上穿著半正式禮服去參加派對，完全沒有意識到他們的禮服看起來就跟傑克森．波拉克的名畫一樣——如果傑克森作畫有糞便期的話。車廂門才一關上，所有乘客爆出一陣笑聲。基本上可以說是哄堂大笑，笑到人仰馬翻的那種，當時的景象真美。那天晚上，一群紐約的陌生人因為一件事而團結在一起。」我為了效果稍做停頓。

「那件事就是大便！」

短暫的沉默籠罩全場，接著群眾爆笑出聲。

「謝謝大家！」我在歡呼喝采聲中向觀眾喊著，把麥克風放回架上。「你們是一群很棒的聽眾！」

實在太不可思議了，突然湧上的那陣感覺是我從來沒有經歷過的。這種喜悅如此純粹、深切、乾淨，帶來嗑藥般的快感。我深深愛上了這一刻，我想要打包所有行李，搬進裡面居住。我想一輩子都待在這一刻裡。我快樂得無以復加，甚至到了討人厭的地步。還不只這樣，我覺得自己真是了不起。

我回去表演者待的小隔間時，沿路上有許多人舉手和我擊掌，還有其他表演者拍我的背表示讚賞。「嗯，比賽可以不用繼續了。」其中一個人微笑說。另一個人往前靠向我，在我耳邊說：「妳鐵定是冠軍啦！恭喜！」我回到座位時，手機已經因為朋友傳來的滿滿簡訊而叫個不停。

克里斯：「喔麥尬！妳真是風靡全場啦！」

潔西卡：「我原諒妳刪掉嬰兒恐怖分子的笑點。因為說真的，妳實在『棒呆了！』妳在台上看起來好從容，妳的表演真是無懈可擊！」

比爾：「呃，我崇拜妳。附帶一提，那個紅粉佳人和侏儒妖的後代上台時，我真的覺得超噁心的。媽的搞什麼？只是來折磨大家的。」

但我最喜歡的一則簡訊是麥特傳來的，他寫道：「那是我見妳做過最棒的事！或許也可說是我有史以來見過最棒的事！妳可以成為一位真正的脫口秀喜劇演員喔，表現得實在太好了。如果妳不是冠軍的話，我就放火把這地方燒了！」

接下來的三場表演我依舊是止不住地眉開眼笑，不過我根本沒在聽。我的老天啊，沒想到我會得第一名，真是難以置信！這會是除了進耶魯以外，我最值得驕傲的成就。我在腦中快速地演練得獎感言，能夠在公開場合感謝麥特、克里斯、潔西卡還有比爾實在是太棒了。也許我甚至該感謝愛莉諾。我要簡短地說一下我的克服恐懼計畫，以及我如何推託不想面對這次的表演，因為這對我來說是最可怕的挑戰，接著講幾句話收尾，最後要講「夢想真的會實現！」

最後一位表演場下台後，司儀站上舞台了。「接下來，我們要宣佈二〇〇九年紐約最好笑記者比賽得獎名單。」他說。我的胃因為興奮和緊張的等待而糾結成一團。

「第三名是……」司儀宣佈得獎者是《早安美國》的記者，他亮出漂亮的笑容對觀眾揮手。

「第二名是……」

這種情況相當罕見，不過我這一輩子曾有幾次預知會發生什麼事。不是猜測，而是確定。突然間我知道自己不是第一名，我百分百肯定他們會宣佈我是第二名，我甚至在腦海中和他們一起默唸出我的名字。

「諾艾兒・漢考克！」

即使我早就知道會是第二名，一股刺痛的失望感還是席捲而來，彷彿連身體內部都因羞愧而發紅。我的朋友遲疑地鼓掌，不確定該不該為我得第二名而喝采，他們本來都認定我一定會是冠軍。我臉上展現了大大的笑容，但喉頭卻陣陣作痛，努力想壓抑自己的情緒。我的眼睛一陣灼熱。「不准哭！」我責備自己。

最後宣佈的冠軍是那位面無表情的CNN記者。她看起來一點都不驚訝自己得第一名，上台時似乎也一點都不在意。她接過獎項，隨意說了一句：「謝謝大家！」下台前她說：「我們給其他記者來點掌聲吧！你們都很棒！」表演就此結束。麥特和我的朋友在俱樂部的另一端，我緩慢地走向他們，努力想在和大會合前振作起來。還好司儀在途中把我攔下來，他帶著我和另外兩位得獎者去舞台上拍了十分鐘的照。之後，我回過頭去看這些照片，驚訝地發現一張臉上竟然可以同時出現如此衝突的兩種表情：我的嘴角咧成一個大微笑，眼神卻很氣餒，眼睛還因為強忍的淚水而閃閃發光。拍完照時我走下舞台，潔西卡用力地抱住了我。

「就這樣拿走妳的冠軍寶座根本就是搶劫嘛！」她說。「很抱歉我得走了，我明天要搭早班飛機，都還沒打包呢。」潔西卡又有出人意料之外之舉，她打算去阿根廷自助旅行兩個禮拜。

「謝謝妳來看我表演！現在趕快給我回家，你這個死嬉皮！」我努力用輕鬆活潑的語氣說話，但是我的聲音太有精神了。人們想要隱藏自己的失望時，就會用這種過度有活力的語調。

後來麥特走到我身邊，一點都沒掩飾他的心情。他的表情相當義憤填膺。「頒那什麼爛獎！」他說。「我真不敢相信第一名竟然不是頒給妳。」接著他又開心地說：「我都還忘不了妳在台上表現得有多好！」他用手臂環繞著我，雙手合攏放在我下背處。「親愛的，妳好有自信，就好像在自家主場一樣。我從沒見過這麼棒的表演。」

他說這句話的時候，我才意識到自己有多麼離譜可笑。我今晚一開始來這裡的目標只求不要忘詞，但突然間我的標準卻提高到非得完美不可。就因為這樣，本來應該開心慶祝的事情，反而製造出了失望。這個習慣我去年一直想要戒掉。就在當下，我下定決心要釋放掉我的失望，拒絕當一個總是讓自己不快樂的人，畢竟人生已經有太多真正的不幸讓我們煩心了。我心中想著這個念頭，吐出一口氣讓失望從我口中流洩出去、脫離我的身體。我很訝異地發現失望輕易地就消退了。留下來的不是我稍早體會到令人暈眩的喜悅，而是某種更成熟的情緒，一股深沉、美好的滿足感沉澱在我的骨子裡。我明白了為何這次的挑戰不同於我其他的恐懼。高空跳傘、開戰鬥機、籠中觀鯊等，都是我**不想做**的事情，讓群眾整整五分鐘都很歡樂卻是我想做的事，只不過我之前一直不相信自己**辦得到**。

當天晚上我開心又滿肚子油膩食物地躺在床上，腦海中不斷地重複播放那五分鐘。我一直熬夜到凌晨五點才睡，不是因為失眠，而是希望這個夜晚不要結束。

Chapter 14

大部分的恐懼都是來自於『未知』。

——愛莉諾．羅斯福

我這輩子都在擔心死亡。小時候每晚上床睡覺，我都覺得自己會被謀殺。我看了太多集的《全球未解之迷》，認為世界上充斥著想要殺我的人。要下手的話，有什麼時機比趁人熟睡出其不意襲擊更好？因此，我養成了冗長的睡前儀式。我會檢查窗戶上的鎖、搜索衣櫃看看有沒有殺手躲在裡面，不過躲在衣櫃也太明顯了，所以我還會查看洗衣籃。其實任何個頭小到可以躲進洗衣籃的人應該都構不上什麼威脅，但想想出其不意這幾個字，任何事情都有可能發生。

即便長大後，我還是會想像自己曲折離奇地死亡。我會在搭電梯時碰上地震，纜線啪一聲斷掉，讓我一路墜落到地下室。我懶洋洋地躺在海面上時，感覺有人拉我手臂，我回頭查看卻空無一人，這時鯊魚會突然冒出水面一口把我吃掉。事情發生時我會有充分的時間體會整個恐懼的過程，但不會有時間說再見，也不會有時間叫某個人丟掉我的震動按摩器，這樣爸媽才不會在我的遺物中發現我有這玩意兒。

我的恐懼跟有沒有下一代無關，而是跟死亡本身有關。所有恐懼都源自於死亡，包柏醫生解釋。「最強烈的本能就是生存。演化把恐懼設定在基因中，好讓我們能夠存活。」我認為如果不去面對自己對死亡的恐懼，對恐懼本身來說是不公平的。事實上，去殯儀館工作的想法來自於包柏醫生。

「我覺得妳已經面對了這輩子想像過的死亡場景，幾乎是能做的妳都做了。」他說。「妳和鯊魚一起游過泳，還從飛機上跳下來。現在也許是時候去試點不一樣的了。妳可能需要親眼去看看一些死人，也就是說，去看看死亡是怎麼一回事。」

他建議我不要像其他挑戰只去一天，必須確實花些時間和這種恐懼相處，至少要好幾天才行。這樣一來，我就不能夠裝瘋賣傻等事情結束，而是得實際讓自己適應那個場合。從屍體進到殯儀館到家屬在葬禮上為逝去的親人悲痛，我會看到過程中的每個階段。包柏醫生說這是一種**「情境暴露療法」**。

「周遭環繞著死者，會讓妳明白死亡其實沒什麼好怕的。」包柏醫生說：「也會提醒妳要好好活著。」

經營這間殯儀館的是一個叫做泰瑞的男人。我是透過朋友的媽媽認識他的，那朋友的媽媽是殯葬業者，曾經在幾年前和泰瑞一起工作過，後來泰瑞在這個俄亥俄州小鎮開了自己的殯儀館。我向他解釋這計畫時，他說歡迎我和他一起工作一個禮拜。

這間殯儀館實際上看起來就跟一般人家沒兩樣，是一棟兩層樓的紅磚屋，上面那層有放著搖椅的陽台，到前門的沿路上都種滿鮮豔的花朵。有個招牌上面寫著「請進」，我打開門時裡面響起一陣輕柔的叮咚聲。我踏進了像是用餐間的地方，裡面放了各式各樣的黃銅燈，還有紅色帷幔的窗簾垂墜在窗邊，很有皇家的氣勢。房間的中央放了一張光滑的長方形桌子，旁邊放著搭配的木椅。一般家庭通常會在特殊節日聚在這樣的桌旁，只不過在這裡永遠都會少一個人。辦公室的門打開了，一位戴著金屬邊框眼鏡、看起來很令人愉悅的男子大步走出來。

「妳一定是諾艾兒吧！」這位一定就是殯儀館的老闆泰瑞。他很高但卻是有顯著的梨形身材，彷彿上半部和下半部的身體是來自不同的兩個人。他在電話中告訴我他三十八歲，但他髮色漸灰，臉蛋卻像小男孩，所以看起來同時比實際年齡老，又比實際年齡年輕。這種效果真的是非常惹人喜愛。

「謝謝你讓我這禮拜來幫忙。」我握著他的手說。

「我堅信人一定要面對自己的恐懼，也覺得教育大眾讓他們了解殯葬業很重要，所以妳這禮拜會看到所有這行業的程序。讓我先帶妳看看環境。」

我覺得自己好像即將踏入鬼屋，任何一間房裡搞不好都躲著一具屍體。他領著我穿過一個離用餐間不遠的小設備間，我們停在一扇關著的門前。

「這間是我們的準備室。」他伸手去握門把時說：「是用來做屍體防腐還有下葬前的準備。」他打開一盞日光燈，我鼓起勇氣準備迎接毛骨悚然的那一刻。但是這裡看起來還比較像一般的實驗室，連瘋狂科學家的實驗室都稱不上。牆壁邊排滿裝著各種儀器和化學藥品的櫃子，五張不鏽鋼桌子全都是空的。

「這週末沒什麼生意，所以今天這裡沒有屍體也沒有儀式要舉行。」他解釋完帶我到門廳旁的另一個房間。「看就知道，這間是我們的棺木展示室。」幾具閃閃發光的棺木頭尾相連地擺在一起，好比代理商展示新車一般，棺蓋還像車蓋一樣地撐開。棺木綢緞內裡和蓬鬆的枕頭耐心地等待著他們下一位顧客。

他帶我上樓，階梯全都鋪著跟一樓一樣的花式地毯，以確保每個人在這都能放輕腳步。二樓有個舉行禮拜儀式的小教堂，還有個起居室，放滿了寧靜粉蠟藍和奶油色的高背扶手椅和硬沙發。殯儀館的音響系統正在輕柔地播放著〈奇異恩典〉，我發現這張CD每一首都是〈奇異恩典〉，每個版本都用不同的樂器演奏，有鋼琴、小提琴、豎琴等，無限循環地播放。這是今天到目前為止最讓人害怕的地方。

我從大方美觀的寫字桌上拿了一本上面寫《面對死亡》的小冊子。

「泰瑞，你在樓上嗎？」有個聲音從樓下傳來，接著是上樓的腳步聲。「我要去火葬場……喔，不好意思。」一位有著凌亂褐髮的年輕人蹦蹦跳跳地走進房間，看到我馬上就定住了。他和泰瑞一樣穿著黑色的寬鬆長褲和一件有釦子的白色襯衫，不過沒穿毛線背心也沒繫領帶。

「諾艾兒，這位是我的實習生。」泰瑞說。「盧卡斯，這位年輕小姐這禮拜會來幫我們，她想要克服自己對死亡的恐懼。」

「酷！」他傻傻地對我微笑，在鼻梁上推了推自己六〇年代風格的眼鏡。「嘿，我正要送遺體去火化，要不要跟啊？」

我不想，儘管我應該要跟去才算符合此行的目的。我就只是看著泰瑞，而他對我們揮揮手說：「你們兩個好好玩啊！」

盧卡斯帶著我從後門出去，走到殯儀館後方一個停了六台車的車庫。車庫裡停滿了黑色的禮車及霧灰色的靈車。盧卡斯穿過車子走到遺體冰庫，這冰庫跟一般的冰箱高度一樣，但是卻有兩百一十公分深。他抓住鋼鐵門把，停頓了一下，回頭不確定地看著我。

「妳應該不會……昏倒吧？」

「我不確定。」我誠實地回答。為了得到他的認同，我還說：「我去過兩次開棺的葬禮喔。」

他聽到我說的話後體諒地點點頭，覺得應該沒問題就拉開了冰庫的門。我全身緊繃，完全不知道會看到什麼景象。盧卡斯滑出了一具躺在輪床上的遺體，動作就像烘焙時拉出一盤糖果看看做好了沒一樣。

「這位是丹柏利先生。」

我吐出一口氣，內心放鬆了下來。這具遺體覆蓋著床單，只有一雙腳露在床單外。腳的顏色正常得令人驚訝，比較像是成熟的蜜桃色，而不是我們一般認為的灰色。盧卡斯手伸進床單，抬起這男人的手指頭。

「有沒有看到手指都變紫了？」他問。「這是屍體腐爛過程的開始。」

我站在那裡看著這位死者浮現斑點的手指，感覺到胃在翻攪。還好盧卡斯沒把床單拉掉，而是把輪床推向貨車。盧卡斯個頭小，只有一六八公分高，卻輕易地就把輪床推進了側邊印有殯儀館標誌的有蓋貨車後方。

坐上駕駛座旁邊的位子前，我發現椅子上有一條夾上去的領帶，我拿起領帶問：「這是你的嗎？」

「沒錯。」盧卡斯開心地說。他把領帶抓了過去，丟在儀表板上。「我要去安寧療養中心或別人家中接遺體時會戴上，泰瑞說這樣看起來比較體面。」在聽過盧卡斯慢吞吞拉長語調的說話方式前，我並不知道俄亥俄州的鄉下會有南方口音。

他等一台轎車通過後，慢慢把貨車開出車道，轉向兩線道的鄉間馬路。反正沒有超車道，急也沒用。窗邊的玉米田緩慢水平地滑過，模糊成一團。窗外景色由玉米田變成農地時，我突然從恍惚中清醒過來，看見兩個穿著黑背心、寬鬆長褲還戴著草帽的小男孩在田野裡奔跑。他們咯咯笑著，努力地趕上附近泥巴小路上噠噠作響的輕便馬車。

「那是怎麼一回事？」

盧卡斯看了窗外我指的地方一眼。「是孟諾派教徒。我們這裡的孟諾教徒人口是全國最多的，他們是正派的好人。不過如果開車不幸碰上他們的輕便馬車，卡在後面可是真是痛苦啊！」

「你一直都想要當殯葬業者嗎？」

「沒錯！」盧卡斯驕傲地說。「我小時候曾經把姊姊的芭比娃娃裝在盒子裡埋在後院。妳是做什麼的？」

「我是自由撰稿作家，我寫流行文化、明星那類的文章。」

「你有訪談過名人嗎？」

「當然有啊，無時無刻呢。」

「做這個他們還付妳錢？」他用一種高亢、不敢置信的語調說。「哇嗚，我等不及要告訴朋友妳是做什麼的了，他們一定不會信的。」

真好笑，我也在想相同的事。

他很興奮，所以沒注意到我們前方的轎車停了下來打算左轉。他猛力重踩煞車。丹柏利先生和他的輪床一下子就滑到駕駛座的後方，撞上椅背的時候還發出砰的一聲巨響。

「發生這種事最討厭了。」他邊說邊用一隻手按摩因受到撞擊而扭傷的脖子。

「你沒事吧？」我問，努力想忘記他剛剛是被一具遺體撞上的。接著有某樣東西吸引了我的注意。

「盧卡斯！」我不敢置信地大叫。「你在殯儀館工作竟敢不繫安全帶？」

他聳聳肩說：「我忘了。」

這間火葬場是一棟低調的倉庫，拘謹地座落在長路的盡頭。「那位是火葬操作員佛瑞德。」盧卡斯邊說邊朝一位穿連身工作褲、出現在門口的灰髮男子點點頭。男人拿下他的棒球棒打招呼。

盧卡斯下了車說：「佛瑞德，這位是諾艾兒，她這禮拜會來幫我們。」

「很榮幸認識妳啊，小姐。」佛瑞德說話時帶有一種鄉下的口音，比盧卡斯的口音還重。我們握手時，我心想，不知道他的手剛剛碰過什麼。

「小子，今天帶了什麼給我啊？」盧卡斯打開貨車後門時，佛瑞德問。

「一位七十多歲的老兄，死於某種癌症，叫做……」盧卡斯看了他的文件，緩慢地唸出那個名詞：「……骨——髓——癌。」

他們把輪床卸下來推進倉庫裡，停在其中一部火化爐前。這火化爐看起來就像披薩烤箱一樣，讓人覺得很不自在。火化爐是用特殊防火磚做的，前面有一扇鋼製小門，大小剛好夠一次放進一具遺體。頂端的金屬管是排煙煙囪，有特殊的通風系統，可以去除火化過程中排出的煙和人體氣味，所以這棟建築物聞起來才會都是鋁和水泥的味道，而不是燒焦的肉味。

我想起比爾曾經對我說過的某件事。我問他下葬的時候他想要用什麼方式，他說：「我想把我的骨灰壓縮成鑽石，讓每個朋友都戴著我。」

盧卡斯拉掉床單，我終於見到了丹柏利先生。他只穿著四角短褲，臉上有著假人體模特兒在換裝空檔時那毫無防備的表情。事實上，他光滑帶蜜桃色的皮膚給人一種非人類的感覺，彷彿很想要製造出「我是人」的印象。

佛瑞德打量了他一下。「沒有戴飾品或是心律調節器？」

「喔，還好你有提醒我！」盧卡斯拔下這男人的結婚戒指，放在自己胸前的口袋裡。「我會把這交給他的孩子。他太太才過世沒幾個月，他就死在療養院了。算是挺甜蜜的吧？」他把手壓在這男人的前胸上，摸著他的胸骨。

「你可以從外面就摸出他有心律調節器？」我問。

「是的，小姐。」佛瑞德回答。「如果他們有心律調節器，在送進去火化前，我們必須割開取出來，否則這玩意兒會從他們胸口爆出來。我們還有一個該死的卡在那裡的牆壁上。」他打開火化爐，指向一個半卡在磚塊裡的小金屬盤，彷彿是個迷你小飛碟墜毀在那兒。

佛瑞德輕聲笑著說：「它爆炸的時候我差點連魂都嚇飛了，聽起來簡直像是槍聲。」

盧卡斯最後宣佈丹柏利先生沒有裝心律調節器，他和佛瑞德把丹柏利先生裝進一個屍袋，拉上拉鍊放進火化爐。佛瑞德說這個袋子最後會蒸發，但是蒸發前可以先「接住體液，讓爐子不要黏黏的。」他檢查了溫度表。遺體要在近一千七百度的高溫下燒三個小時，接著再冷卻一小時後才能移出來。

「事實上你來得正是時候呢，這傢伙差不多要好了。」

我跟著佛瑞德轉個彎來到另一部火化爐前。他打開小門，殘餘的熱度朝我臉上襲來，讓我覺得臉上六百萬毛細孔同時擴張，像在張嘴尖叫。爐裡躺著一堆骨灰和骨頭，在最上面搖搖晃晃、半傾斜的是部分的胸骨。這堆殘骸帶有我無法辨識的化學藥品和氣體的味道。佛瑞德用一支長柄金屬刷毛耙子把還在冒煙的這堆東西刮進托盤裡，拿到一張工作檯上放。這一切就跟看美食烹飪秀一樣，主廚準備餐點、放進烤爐，接著立刻打開另一個烤爐，端出已經煮好的同樣餐點。這樣的念頭讓我有點作嘔，我用假裝咳嗽來帶過。

佛瑞德說片段的骨頭最後都會放進粉碎機裡，讓骨頭真的變成「骨灰」。「但是在粉碎前，我們得篩檢一下骨頭，挑出人造的東西。」他從地上拿起一個小桶子。「妳看這裡。」

那裡到處都是各種混雜的金屬，有螺絲釘、金屬管、鐵釘等，只不過這些都是烤焦的，上面還覆蓋了一層像是灰塵的東西。我突然感到一陣噁心，意識到自己正在看著的東西是人工關節、外科用醫療釘，還有醫生曾經裝在某人身體裡的金屬肢臂。那層灰塵是人，人燒出來的骨灰。佛瑞德從上面徒手拉出一個滿覆骨灰的球，還有一個像插座裝置的東西。我的胃一陣翻攪。

「有個髖部置換器。」他像是在翻萬聖節糖果的小孩一般，到處搜索。「我最喜歡這個！」

他笑容滿面地拉出一個用螺絲釘鎖住的精巧金屬管格子狀物。「這曾經放在某人的脊椎裡，很不可思議吧！」

我對上盧卡斯的眼神，他清了清喉嚨說：「我們得回去了。佛瑞德，我明天會來拿丹柏利先生的骨灰。」

佛瑞德把格子狀物體丟回桶子裡，吹了吹自己手指上的粉末。呼！粉末形成一團小雲——人的骨灰形成的雲，飄在空中然後消失。

「很高興認識你！」我沒等他握我的手，就邊說邊快步走回貨車。

盧卡斯笑得無法自已，差點沒辦法好好開車。「在他給妳看髖部置換器時，妳應該看看自己的表情。」

我很感激盧卡斯把場面弄得很輕鬆，也感激他很快就把我帶離那裡。沒多久我也跟著他笑，噁心感也消退了。等到笑聲停止後，我問他：「你有多少比例的顧客是接受火葬？」

「以前是五十比五十，但因為經濟不景氣，墓地又越來越少，現在越來越多人選擇火化。」

「這跟經濟不景氣有什麼關係？」

「火化只要一千五百美金，而棺木土葬要七千美金呢。」

「太扯了吧！」我一直猶豫要不要火化，但是誰抗拒得了這樣的價格啊？

他點點頭，但是表情卻很陰鬱。

「這麼說來你是不支持火化的囉？」

「火化只不過就是去載遺體、冷凍遺體、把遺體放進火化爐，然後再收拾骨灰。」他嗤之以鼻地說：「基本上跟司機沒兩樣。」

「所以你比較喜歡開棺葬禮的效果囉？」

「只要有人跟我說『他二十年來沒這麼好看過』，我就會覺得很開心。各種遺體我都做過，嬰兒、孩童、謀殺案的受害者、自殺的人等。我甚至親手為我祖母做防腐程序。」

「呃！真的假的?!」我在座位上瑟縮了一下。我不知道是把祖母的血放乾比較噁心，還是看到祖母全裸比較讓我不自在。

「她允許我做的。嗯，就是事先說好的。」他為自己辯護。「她知道我很喜歡這份工作。」他的電話響了起來。「嗨，泰瑞……你要我現在去？……好的……掰。」

盧卡斯掛掉電話，伸手去拿儀表板上的可釦式領帶。「我們要去載一具遺體。」

當地安寧療養中心外的訪客抬頭看來人是誰，不過很快就又視線放低了，我們一路開過停車場，殯儀館的標誌看得一清二楚，彷彿是個不好的預兆。盧卡斯停車時一再前進、後退，直到貨車緊貼著後面出口為止。他藉著後照鏡調整脖子上的領帶。

「妳得在車上等。」他抱歉地說。「那邊可能有家人在場，如果只是站在旁邊看，他們不會給好臉色。」

我在等待的時候，取出了在殯儀館拿的《面對死亡》小冊子，引言說到人生中總有親人過世的時候。在家裡過世的人會被所愛的人包圍，大人小孩一起體驗死亡的感覺，一起哀悼、彼此安慰。在現代社會，死亡變得寂寞了，大部分的人死在醫院和療養院。他們愛的人比較沒有機會和他們一起共度，也常常無法分享他們人生中最後的時光。活著的人和即將過世的人分隔開來，死亡因此變成一件神秘、令人害怕的事。

我讀到這裡的時候，想起了我的祖父母和外公外婆。我讀大學時，他們四個在一年半內相繼去世。每通打到我宿舍的電話都代表著我得趕搭最後一班飛機回德州，在回程飛機上有時還穿著參加葬禮的黑洋裝。在葬禮上我會盯著棺木看，希望自己可以接受他們已死的這個事實。參加葬禮總會讓人有種不真實感。

盧卡斯十分鐘後帶著擔架回來了，擔架上蓋著一張繡著殯儀館名稱的綠毛毯。毛毯上面放著一副整齊摺好的眼鏡。

我爸爸的母親過世時，每個人都聚在她家參加葬禮。有次我經過祖父的辦公室，看見祖母空了的輪椅放在房間的中間。不知怎地，看到輪椅空出來，比看到棺木中躺著祖母的那番景象更令我感傷。看到這副沒人使用的眼鏡，我就想起那張輪椅。

「安寧療養中心的案子通常都比較容易處理。」我們駕車駛離這棟建築物時，盧卡斯開心地說。「如果是在家過世，家屬看著親人最後一次離開家門，那種情形就困難得多了。」我們開到交通停止標誌前時，他踩煞車有點太用力，擔架又再次撞上他座椅的後背。

他轉身給遺體一個責備的表情。「放輕鬆點嘛！」

*

工作結束後，我隨便買了些速食，但我洗了三次手才敢吃。回到汽車旅館後，我淋浴沖洗，以免身上有任何可能在殯儀館沾到的骨灰，再用一條又小又硬的毛巾擦乾身體。我換穿一條麥特的四角褲，還有一件男用的長睡衫，帶著幾本愛莉諾的書爬上床，我想知道死亡對她的人生有什麼樣的影響。富蘭克林在六十三歲時突然過世，但是醫生擔心他的身體狀況已經有好一陣子了。他在第四次競選連任的造勢活動時，血壓飆到收縮壓兩百四十、舒張壓一百三十。心臟科醫生前來會診，強迫富蘭克林減少抽煙的量，從每天二十到三十根減為五或六根，但傷害已經造成。一九四五年的四月十二日，愛莉諾在一個公益場合演講時，白宮召她回去了。

「我心裡明白一定有非常不好的事情發生。」她之後說。他們告訴她富蘭克林腦出血，病逝於喬治亞州溫泉鎮的冬季避寒小屋。第一夫人立刻就飛到喬治亞州。她抵達小屋時，兩位當時和富蘭克林一起度假的親戚蘿拉・迪嵐諾和瑪格瑞・薩克利，迎接她進來，讓她坐在小房間的沙發上聽事發經過。富蘭克林出事前的心情很好，一邊和賓客說說笑笑，一邊為畫畫像擺姿勢。

「我這裡好痛。」他突然這麼說，手馬上按壓住後腦勺。接著他就倒了下來，再也沒有恢復意識。

愛莉諾問到這幅畫時，他們承認是露西・梅瑟畫的，就是和富蘭克林在三十年前有染的秘書。她才剛喪夫，而這幅畫還是要送給女兒當禮物的。露西過去幾天都在這裡作客，而且富蘭克林死的時候她也在場。愛莉諾冷靜地問富蘭克林和露西在這次之前是否也一直有往來，而蘿拉坦承露西造訪溫泉鎮已經好幾次了。只要愛莉諾去旅行，她常常就會參加富蘭克林在白宮的晚餐派對。這是一個公開的秘密，只有愛莉諾不知道。更糟的是，她發現兩人有許多次的約會是自己的女兒安娜安排的。

「哇喔。」我低語道。「跟『豪門恩怨』影集一樣灑狗血嘛。」

不過「豪門恩怨」的主角愛麗絲卡靈頓肯定不會對愛莉諾的反應失望。她靜默地坐在那裡好一會兒，腦中努力接收剛剛聽到的資訊。接著她從沙發上起身，走進躺著丈夫遺體的臥房，關上了門。她幾分鐘後從房內出來時，眼裡依舊沒有眼淚，而且非常的鎮定。我猜她內心是有所起伏的，但是經過了一輩子的練習，她已經學會在必要場合控制住自己的情緒。她從未在公開場合評論過丈夫的處處留情，不過她在其中一本自傳中倒是有略微提及。

「男人和女人長年住在一起，就會知道彼此的弱點何在。」她寫道。「如果妻子是個完全不批評的人，他可能會過得開心點。我無法成為那樣的人，他只好從別人身上找尋他要的快樂。」

我隔天早上走進殯儀館時，電話不停瘋狂地響著，泰瑞困在辦公室裡一直接電話。

盧卡斯打了個呵欠說：「昨晚有三個人過世。」他在用餐間的雙人小沙發上很辛苦地伸展著身體。

「全部都是你自己去接的？」

「這不算什麼啊。」盧卡斯拿下眼鏡，揉了揉眼睛，我發現他長得相當可愛。「有一次光一個週末就有十七個人過世。我們把他們三個一排擺好，都排到車庫最裡面去了。」

泰瑞工作忙不過來時，偶爾會有其他殯儀館老闆按件計酬來幫忙。這天，我和尚恩一起待在準備室裡，他是從俄亥俄州首府哥倫布市來的殯儀館業者，即將看著我做第一次屍體防腐。在門後方的鉤子上掛著一件沾著乾掉血跡的實驗袍，就像展示在屠宰場的動物屍體一般。比起昨天看骨頭，屍體防腐更讓我覺得不自在。骨頭看不出是誰的，你永遠不知道這些骨頭曾經在誰的身上。不過，把某個人的生命一點一滴地排乾耗盡，卻有種原始、近乎邪惡的感覺。所以我看到尚恩本人，發現他長得根本就是人類版的小熊維尼時，還真是鬆了一口氣。他金髮、圓滾滾的，講話語調又很溫和（好險他有穿褲子）。

不鏽鋼的防腐檯上躺了一具沒穿衣服、七十多歲的女性遺體。她的膚色有些泛黃，而凹凸不平帶黃綠色的腳趾甲比她的腳趾頭還要長很多。

「孟諾派教徒很能吃苦耐勞。」我察覺到尚恩說話的時候，帶了一點微微的愛爾蘭口音。「他們不太修剪腳趾甲。因為他們簡單的裝束打扮，又在田野裡工作，所以在這裡我們稱他們『純樸的曠野民族』。」

接下來，他用力拉開她的眼皮，在眼球上放了一個看起來有刺的塑膠隱形眼鏡。

「這是要讓她眼睛能夠閉著。」他解釋。「因為上面有刺，所以眼皮會勾住沒辦法打開。」

我看著尚恩把她的嘴巴內部也縫起來，過程中想到喜劇演員丹尼斯・米勒的老笑話「為死者動手術一定是世界上最簡單的工作了。最糟的狀況會是什麼？如果你出包到沒有包可以出的話，說不定這死者就會有心跳了。」看到已經無法感受到痛覺的人身上開了這樣的傷口，讓我有種超現實的感覺。

他從櫃子裡抓出幾瓶甲醛，放在防腐機的旁邊。

「屍體分解需要暖度和溼度，所以要保存屍體就得盡可能地保持乾燥，這時候防腐就派上用場啦。」

甲醛的味道滲進空氣中。那不是帶有侵入性、會讓眼睛產生灼熱感的化學味道，而是淡淡飄過的一陣氣味，就像用一九六〇年代老奶奶的膠木旋轉式電話講話時會聞到的那種。他把混合好的東西倒進防腐機的大型透明圓筒裡，動作讓我聯想到巫婆在攪拌鍋爐的畫面。

「這看起來好像血喔。」我說。

「是故意染成這種顏色的，這樣才能讓皮膚恢復玫瑰般的紅潤色澤。」

他用一把小刀在她的鎖骨附近劃開了十公分的切口，皮膚很輕易就分開了，彷彿是受到催眠一般。薄薄的黃色脂肪細胞層，讓我想起用來保護貴重物品的泡泡紙，基本上脂肪的功用也在保護身體。尚恩仔細篩選組織，最後找到了他要找的部位——白色、有彈性的頸動脈。他切開頸動脈，塞進一條小小的金屬管。這根金屬管接著一條連到防腐機的橡膠軟管。尚恩喀答喀答地按了一連串按鍵後，機器開始將防腐液體灌入遺體。液體會從頸動脈開始隨著循環系統將血液一路往外推，血液會從旁邊的頸靜脈流到桌上，桌邊周圍會有橫溝接住。血液會隨著橫溝連接的管道迅速往下流到一個放在女人腳邊的漏斗狀容器中，最後排出的血液會全部倒進下水道。

「還好孟諾派教徒不愛屍體解剖那套。」尚恩說。「因為解剖過的遺體所有器官都移動過，所以要花三到六小時來防腐。我們得去身體內部找出所有不同的動脈，手腳還得另外做防腐。」

防腐液體如蛇般慢慢蜿蜒進入這女人的循環系統，她的氣色也隨之變紅潤了，就跟尚恩之前說的一樣。

「那是剖腹產的疤痕嗎？」我指著她的腹部問。

他皺了皺眉。「這倒是很少見呢，孟諾派教徒女性幾乎都是在家裡自然產。」

「不知道是哪裡出了問題讓她非得去醫院不可呢。」我沒有對著尚恩說，而是像在自言自語。這道疤痕讓我意識到她肚子裡曾經有生命存在過。

「你覺得你能平靜地看待死亡嗎？」我問。

「我以為我可以。做為一個葬禮規劃人員，我必須接受死亡是一個自然的生命階段。不過我母親過世的時候，我還是崩潰了。」他的表情變得恍惚。「她吃晚餐時總是會坐在頭頂上有燈泡的那個位置，回想起來就覺得古怪，因為那個燈泡從來沒有換過，亮了好幾年。她死的那天，鎢絲也燒壞了，我發現的時候心都碎了。」他搖搖頭，露出悲傷的微笑。「所以說囉，妳這個問題的答案既是『是』，也是『不是』。」

我不知道該說什麼，所以什麼也沒說。我讓他回想起痛苦的回憶，心中滿是罪惡感。一個半小時後，四加侖的防腐液體都灌完了，尚恩用手指戳了戳這女人的手臂，讚許地點點頭。

「她的身體變得挺結實呢！」他關掉機器。尚恩在縫合她的頸部時，我小心翼翼碰了她的手臂。她的手臂觸感就跟我預期的一樣，冰冷又僵硬。**感覺起來沒那麼糟嘛**，我心想。

「嘿，那是什麼啊？」我問。

尚恩拿起一個看起來很恐怖、上面連著橡膠管的工具。那是一條大約六十公分長的中空金屬桿，有一端像矛般銳利。「這是套針，現在該把東西吸出來了。」

我還沒來得及問要吸什麼，他就把這根矛刺進這女人的腹部了。我嚇得往後跳開一些。他將刺進她身體的金屬桿往上猛戳，動作非常大。就在這一刻，我認真思考將來要不要火化的問題。

幾分鐘後，他抽出套針，再迅速把一個塑膠插座放進她腹部的洞裡，發出啪一聲。接著他拿出一大桶潤膚乳，還有一把五金行的油漆刷，輕輕把乳液塗在她的臉部和雙手以防止肌膚乾燥。

「我覺得我把她弄得挺美的啊！」他很驕傲地說。「你的表現也挺好的，你可以成為一位很棒的殯葬業者喔。」

我回了一個淡淡的微笑。當天晚上，克里斯打電話告訴我工作上的趣事，讓我暫時不用去想白天的事，真感謝他。就在我們準備掛電話時，我問他：「你覺得人死的時候會怎樣？」

他安靜幾秒鐘。「我有個回憶記得很清楚。大概在九歲時，我坐在爸媽車子的後座，一路要開去緬因州的鄉下某處。」他對我說。「那段童年時期我真的對死亡感到很害怕。我看著窗外的樹快速掠過，因為當時天色很黑，你只能看見眼前及車邊的樹。但只要等車頭燈一過，樹木就會一眨眼消失，再也看不見。記得當時我想死亡就像這樣。突然間你就不見了，什麼都沒留下。」

隔天我到殯儀館的時候，聽見準備室有聲音傳來，就溜了進去，在關門時小心翼翼避免碰觸到那件沾了血跡的實驗袍。準備室裡都是人，不是只有躺在不鏽鋼桌子上的三具遺體，還有克里斯、盧卡斯和一位長相俊帥、看起來像義大利人的男子，他的體格跟消防員一樣健壯。

「諾艾兒，這是我的合夥伴侶安東尼奧。」尚恩說。「我們在哥倫布市一起經營殯儀館。」

「誰是你的**伴侶**啊。」安東尼奧反駁。「我又不像你是個同性戀。」

「同性戀？我嗎？」尚恩捧腹大笑。「同性戀會有老婆和七個小孩嗎？」

「你那是過度補償的心態啊。」安東尼奧竊笑說。

「那你的離婚進行得怎麼樣啦？」尚恩問，接著他轉身向我眨了眨眼。

安東尼奧的笑容消失。「蘿蓮和我現在是在婚姻諮商。」他生氣地說。「那跟離婚不一樣！」

趁他們鬥嘴時，我查看了一下走進來時尚恩正在處理的遺體。他極度消瘦、一頭棕髮，還有相配的落腮鬍框住他憔悴的臉頰。

「你們不覺得這傢伙看起來超像亞伯拉罕・林肯嗎？」我問。

「沒錯！」盧卡斯從房間另一端大喊。「他進來的時候我就這樣說了。」

「這些遺體都已做好防腐處理了嗎？」我問尚恩。

「已經處理好了，我們現在要做觀禮準備，就是化妝等等的。」

所謂「等等的」，竟然還包括把一根長得讓人心神不寧的針，刺進這男子的眼眶，注射粉紅凝膠。

「人死後臉立刻就會產生變化。」尚恩說。「因為臉部會塌陷，我們得從內部把組織墊出來。」他把這根針刺進男子的臉側邊，男子下凹的臉頰骨就像烤麵包般膨脹起來。當然，到最後他看起來幾乎就像……還活著一樣。這讓我想起春木宅邸裡的小鳥標本，富蘭克林小時候打獵來的小鳥都做成了展翅高飛模樣的標本展示。

盧卡斯出現在我們背後。「葬禮的時候會開棺，他要求我們幫他穿上這個。」他遞給我一件折起來的卡其褲和橘褐相間的上衣。

「這是……克利夫蘭布朗隊？」我的語調透出不可置信。

尚恩搖了搖頭。「大家想要穿的衣服還真是奇怪。」

我和尚恩一起協力幫死者穿上衣服。「你知不知道他喜歡衣服塞進去還是放出來啊？」我問。「因為這可是能決定整體衣著的調性呢。」

他把決定權留給我，轉而處理他的下一位客戶。這是一位快五十歲的西班牙裔男子。他拉下被單，露出了男子的裸體。「我的老天爺啊！聖母瑪利亞和聖約瑟啊！」他驚嘆地說。

我急忙轉身，見到了有史以來最大的老二。

安東尼奧走過來睨著眼看。「這傢伙跟馬是有親戚關係嗎？」他問。「你能想像那玩意兒起立致敬時會有多大嗎？」

「我已經想對他致敬了。」尚恩說。

「你看，我就說你是同性戀！」安東尼奧得意洋洋地說，尚恩翻了翻白眼。

「他的死因是什麼？」我問。

「血癌。」盧卡斯說。「我是昨天早上去安寧療養中心把他接回來的，名字叫做歐提茲。」

我昨天無意中聽到泰瑞討論他的問題。歐提茲的死亡證明有點麻煩，因為沒人知道他的生日，所以他們沒法開立死亡證明。他沒有家人或朋友，護士為了他的喪葬費用一起努力湊錢。我心想，沒有人知道你的生日有多悲哀啊！幾年前，我的朋友羅伯的父母親過世，雖然他當時已經四十多歲，他卻覺得自己像個孤兒。他說：世界上再也沒有任何人是從他一出生就認識他的，這種感覺很奇怪。

「盧卡斯，你處理的這女孩簡直慘不忍睹！」安東尼奧從房間的另一端大吼。「你他媽的對她搞了什麼鬼？」

尚恩和我拋下了歐提茲，去看他在鬼吼鬼叫什麼。我們全都擠在桌旁，尚恩發出一記低沉的口哨。

安東尼奧說的這「女孩」是一位六十多歲的非裔女子，重約一百八十公斤。為了避免讓她的胸部往外垂在手臂上，有人用一條繩子繞過她的乳頭，把胸部兩邊綁在一起。屍體解剖典型的Y字型切口，從她的肩膀延伸到腹部，用粗縫線縫起來，讓她看起來就像顆棒球一樣。但是最引人注目的是她全身腫脹，不是身體腫脹，而是肌膚全部都浮腫。水從她的每個毛細孔滲出，她全身都冒著大顆晃動的水泡。

「哎呀，這種情形叫做水腫。」尚恩告訴我。「在醫院的時候，如果他們已經對你的病情無能為力，就會打各種液體到你身體裡，讓你覺得舒服好過一點。那些水終究得找地方出去。」

「你要怎麼樣讓水不再流啊？」我問。

「通常防腐就可以搞定。」尚恩回答。

「你確定你已經幫她防腐了嗎，盧卡斯？」安東尼奧問。「萬一你的答案是『是』，那你做得也太爛了吧?!」

「她解剖過耶！」盧卡斯辯駁。「你也知道這樣的遺體很難排乾啊。」

「那不是藉口。」安東尼奧不耐煩地咂咂嘴。

「在她身上我甚至還用了紫色耶穌耶！」

「那是什麼？」我對尚恩低語道。

「我們會依據遺體的情況使用不同的防腐液體。紫色耶穌是其中最強的一種，通常用在最難處理的案子，像是沖掉酒鬼體內的黃疸組織等。」

「為什麼要叫做紫色耶穌啊？」

「因為如果連紫色耶穌都沒用的話，就沒有什麼可以救得了你了。」

我在想誰能從安東尼奧手下救走盧卡斯？安東尼奧依舊不斷地訓斥。「下次再有像這種難處理的案子就打電話給我，因為我不想來這兒幫別人擦屁股！」他皺起眉傾向遺體。「我的老天啊，她的舌頭跑出來了！你到底有沒有把下顎骨縫起來啊？」

盧卡斯結巴地說：「呃，我……」

「算了。」安東尼奧打斷他的話。「我們就用強力膠把嘴巴黏上，一切就搞定了。」

尚恩試著改變話題。「盧卡斯，你要不要給我們看一下她葬禮要穿的衣服。」

盧卡斯回來時拿著一件掛在衣架上的芥末黃洋裝。「她的家人說這件是她最喜歡的衣服。」

安東尼奧不可置信地盯著這件衣服看。「哪時候啊？一九六五年的時候嗎？她現在根本穿不下這件衣服啊，這衣服只有她的一半大耶！」

「要不要把衣服從後面剪開包在她身上？」尚恩建議。

「還有這一招喔？」我問。

「喔，那可是經典的一招呢。」尚恩說。「殯葬業者常常都這麼做啊。」

「嗯，我們現在沒辦法幫她穿衣、放她入棺。」安東尼奧指出。「我們要等到葬禮前，否則她身上的水會漏得到處都是。」

他在他的雜物袋裡翻找，拿出某個透明塑膠物，看起來有點像介於連身衣褲和屍袋之間的玩意兒。「從現在到舉行葬禮前為止，我們盡可能把她弄乾吧！」

幾分鐘後，他們三個把她的腳朝天花板一提，奮力把她塞進透明裝裡，這個袋子對她來說顯然太小了。

「泰瑞應該知道我是秤重收費的吧？」安東尼奧咕噥。

「他只是開玩笑啦。」尚恩向我保證。「如果我們真的秤重收費的話，像盧卡斯那麼高的人大概只能收常規費用的四分之一吧！」

安東尼奧發出噓聲，他的好心情恢復了。

她身體某處傳來一聲隱約的喀答聲。「糟了。」盧卡斯尖聲說。「我想，我剛弄斷了她的膝蓋骨。」

就在這時候，我決定將來要火化。

眾人將她放進袋子後，安東尼奧在她身上撒一種用來吸乾液體的特殊藍色粉末，接著轉身把艾比・林肯抬上輪床。「諾艾兒，你可以幫忙我把他放進棺木嗎？」

「為什麼是我做所有的清潔工作啊？」盧卡斯哀嚎。「今天我總是拿到棍子比較短的那一邊，都是苦差事。」

「你的人生也是分配到比較短的那一邊啊！」尚恩開玩笑地說。

安東尼奧咯咯笑著說：「盧卡斯你聽著，我對老婆也是這樣說的——閉上嘴做事就對了！」他往旁邊看了我一眼。「妳結婚了嗎？」

「還沒。」

「很好！千萬別結啊。要聽殯葬業者說的話，人生太短暫啦！」

在準備室的隔壁是一間放滿棺木的小型車庫，這一區跟綠色房間一樣是停放區。遺體經過梳理、化妝、著衣後，在等待葬禮出場前的空檔會先停放在綠房裡。

我們把艾比推進車庫前，盧卡斯在背後喊聲：「要記住那只是一具暫時的棺木喔。明天的儀式結束後，他就會火化了。」

「連棺木都可以用租的？」我懷疑地問。

「對啊，不過其實比較像是分租啦。」

我緊張地抬起遺體，很怕會把他摔在地上。我鼓起勇氣，預期抬起來時會感受到一個男人的沉重感，但是艾比輕得讓人意外，幾乎是沒有重量，彷彿靈魂就占了他身體大部分的重量。

我們小心地把艾比放進一具棺木中。這具棺木是閃亮的玫瑰銅色，剛好很適合他。安東尼奧調整了他的手，讓他左手蓋著右手交疊放在腹部上。

「你們忘了這個！」盧卡斯跑進來，放了一顆艷橘色的克里夫蘭布朗隊足球在他手臂的折彎處。我們三個盯著這具棺木看了好一會兒，這整個畫面有某種迷人的成分在裡面。

「嗯。」我說：「現在我可以想像，身為布朗隊球迷的艾比‧林肯在世時是什麼樣子了。」

盧卡斯詫異地搖搖頭說：「我死的時候可不想穿成這樣。」

「我也不想。」安東尼奧說。「萬一上帝是鋼人的粉絲那還得了？」

在踏上前往來生的旅程時，這位非裔美籍女子選擇了一具特大號鑲銅邊的白色棺木。這真的可稱得上是棺木界中的凱迪拉克了。她看起來很美，安東尼奧真的像在變魔術。你永遠都不會知道她的衣服是從後面剪開的，他甚至還在棺木上放了一層罩紗，讓觀禮的人無法碰觸到她。真是天才啊！泰瑞和另一位殯葬業服務員站在棺木的兩側，邊啜泣邊哀悼的家屬前來向往生者表達最後的致意。

「以前我們曾經碰過有人直接往棺木撲去。」盧卡斯向我低聲說，我們站在後方發程序表給晚到的人。「現在我們會派人守在那裡，以防棺木遭人推倒或是遺體摔到地上。」

半小時後，我們對穿著球衣、散發無比光榮的艾比・林肯說再見。我以為他會是自己葬禮中穿得最休閒的人，但我錯了。大家心中選擇服裝的標準，似乎只以最能展示個人特色風格為依歸。艾比其中一個女兒穿了件細肩帶綁帶上衣和白色牛仔熱褲，短得差點連屁股都露出來。她姊姊穿了一件耐吉的休閒運動褲，相較之下還算值得讚揚。接著有位六十多歲的男子走了進來，穿著愛迪達一整套的運動服、愛迪達球鞋，還戴著愛迪達的棒球帽（他在葬禮儀式期間一直戴著），我想他不可能在愛迪達工作吧？致悼詞的是一位叫做畢福的牧師，正當我在欣賞他那件從上到下都有鈕釦的襯衫時，他轉過身，衣服背部繡著一隻巨大的龍。

儀式過後，盧卡斯帶著艾比・林肯去火葬場，我則結束一天工作回家。回家的路上，我經過了一座有著連綿山丘的馬場。看到馬匹吃草時愉悅地甩著尾巴，我心裡感到異常地快樂。如果我有尾巴，我也會甩一甩。我驚覺到自己非常想念這個地方，以及我在這裡遇到的所有人。但在這一切背後，我卻有個迫切需要解決的問題。明天就是我工作的最後一天了，比起剛來這裡時，我對死亡的恐懼並沒有什麼更深刻的認知。我幾乎是羞愧得不敢承認，但在這裡的大部分時候我都挺享受這份工作的。我真心喜愛這些在殯儀館一起工作的人，他們的工作很有趣。我並不知道自己為什麼沒有因為這次體驗而有更多的感受。在過去近三十年來，對死亡的恐懼一直都是我人生中的暗流。為什麼我不怕屍體？難道這一切都只是在浪費時間？

我回到飯店房間時拉上了遮光窗簾，這樣經過的人就沒辦法看到裡面。接著我把枕頭從床上拿下來，坐在油膩的蓋被上，背抵著床頭板。包柏醫生說冥想不一定得觀察自己的呼吸或拋開自己的思緒，也可以透過冥想獲得領悟，為自己無法理解的問題解惑。我開始闡述自己的意圖：

「我想要更深入了解自己對死亡的恐懼。」

我閉上眼睛讓心中所有想法浮現，不去試圖拋開任何念頭。令人意外的是，我心中浮現的不是一個念頭，而是一本書中的故事。我在計畫一開始的時候讀過這本書，書名叫做《勇氣：生活中冒險的喜悅》。我幾乎忘了這本書，裡面講的是一個位高權重的帝王死後上天堂的印地安寓言故事。根據這個傳說，每隔千年，天神就會在一位偉大的帝王過世時賦予他榮耀，讓他把自己的名字刻在天堂最高的山上，這座山可是用純金打造的。一位帝王一路爬到山頂，卻很挫折地發現根本沒地方可簽名。整座山都刻滿了過往帝王的名字！這位帝王大受打擊，最後終於明白自己在永恆中的地位有多微不足道。天堂的守門員興味盎然看著這一切，建議他可以把其中一位帝王的名字擦掉，寫上自己的名字。

「這樣做有什麼意義？」這位帝王回答。「有一天也會有個人把我的名字擦掉。」

我想面對死亡就是這個意思，你得去接受自己的存在是暫時性的。

死亡的恐懼，就是害怕自己會完全消失的恐懼。害怕自己輕易遭到抹去，在地球上的存在由某個人取而代之。最後，每個記得你的人都會離開人世，大家就會遺忘你，彷彿你從未存在過一般。這個念頭讓人很害怕。我覺得心裡的烏雲撥開了一些，某種領悟開始如陽光般穿透進來——

我害怕的不是屍體或是身體上的死亡。

「妳要去接受不確定性。」包柏醫生一直都這樣對我說。而死亡是人生中最大的不確定。你沒辦法事先準備好，你永遠不知道死亡什麼時候會到來。死亡降臨時會奪走一切你熟悉的事物。你無法帶走任何東西，你得孤身上路。我了解到所有的恐懼都是放手的過程，而死亡是最終的釋放。你得接受這世界沒有你依舊會繼續運轉。

隔天我和泰瑞一起開著靈車把艾比・林肯的骨灰載去他家，這是我回家前的最後工作。碰到紅綠燈，我們旁邊的車子不敢超前，好奇的駕駛張望著，想透過靈車後座裝了窗簾的窗戶縫隙看一眼棺木。我努力想像富蘭克林全國葬禮的隊伍對愛莉諾來說會是什麼光景，她必須一下子應付這麼多事情，不光是丈夫的死亡和不忠，還有女兒的背叛。為了大眾，她還必須要堅強振作。她當晚待在溫泉鎮，隔天一早就搭上載有富蘭克林遺體的火車回到華盛頓。她一路上都沒有放下窗戶遮陽板，看著窗外數以千計哭泣的美國人聚集在沿途向富蘭克林致意。她在白宮葬禮儀式上戴著一個金色鳶尾花形的珠寶別針，這是富蘭克林送她的結婚禮物。她回到紐約自己的公寓時，一群記者等在她的門階前。「故事已經結束了。」她對他們說。

車子抵達孟諾教派的墓園，我們開著靈車朝一群人前進，他們之中的男人戴著草帽，女人則戴著繫帶帽、穿深藍的牧場風連衣裙。他們和孟諾教派一樣想自己舉行葬禮，所以泰瑞和我在舉行儀式時就待在靈車後面。儀式結束後他們會去這女人的家裡，全社區的人都會聚集在那吃午餐。我們把艾比林肯的骨灰送到他家去，我把骨灰罈交給艾比的兒子時，他說昨天葬禮儀式之後，他們全家玩了一款叫「搖滾樂團」的遊戲來慶祝，連續玩了六小時，每位家人各演奏一種不同的樂器。現在他們正在計畫要如何執行艾比的遺願——他希望自己的骨灰可以埋在克里夫蘭布朗隊的球場裡，不過這樣做是違法的。目前最受大家支持的計畫，就是在比賽進行時走到前排座位，手上拿著裝著骨灰的偽裝咖啡杯，把骨灰倒在旁邊，希望在警衛來之前就可以達成任務。

我搭著火車回紐約的路上，樹木在窗外閃過。我想起那天在葬禮上哭泣的人，知道尚恩說的沒錯——這是你無法透過練習就能面對的恐懼。不管你已經失去過多少至親，當你下一次面臨死別，你還是會崩潰。我們是人，我們愛其他人的本能比求生本能還要強烈。所以才會有人想要跑到火葬場「救」回自己的家人，所以一個母親才會在小孩面臨危險時挺身而出。

我不會說自己已經不再害怕死亡，但我現在可以和死亡和平共處。死亡對我來說已經沒那麼神祕。我不確定自己是否想要完全擺脫對死亡的恐懼。死亡帶來的恐懼其實是一體兩面的：這種恐懼可以迫使你活在當下，讓你對周遭的人事物更心懷感激，意識到生命的脆弱。另一方面，它也會迫使你活在未來，永遠擔憂死亡的降臨，但這樣一來你就不算真正活著。

過去這個禮拜，我見到了生命中數一數二有趣的幾個人，而所謂的人可不只是活人。有些人終其一生都在田野間工作，最後安靜地辭世；有些人走得很有風格，會穿上自己最愛的衣服，儘管那衣服可能已經小到穿不下了。人與人之間的差異是那麼的大，只有死亡讓我們保有相同之處。不可思議的是，這事實竟令人感到愉悅。

Chapter 15

我們一直都在前進，像探險家一樣朝著未知邁進，這讓人生就像個冒險。如果冒險的路途是一條穿過平原的筆直道路，還能直視眼前遠方的全景，沒有驚喜、沒有意想不到的刺激、也沒有挑戰，想想這趟旅程會有多冗長、多無聊。

——**愛莉諾．羅斯福**

坦白說，我還沒準備好要爬吉力馬札羅山。我知道包柏醫生一定會說：「不管面對什麼事，我們永遠都不可能真的做好準備。」但我是真的還沒做好準備，比方說我沒有任何的衣服或裝備、我不知道到時候會有什麼心理狀態和情緒狀態。但至少體能方面我已經做好準備了——過去兩個月來，我一個禮拜去健身房三次，踩跑步機，肩膀上放著加重槓鈴蹲成難看的姿勢。不過我所做的訓練也就差不多這樣。

我要幫自己辯護一下，吉力馬札羅山很難做登山準備。這是一座極限的高山，由五個分明氣候區所組成：雨林區、荒原區、高沼地區、高山沙漠區以及冰帽區。溫度變化從雨林的攝氏二十七度到山頂的攝氏零下十度不等。一般登頂要花四天半，而下山只要一天半。吉力馬札羅山會誘使人做出激進行為。二〇〇一年，有一位叫做布魯諾・布魯那（這可是真名）的義大利男子，以破紀錄的五小時三十八分登頂。荷蘭「冰人」威姆・霍夫則花了兩天，他打著赤腳，還只穿短褲。《銀河系漫遊指南》的作者道格拉斯・亞當斯穿著兩百四十公分長的橡膠犀牛服攻頂。我只要穿登山服就好了，謝謝。不過坦白說，在我的衣櫃裡找到犀牛服裝的機率還比較大呢。

感謝上帝派貝卡趕來搭救我的服裝問題。有一天在製作奶昔時，我告訴她接下來的兩個禮拜我要去爬吉力馬札羅山，所以無法來醫院做志工服務。「這麼巧！」在攪拌機轟隆作響的聲音下，她尖聲說：「我三年前爬過吉力馬札羅山耶！」

「真的？」貝卡很秀氣，我根本就沒想到她會去爬山。

她按掉攪拌機，把奶昔倒進杯裡。「真的啊，我想再不去看冰河就要消失了。」

我們推著車到走廊要發送奶昔時，她小聲但堅定地說：「對了，妳一定會拉肚子喔，只是時間早晚的問題。」

她大部分的登山裝備都放在馬里蘭州的老家，她說：「但是我可以在妳離開前幾天帶去公寓給你。如果妳想要的話，我可以幫你看看你的衣服和裝備，以免妳忘了什麼需要的東西。」

「像是某個可以把我扛上山的人嗎？」

「拜託！妳行的啦！」她開心地說。

大地旅遊在官網上有一張清單，詳列了登山所需的一切物品。我把清單印出來，劃掉了貝卡借我的物品，剩下的必須用買的。我帶著清單去了ＲＥＩ運動露營用品店，但那裡的商品價格可是一點都不運動休閒啊。我分別用了四張信用卡付帳，光是登山靴就花了我兩百美金，而且還是我有史以來買過最醜的鞋子。站在收銀機前，我意識到自己因為這個計畫而正式宣告破產了，頓時對自己的銀行帳戶講起話來。（我的天啊，你竟然一毛不剩?!怎麼會這樣?!）

出發前幾天，貝卡帶了她的裝備來給我。她得搭三十分鐘的地鐵，再走十分鐘的路才到了我家。我說要去載她，她說不用，還說：「我得去看看妳買了什麼，還得確認妳有沒有漏了什麼沒帶。」看著她搬來給我的一堆東西，我的心裡有種充盈感。本來覺得不是很熟的人對你做出超出友誼程度的慷慨舉動時，你心裡就會產生這種感動。在那當下，我覺得我們的關係已經從熟識的人變成朋友了。

「非常謝謝妳借我這些東西，」我說。「我真的很感激。」

她檢視我攤在床上的衣服還有登山裝備。「只有在一開始還有結束的時候，天氣是暖到可以穿短褲的。」她邊說邊把所有短褲丟到「不需要的那一堆」裡，只留下一條。她建議我帶備用電池，寒冷的天氣會讓電力消耗得很快，否則很可能會好不容易登頂想拍照，卻發現相機電池沒電而大失所望，而最近的便利商店卻在六千公尺遠的山腳下。

「等到妳進入更寒冷的溫度區時，要盡可能把電池放在靠近身體的地方，即使睡覺的時候也要這樣。妳的電子產品也一樣，要在睡前把他們塞進睡袋最溫暖的底部。」

半小時後我送她到門口，我們擁抱說再見。「要記住。」她說。「只有純粹鋼鐵般的意志才能讓妳爬上山頂。在最後快要攻頂的那一段，基本上妳真的是用四肢『爬』上去的。不只是因為坡度陡峭，而是妳已經筋疲力盡了。」

她注意到我擔憂的表情，就說：「只要記住，妳永遠都有力氣多走一步。」

在出發的前一晚，我順道去潔西卡家拜訪並把鑰匙拿給她，請她在我不在家時幫忙餵鸚鵡。

「妳現在心情如何？」她問。

「我從沒離家這麼遠過。」我緊張地說。「更別提是自己一個人前往第三世界國家了。」

她把我拉向前給我一個擁抱。「妳聽著，我很愛妳。妳即將踏上一段不可思議的旅程，妳會在這次旅途中學到某種道理，而這道理只有靠挑戰這座山以及這座山所代表的一切才能獲得。」潔西卡在過去幾個月來變得比較溫柔了。讓我們大家都很驚訝的是，她變得極度熱中瑜伽，甚至在考慮要去麻州伯克郡山區的靈修中心。她把我推開一些，雙手握著我的手臂。「納瑪斯帖⑤，小妞。」她說：「喔對了，幫我帶一個孤兒院的嬰兒回來，這不用我說吧。」

第一天我們會穿過雨林到達兩千七百公尺高的地方，然後在那兒的曼德拉營地過夜。第二天我們會穿過荒原以及開闊的高沼地，抵達三千六百公尺高的霍倫波營地。第三天我們會待在原地，這天是我們的適應環境日；我們會在三千六百公尺高的地方走動，給身體一些時間適應稀薄的氧氣環境。第四天我們會行經高山沙漠，到達四千五百公尺高的奇波營地，這裡是攻頂前的最後紮營地。當天晚上我們會早早上床睡覺，然後在半夜醒來，爬六小時到達約五千八百多公尺高的冰帽山頂。接著我們會回頭往山下走到霍倫波營地，在三千五百公尺高的地方過夜，隔天再一路往下走。全程總計會走八十公里。

⑤譯註：Nasmate 意思是向你的內在神性致敬。

不過首先我要過海關。和其他一身髒的登山客站在一起排隊，我的背包感覺太過巨大，裝束也太新了。我看了機場的人群幾眼，最後目光落在一位個頭高大的非裔男子身上，他手上舉著一個上面寫著我名字的告示。他會載我去阿魯沙市，我今明兩天會待在那兒的飯店，調整好時差後再去登山。我說我會待在飯店，意思就真的是「待在」飯店裡。「阿魯沙市的觀光真的是乏善可陳。」這句話常常出現在討論攀爬吉力馬札羅山的網站上。在維基百科介紹這城市的網頁上，這句話讓人印象深刻：**觀光客遭人持刀挾持的情況越來越常見，甚至連大白天也是如此**。（「我的老天啊，還真的很有第三世界的感覺呢！」潔西卡說。）

現在才晚上七點半，但因為沒有街燈，所以讓人覺得時間已經滿晚的了。我這班接駁車上也有其他人待在阿魯沙市過夜，其中大部分的人是要去參加狩獵旅行。每間旅館的場景都一樣，都有一扇大門由令人畏懼的犬隻看守。大狗朝著我們齜牙咧嘴，舉起前腳嘶吼著。有一位穿著迷彩制服的年輕人拉著狗鍊繩，另一位迷彩打扮、肩頭上揹著一把長管槍的隨員走向前檢查駕駛的所屬單位，然後打開大門，在我們進入後就立刻關上。看到有警衛駐守讓人安心卻又擔心。我覺得知道有他們在外看守感覺比較安全，但是為什麼一定要有警衛駐守呢？我的飯店有露天的大廳，地板鋪著顏色黯淡的磁磚。裡面空無一人，只有櫃檯接待員忙著把自己的手機鈴聲調成史提夫·汪達的〈打電話說我愛你〉。她等了好一陣子，才遞給我一把大大的卡通風格房間鑰匙。門房是一位青少年，身上包著像披肩毯子的衣物，一路延伸蓋過頭部。他腳上穿的不是鞋子，而是橡膠輪胎做成的東西。他帶著我沿著一條蜿蜒的水泥小徑走，兩旁都是高大的植物，最後到達一樓的一間房裡。這個房間沒什麼裝潢，但自有一股迷人的味道。因為我來自第一世界的國家，床上方掛蚊帳不會讓我聯想到瘧疾，只會讓我覺得很浪漫。但是房裡只有一個燈泡，而且還是從天花板的洞裡用一條繩纜垂吊下來的，有種要舉行絞刑的感覺。我緊張地吞了吞口水。

我已經三十二小時沒闔眼了。在那段時間裡，我打包後從紐約飛到紐澤西、再飛到阿姆斯特丹、再轉到坦尚尼亞。我飛了十七個小時，看了八部電影，還忍受了長達五小時的中途轉機等候，但我還是不覺得累。所以我打開我的登山背包，拿出兩塊我從紐約帶來的長方形白色海報板。這個點子是貝卡提的。「妳應該要做個標示牌，這樣妳在山頂拍照時可以拿在手上。」

上次我去醫院時她對我說：「這樣拍出來的照片很適合當聖誕禮物呢。」我本來打算在離開紐約前做標示牌，但打包花的時間比我預期的還要久，所以最後我只好把海報板和兩支麥克筆丟進我的背包。現在這房裡沒電話也沒電視，甚至連電源插座也沒有，我很感激有事情可以做。在無罩燈泡刺眼的燈光下，我花了一小時寫大寫印刷體字，還用黑色麥克筆著色。每一面我都寫了不同的話在上面：

嗨——媽！

我♥老爸

我♥麥特

（純粹好玩）我現在很High

麥克筆的墨水到後來乾掉了，希望老爸不會注意到標示牌上他的字體由左到右逐漸變淡。晚上十一點三十分時，我打開安眠藥罐，這是本週最後一次。過去五個月來，我逐漸把藥量減少到半顆，沒想到竟然又走了回頭路。在過了好一陣子無眠的夜晚後，我又恢復一晚吃三顆安眠藥了。把藥吞進嘴裡時，我一方面覺得到現在都還在吃安眠藥很有罪惡感，一方面又很害怕自己馬上就不能吃了。明天會是我十年來首次不靠任何睡眠輔助方法就上床睡覺。熟悉的迷濛感來襲時，我爬上床墊（其實比較像蓆子），拉好周遭的蚊帳確保沒有任何縫隙。大約在凌晨五點時，我在回教徒充滿靈性的低沉祈禱聲中醒來，附近某處用擴音器廣播著晨禱誦經。

要帶領我上山的領隊是一位叫做迪誕的男人，三十六歲的坦尚尼亞原住民，曾經登頂超過三百次。

「諾艾利小姐，妳的名字就像聖誕節一樣❻，我的也是耶！」我坐進要載我們去山腳的小貨車時，他笑著對我說。他講話帶有史瓦希利語抑揚頓挫的腔調，所以不管說什麼事物聽起來都很有異國風味，甚至連他開始跟我們閒聊時說的話也是如此。「尼只不只到流行天王依經死掉了？我今典早上在CNN新聞看到的。」

和我一起登山和睡同一間房的是一對法國與加拿大夫婦瑪莉和亨利。我第一眼就注意到這對夫婦的身材幾乎完全一樣，都是一百六十五公分、健壯但結實。他們穿著T恤和吸汗織料的合成纖維登山褲。亨利長得跟演員大衛史崔森一模一樣，彷彿是直接從大衛的脖子上把頭拿下來似的。瑪莉有一張乾淨素顏，看得出來平常很少化妝。她濃密的褐髮生硬地剪到肩膀以上，其中有些還叉出幾公分。他們昨天才從鄰近約四千兩百公尺高的梅魯山回來，爬那座山當作是爬吉力馬札羅山的事前練習。

「我們是為了要更能適應高海拔的環境。」瑪莉爽朗地說。

瑪莉以前是在腫瘤科病房工作的護士。坐車的時候，我們談論了她工作的事以及我在醫院當志工的事，其他車噗噗噗地在雙線的街道上與我們擦身而過，感覺頗危險。亨利安靜地盯著窗外一片模糊的樹影和山丘，偶爾還有小溪流，其中間雜著盒子般的平房建築物，以及旁邊漆著冷飲和啤酒商標、用水泥蓋成的雜貨店。我們經過一片茂密的咖啡林，好幾位女子赤腳站在林中採著咖啡豆。我驚訝地看著女子頭上頂著籃子沿著路邊走，但更迷人的是跟在她們後面、頭上也頂著籃子搖搖晃晃的小女孩。她們不像媽媽走得那麼穩，得用一隻手不時扶著頭頂的籃子。儘管現在的溫度有攝氏二十七度，大部分走動的男子還是穿著胸前整排釦子的襯衫，以及牛仔褲或卡其褲。其他人則穿著當地的服裝，身上從頭到腳包著色彩鮮艷的布料，還戴著顏色互搭的頭巾。有些人帶著用來趕牛羊的拐杖，附近有幾隻流浪狗和流浪貓。每次旅行看到動物，我就會感到奇妙的安心。不管你去哪兒，這些動物看起來都和家鄉的一模一樣。我們的貨車停在路邊，我把頭探出窗外。有一位穿著制服的警官在路邊的臨時檢查哨比手勢叫我們停下來，他看到我們後遲疑了一下，接著就改變心意，靜靜揮手打發我們離開。

我靠向瑪莉低聲問：「剛才是怎麼回事？」

「警方的檢查哨。」她回答。「他們隨意攔車搜查，如果有發現任何不對的事情，你得當場付罰金，否則車子就會被沒收。當然，他們會一直雞蛋裡挑骨頭，硬是找到你錯的地方。但只要

❻譯註：Noelle和noel（耶誕聖歌）拼法很像。

看到白人在車上，他們就會放你走。擱我們會影響觀光業。」

從阿魯沙市出發開了三小時後，我們抵達吉力馬札羅山的入口處馬蘭谷門。我們駛進停車場時，我覺得雨林有停車場好奇怪，更別提還有個大門入口處了。前來迎接我們的是一大群年輕、體格強健的非裔男子。除了迪誕外，還會有副領隊和十位挑伕和我們一起上山。

「我覺得自己好像一九三〇年代的英國殖民者。」挑伕幫我們把個人物品從貨車上卸下來時，我不自在地對瑪莉和亨利低聲說。未來六天，他們得把這些物品扛上山再扛下來。

我們三個辦理住房登記，在一本簿子裡寫下姓名、年齡、地址還有職業，這流程在每個營地都得要重複一次。我最後一個填，所以看見瑪莉是四十七歲，而亨利是五十三歲，職業是平面設計師。我們寫好之前，挑伕早已帶著我們的露營用品、睡袋和未來一週的食物準備上路了。我們跟著他們走進雨林，呼吸著礦物和葉綠素的土壤味。為了防止土壤流失，這條路徑旁排滿了原木，變得像階梯一樣，讓我們往上走更方便。一群看起來才七歲的非洲小孩穿著色系強烈的布希鞋擋在小徑上，他們手伸出來重複說著：「錢！錢！錢！」迪誕噓走他們，我們繼續往前走。有時會有其他登山團的挑伕從後面上來，我們就往旁邊站讓他們通過。

「將波！（哈囉！）」他們歡欣地喊出史瓦希利語，大大的笑容掛在臉上。這群人是脊椎按摩師的夢魘，每天頭往前傾、扛著近二十公斤的袋子在頸背上，持續六小時之久。有幾個在走路時把東西頂在頭上。做這種苦工，每天一趟下來平均可拿到五塊美金的小費。在美國，門房若幫我拿行李三分鐘左右，我就會給他同等金額的小費。

瑪莉確定迪誕聽不到我們說話後就說：「他們是載重的動物，其他國家用駱駝或騾子，這裡用的是年輕人。」

我在紐約的時候，走路速度快到其他行人像影子般從旁邊掠過，彷彿是走在隱形移動步道上一般。在山上，我們的步調是由領隊決定的，速度慢得像在走婚禮步道。「波利——波利。」是爬吉力馬札羅山的座右銘，這句史瓦希利語的意思是「慢走——慢走。」慢慢走可以避免產生高山症，而且登山客攻頂的機率也會增加。亨利對「慢走」的步調非常失望，他爬梅魯山時的步調非常快，連領隊都暱稱他是「高山瞪羚」，瑪莉無比驕傲地對我們說。迪誕指著步道旁優雅的薰衣草色花朵說：「這些花叫做鳳仙花。」

「想搶先？❼」我笑著說：「我完全明白那種感受。」

「諾艾利小姐，幸運之神是站在妳這邊的喔。」迪誕說。「大部分登頂的都是老人和女人。」

「真的嗎？我還以為都是年輕男人呢。」

他搖搖頭說：「他們太過熱血無法慢下步伐，總是一路衝衝衝，到最後只得下來。」

我們抵達第一個休息區後，我一屁股坐在野餐長椅上，瑪莉坐我隔壁。「爬完山後，我的屁股最好給我翹一點。」我邊對瑪莉說邊把雙腳往前伸展。我的腳到目前為止還算表現不錯，之前三小時基本上就像在爬一個巨大的階梯。我想我的訓練的確有用。

迪誕和副領隊不是在嚇跑貓鼬（牠們會從樹叢中探出頭來，小小的臉長得像熊，不過長長的身體像鼬鼠），就是在揮手趕走一種長嘴烏鴉。這種烏鴉會突然朝我們背袋裡的午餐俯衝然後再

❼譯註：Impatiens（鳳仙花）和 impatient（沒耐心）發音類似。

快速逃逸（迪誕說走步道時，常會有這種情況發生）。他們沒有在趕動物時，就會坐在四、五公尺遠外的大圓石上吃午餐。我們這裡的野餐桌還有很多空位，但我們邀請他們一起用餐時卻遭到婉拒，讓人更強烈地感受到吉力馬札羅山區盛行的種族隔離風俗。

大部分的營地竟然有堪用的廁所，沿著步道還有屋外廁所，這一定是上帝的奇蹟。露營者要自己帶衛生紙，所以我帶了四捲以撐完全程。吃完午飯後，我從背包裡拿出一捲，慢慢到屋外廁所。我覺得拿捲衛生紙在手上有點不太自在，好像在大剌剌地昭告天下我就是要去上廁所。進到屋外廁所後，我發現所謂的廁所不過就是一塊中間有個洞的木板。「嗯，這也太妙了吧！」我心想。蒼蠅懶洋洋地在洞口上繞圈飛行，不知道我蹲下來的時候，會不會有其中一隻飛進我的陰道裡？如果真發生這種事，不知標準流程應該怎麼處理？還好我蹲下時，蒼蠅驚恐地四散飛去。已經操勞過度的肌肉在我蹲下來時微微顫抖，但是真正的問題在我的排尿系統。它運作的方式不像水管，而比較像有五個噴嘴的噴水器。如果坐在馬桶上就沒什麼大問題，但現在我的尿尿四處亂噴，沿著我的股溝一路流到腳上，再流進我的登山靴裡。

我們過夜的第一站是曼德拉營地，這營地座落在一片霧氣瀰漫的森林空地中。我們在傍晚抵達時，領隊和挑伕早就已經等在那兒好幾個小時了，他們漫步在營地綠意盎然的斜坡上講著手機，其中一位耳朵上還戴著藍芽裝置。安頓好之後，我們走進放著長桌的用餐間，你可以聽到人們用各式語言交談，不過這種多樣性也就僅止於此。除了一個亞洲團體外，其他所有登山客都是白人。這些團體走不同路徑上山，但會在三個露營地一起吃飯和睡覺。最大的團體有二十三位登山客，是來自華盛頓的基督徒，他們是為了幫賴比瑞亞籌措購買乾淨飲用水的資金而爬的，其中牧師還帶著他十歲大的兒子一起來爬山。牧師用力敲了敲玻璃杯，結果不只有他那張桌子，而是全場都安靜下來了。接著，他用很有威嚴的語調朗誦了晚餐前的禱告詞：「耶穌基督，感謝您讓我們在這趟旅程中培養了深厚的情誼，也請您引導今晚我們在晚餐的對話，讓我們更能強深化彼此的友誼。奉主耶穌的名，阿門。」

我正把扁豆湯舀進嘴裡時，瑪莉低聲說：「妳看看那個人。」我隨著她的視線往餐廳的另一端望去，看到一位坐在輪椅上的男子。「之前，我不小心聽到有人說他是下身麻痺患者，他的朋友用繩子拉著他的輪椅上山。」

我看著另一位登山者用湯匙餵他吃飯時，心想也許他不是一生下來就下身麻痺。如果是這樣，那這些人是在他麻痺前還是麻痺後成為他的朋友？是前者還是後者更能彰顯這些朋友的偉大人格？

我們用完晚餐後，三人一起回到營房。這些營房實際上是一間間有傾斜屋頂的小木屋，傾斜的牆壁上連著三張狹窄的雙層床，上面鋪著薄薄的塑膠床墊。小木屋窄到我們得輪流站在房子的中間。事實上，這兒的大小跟海牛號的船艙有得比。這個營地的小屋足夠容納六十人。沒多久，一位挑伕就提來熱水讓我們刷牙，接著就快快走回營地另一端挑伕和領隊的住宿區。明天早上七點半才起床，所以我想我們應該會看一下書，或是聊個幾小時的天，但瑪莉和亨利在八點就已經準備要睡覺了。我沒得選擇只好一起就寢。用餐間已經關了，我也沒其他地方好去。

營區小屋沒有暖氣，所以我們穿著羊毛登山褲和長袖運動衫睡覺。我得套上更多衣服才能上床睡覺，這還是頭一遭。我穿上潔西卡借我的藍色羊毛上衣，這樣讓我覺得自己沒那麼孤單。

我們各自選了底下的床鋪，打開專為嚴寒氣候設計的睡袋。這睡袋不像一般的睡袋讓頭、頸裸露在外，而是一路包覆住肩膀和頭部，臉部開一個小口透氣。睡袋的形狀就像法老的棺槨一般，頭頂較寬，往下逐漸變窄。這樣的設計會影響睡覺的方式，我通常是側睡，但是因為睡袋很窄，我的手臂只有兩種姿勢可擺：直接伸直擺在身體側邊，或是像暴龍一樣縮起來放在胸前。在沒有安眠藥協助的情況下，躺在有墊子的棺材裡，擺成恐龍的姿勢睡覺真的是一大挑戰。更別提我的生理時鐘還停留在紐約時區下午一點，根本就還不想入睡。有好一會兒，我聽見自己的心臟怦怦地快速跳動著，努力要適應稀薄的氧氣。接著我慢慢吸氣吐氣，讓自己的呼吸與亨利夫婦二人同步，希望可以誘使身體以為它已經睡著了。小屋內沒有窗戶所以很黑，有時我會忘記眨眼，反正周遭也黑得讓我無法分辨自己的眼睛是張開還是闔上的了。我時不時就會翻個身，只為了打破黑夜中一成不變的單調。

儘管愛莉諾是上流社會出身，她卻很喜歡露營。在一九二五年的夏天，她和南希以及瑪莉安這對同志情侶帶著九歲的兒子強尼、十一歲的小富蘭克林還有兒子的兩位朋友，展開一趟為期十天的加拿大露營之旅。他們擠進愛莉諾七人座的別克房車，只帶了兩個帳篷、炊具、還有一個急救箱就上路了。他們沿著聖羅倫斯河隨意選擇農地紮營過夜，途經新罕布夏州時，租借了幾頭驢子去攀爬懷特山區。面對困苦或是令人不適的情況時，愛莉諾總是無比的勇敢。富蘭克林感染小兒麻痺症之後，常常在佛羅里達州的沿岸乘船航行，他希望溫暖的海水以及氣候可以改善病情。有空間幽閉症的愛莉諾沒辦法睡在船艙裡，就選擇睡在甲板上。儘管她覺得睡在由一望無際大海包圍的地方並沒有比較安全，她還是這麼做了。「我們晚上泊船時，呼嘯的風聲讓我覺得既毛骨悚然也很有威脅感。」她之後寫道。「佛羅里達州的蚊子全部都朝我進攻……結果我身上佈滿了紅腫的蚊子叮咬傷口，看起來很像得了後期的天花。」

我不清楚已經過了多久時間。三分鐘？一小時？偶爾我會把手腕舉到眼前，壓一下電子錶上的按鈕。錶面會亮起來，顯示出外星人般的綠光。十點半、一點零四、一點半、兩點十分、三點三十三。我先前吃了一種叫做丹木斯的防高山症藥物，可以避免腦水腫和肺水腫。這藥會促使氧氣進入血液中，加快環境適應的速度。它也有利尿的功效，意思就是每晚我得起來上四次廁所。外面只有攝氏零下十二度，而公廁遠在五十公尺之外，所以上廁所是要準備的。首先我一路扭動爬出睡袋，還得小心不讓身體摩擦尼龍布料的刷刷聲吵醒瑪莉和亨利。接著我得在黑暗中摸索，找出厚重的登山外套以及登山靴。穿好外套與鞋子後，我得打開頭燈。頭燈基本上就是一個有彈性的頭帶，前額連著一盞手電筒。其中有一次去上廁所時特別痛苦，因為我聽到一種從未聽過的嗶嗶剝剝動物聲響。我往廁所前進時這聲響慢慢朝我靠近，讓我嚇得拔腿就跑，頭燈在黑暗中不斷晃動。我最後一次查看手錶時已經凌晨四點三十分了，後來我一直睡睡醒醒，直到三小時後迪誕把我叫醒。

*

第二天，濃蔭遮天的雨林變成了間雜著灌木和石南植物的連綿山丘。我們終於可以看見遠在幾公里外的吉力馬札羅山頂了。迪誕幫我和吉力馬札羅山拍幾張合照（之後我才發現我的大頭幾乎擋住了百分之九十五的山！）。我們繼續往前走進一大片遼闊的荒原。區和區之間的過渡很突兀，就好像迪士尼的奇幻王國一般，分成了好幾個主題區：拓荒世界、明日世界和幻想世界等。你可以在登山步道上畫出一條線，清楚標示出一區的結束和另一區的開始。荒原的風景看起來就像是蘇斯博士畫出來的超現實童話，其中以半邊蓮長得最詭異，有纖細的樹幹、球根狀的樹枝，頂端還往外開展長著亮亮的葉子，遠看像一顆圓蓬頭。

我沉浸在自己的思緒裡，驚訝著今天肌肉怎麼完全不痠痛時，瑪莉問我：「妳覺得妳會嫁給麥特嗎？」

我眨了眨眼。「什麼？」我不敢相信這個問題竟然一路跟我跟到了非洲。不過話說回來，如果麥可傑克森的死訊都能傳這麼遠，我想天底下什麼事都有可能發生。

「因為吃早餐時妳說他是妳老公，所以我以為……」

「我有嗎？沒有吧！」我回想之前的對話內容。「我說他是我男朋友。」

「妳說他是妳老公喔。」

「妳一定在我說之前說了『老公』這字眼，我才會不小心說錯啦。也有可能是高山症作祟喔！」

她會意地笑了笑。「嗯，妳真的說他是妳老公，我和亨利都有聽到耶。」她轉向亨利，他點了點頭表示確認。亨利今天臉有點臭。我們今早出發時，他狡猾地走到前面帶隊，慢慢加快隊伍的速度，到後來大家已經接近小跑步的程度了。迪誕只得把副領隊安插在他前面，讓亨利把速度慢下來，他從那時起臉色就不太好看。每當瑪莉問他要不要吃一條能量棒，或是問他感覺如何時，他的回應都只有簡短的一個字。不過瑪莉卻對他的臭臉無動於衷，她要不就是沒注意到，要不就是不在乎。

我們經過一位坐在路邊喘口氣的挑伕。瑪莉說要把自己的飲用水倒一半進去亨利已經空了的保溫瓶，他很樂意地接受了。

「我是護士。」我繼續往前走，她聳聳肩說：「我習慣照顧別人。」幾分鐘後，亨利靜靜越過滿是塵土的步道，走過來握住瑪莉的手。我臉上漾起一個微笑。

昨天瑪莉坦承原本她以為領隊的名字不叫迪誕，而是叫「低檔❽」。結果今天一整天下來我得不斷提醒自己，否則我每次叫他都差點叫成低檔了。我們今天穿著褲子和T恤，但只要一起霧就會套上羊毛長袖上衣，起霧的速度通常快得驚人。前一分鐘還晴空萬里，轉瞬間眼前就會豎立起一道濃霧之牆，你只看得見前方六公尺以內的景物。

霍倫坡營地座落在懸崖旁，營區小屋都跟曼德拉營地的一樣，外觀呈現A字形，不過卻漆上讓人很有壓迫感的煤黑色，與一縷縷飄在崖邊的白雲（看起來很像加州大瑟爾區的泡沫浪花）形成強烈的對比。現在的海拔有三千六百公尺高，已經超過雲霧線了。往下遠眺密實的雲霧像大海般，一路往水平線延伸過去，是我見過最令人魂牽夢縈的景致。夕陽染紅了雲朵，讓雲朵看起來帶了一點女孩的嬌嗔和憨態。晚餐過後我去散步，一路漫遊到挑伕的營區。有一半的人笑著打招呼說「將波！」不過許多人好像認為我是侵入者，對我怒目相向。這就是吉力馬札羅山觀光業的

❽譯註：dismal，有抑鬱之意。

微妙拉鋸，他們知道要靠觀光客才能維持生計，但同時又因為這樣而憎恨我們。坦白說，我不怪他們。

每天早上我們都要把自己的睡袋捲進小小的背袋，這袋子有一條繫帶，所以很方便攜帶。要把一百八十公分長的蓬鬆睡袋擠進六十乘六十公分的小背包裡，遠比你想像困難得多。你好不容易把一邊塞進袋子裡，另一邊卻會跑出來。我整理睡袋時腦中浮現一個慣用語「牧貓⑨」，所以捲睡袋時，想到明天早上不用再捲一次睡袋還真是鬆了一口氣。登頂前我們會在這裡過兩夜，以適應高山海拔。睡覺前瑪莉走出小屋刷牙時，我和亨利陷入尷尬的沉默，平常只有我們兩人時就會這樣，所以他假裝忙著用我的瑞士小刀修理壞掉的門（我會帶這把刀主要是因為裡面有附指甲銼刀）。我躺在自己的床鋪上，看著刻滿上方木頭的塗鴉。霍倫坡營地是攀爬吉力馬札羅山的中繼站，登山客會在這裡過夜再登頂，但登完頂要下山時也會在這裡再過一夜。因此，霍倫坡營地可以容納一百二十位登山客，是曼德拉和奇波營地的兩倍。我們的小屋牆壁上，刻滿了登山客對攀登吉力馬札羅山的感想。有一位沒有署名的登山客說這趟登頂之旅「極度痛苦」，但又說「美景是值得付出痛苦的代價」。珊娜・希爾博在二〇〇七年七月二十號寫道：「身體的疼痛只會持續一下子，但是登頂的驕傲會持續一輩子！心靈的力量可以戰勝肉體的痛苦，你一定行的！」另一個就沒那麼煽情，「ＪＭ和ＢＫ」叫我們「要不往上爬，要不就回家！」瑪莉和亨利帶了一個數字溫度計，每晚測量屋內的溫度已經變成他們的習慣。今晚溫度計上顯示的數字是攝氏三度。瑪莉和亨利準備就寢時，我們隔壁小屋的登山客還在嘰嘰喳喳地聊著白天發生的事，偶爾因為彼此說的笑話發出咯咯的笑聲。

「哎，希望隔壁那些喜愛社交的派對動物可以早點安靜下來。」瑪莉氣呼呼地邊說邊爬進睡袋裡。我看了一下手錶，才晚上七點。我覺得自己好像囚犯，又到了名為就寢的坐牢時間，我清醒地躺在床上足足六個半小時。我第三次去尿尿時，打開壞掉的門，發出咿咿呀呀的聲音，這扇門連亨利都沒辦法修好。我搖搖晃晃地朝女廁走去，這裡的地形比曼德拉營地還要崎嶇，所以我腳開開地走路以維持平衡。我進去的那間廁所顯然有和痢疾奮戰的人來過（看樣子是輸了）。

回小屋的路上，我的左腳踩到石頭滑了一下往後倒，手掌和屁股朝地摔在地上。倒在地上時，我的視線直直看著頭頂的天空，倒抽了一口氣。我往後靠在我的手肘上，盯著夜空看。夜空散發著點點星光，星星不但明亮而且很清晰。我記得將近一年前的那晚，我在盪高空鞦韆時看到紐約的天際線在夜晚閃閃發光，萬家燈火映照著夜空非常美。但是眼前的美景該怎麼說呢?!這幅景致看起來就像外太空的照片一般！光是以直線在空中前進的，而大氣讓光彎曲散發出光芒，創造出朦朧的星星和薄霧般的黑藍色，居住地區高度與海平面差不多的人眼中的夜空就是這樣子。不過在這兒大氣比較稀薄，所以也比較少塵粒和氣體分子來破壞夜景。我們離光源更近，包圍光源的夜也更黑。

每天早上我等亨利和瑪莉出門吃早餐後，才在攝氏三度不到的低溫中脫掉衣服，咬著牙用濕紙巾擦身體。這就是我的「洗澡」。人必須維持某種程度的禮貌，所以即使什麼都沒擦、得直接

❾譯註：herding cats，有任務困難，幾乎不可能完成之意。

剃腋毛，我還是剃了。著名的女演員凱薩琳・丹妮芙曾經說過一句名言：「一個三十歲的女人，必須在屁股和臉蛋之間作選擇。」她指的是老化這件事。理論上來說隨著年紀增長，你要不就是身材苗條，要不就是臉蛋年輕，但不可能兩者兼顧。我還有一個月才滿三十，卻已經得在屁股和臉蛋間作選擇了。我的鼻子以為現在是冬天，從進入雨林開始就一直鼻水流個不停。我的衛生紙消耗得很快，如果我一直擤鼻涕，四捲衛生紙絕對撐不完全程。所以，我改用特地為這趟旅程買的擦臉毛巾來擦鼻水，這種毛巾就是以強力吸水性聞名的。我的原則是不用手帕來擤鼻涕，我覺得很噁心，用樹葉擦屁股我也同樣不能接受。

不要以為我們待在霍倫坡營地兩天，就表示白天可以休息。想得美！我們今天要去爬四千兩百公尺高的斑馬岩，據說可以幫助我們的肺部適應低氧的環境，在登頂的時候氧氣也會同樣稀薄。爬的時候真的很辛苦，不管我走得有多慢，就是喘不過氣。我喘得彷彿剛跑完長程衝刺賽一般，而且喘的感覺久久不散。我越來越氣餒，到後來不管任何人事物都能讓我發脾氣。我甚至覺得美國用的不是公制單位很討厭，因為每次迪誕跟我們說現在高度幾公尺，或是我們已經走幾公里遠時，我根本沒概念他講的高度和距離是多少，我累到連換算的力氣都沒有。

爬山就好像用快轉的速度在談戀愛一般。以前你覺得另一半迷人的優點，後來都會變成你討厭的缺點。第一天的時候，我覺得亨利用獨特法式上揚的口音唸自己名字時很可愛，聽起來好像唸完時尾巴都會加個驚嘆號（念成翁——類！）。現在每次只要有人說亨利的名字我就覺得刺耳，聽到時我的肩膀真的會縮一下，頭會微微轉向旁邊。這樣只會讓我更加想到他那含糊的個性，他總是粗暴地對待他的相機，還把上衣紮進去（紮進去耶！）。同時，瑪莉又很愛問問題，一直不斷地問！大部分時候我更討厭他們總是想要超前眾人這一點，不是只有美國人才會這樣嗎？到底是誰會去爬一座四千兩百公尺高的山當作練習，好讓自己可以隔天去爬五千七百多公尺高的山啊？真是一對怪胎！

現在和我一起上山的那隊加拿大籍登山客根本就是用跑的，攔都攔不住，到下午的時候，我對他們的怨念已經像一千個燃燒的太陽那般炙熱。我和他們之間的距離逐漸拉大，他們的背影越來越小，到後來我甚至用拇指和食指就能捏碎他們。迪誕和我一起在後面走，眨眨眼說：「波利——波利就行了，那才是到達主辦公室最好的方法。」迪誕把吉力馬札羅山的山頂稱為是他的主要辦公室。順帶一提，吉力可真是個愛戲弄人的女孩呢。前一刻還看見山頂赤裸裸地站在我們眼前，下一刻她就用雲霧把自己包住，就像在一夜情後，羞怯的女子走到床下拿散落在地上的衣服時，會用被單包裹住自己一般。

「吉力正在睡覺。」每當她隱沒於雲霧間時，迪誕就會這樣說。（「還真好啊！」我心裡不滿地說：「至少她今天還有得睡啊！」）

離開霍倫坡營地三小時後，迪誕和我終於抵達斑馬岩。斑馬岩以前是一座黑色的火山岩懸崖，不過在富含礦物質的雨水多年沖刷下褪色了，現在表面覆蓋著白色的條紋。我必須承認斑馬岩看來氣勢相當驚人，請注意我說的是用「看」的。我在讚嘆眼前的景致時，注意到斑馬岩旁有一條相當醒目陡峭的登山步道蜿蜒而上。我把鼻梁上的墨鏡往下一推，透過鏡片的上方看著這條陡峭的步道。接著我轉向迪誕。

「等等，我們該不會要爬那個吧？那步道幾乎是垂直的耶，這跟殺人沒兩樣吧？」

「看起來很像通往天國的窄梯吧?」迪誕帶著夢幻般的口吻說。

「是通往地獄的道路吧?迪誕。」我斷然說。

「波利——波利,諾艾利,波利——波利啦。」

「要我慢慢走沒問題啊,妳沒看到我一直都很慢嗎?如果再走慢一點,就會站在那兒不動了。」他回了我一個微笑。

儘管步道坡度很陡,卻沒我想像的那麼糟。我在旁邊的一個小縫隙坐下來,其他一群群的登山客都聚集在山頂,吃著各式各樣的零嘴糧食。有個來自教會團體的傢伙給了我幾片芒果乾,這食物和我想像的差不多。

我回到霍倫坡的時候,當天早上完成攻頂的登山客步履蹣跚地回來了,看起來就像難民般。他們眼神狂亂、肢體僵硬,有很多人嚴重曬傷,每一位身上都弄得很髒。吃晚餐時,隔壁桌有一位十四歲的男孩站起來,一句話都沒對家人說就走到用餐間外面。透過窗戶我們看見他彎下身吐了三次。幾分鐘後,我們看見一位全身滿是塵土的女子,如同受傷的足球明星一般,兩手各掛在一位挑伕的頸背上,由人攙扶回到自己的小屋。瑪莉和我擔憂地看了彼此一眼。亨利問坐在我們旁邊,看起來很八卦的德國夫婦,山頂有沒有下雪。「沒,不過下山的時候下了冰雹。」這男人回答。

冰雹?沒人說過會有冰雹啊!安全帽是我唯一沒帶的東西耶。我一定沒辦法成功攻頂的。我明天怎麼可能再爬兩千一百公尺?今天才六百公尺我就差點爬不完了。我感覺淚水湧上眼睛,我得回到小屋去,不能在這裡哭出來,但首先我得先吃完晚飯,否則明天會沒有足夠的體力。我開始用叉子大口塞進義大利麵，我想盡快吃完所以拚命咀嚼。我咬到舌頭但還是繼續吃，用一片炸麵包不斷在盤子追著麵條包起來吃。我又咬到舌頭，這次流血了。我的叉子鏘啷一聲掉在盤子上，接著慘事發生——我雙手掩面開始哭了。瑪莉和亨利靜了下來，這種尷尬的沉默是因為他們跟我不是很熟，所以不知道該問我發什麼事，還是該放任我發洩就好。我用手指迅速將臉頰上的眼淚抹掉，臉部表情維持鎮靜地站了起來。

「我吃飽了。」我宣佈完就快速離開用餐間回到小屋。幾分鐘後，我正在淨化內心、好好大哭一場時，有人敲了門。才剛開始哭泣就遭到打斷，就像自慰到一半被打斷，或是聽一首好歌聽到一半有人突然扯掉你的耳機一樣。我覺得內心有一股閃現的怒意。我打開門以為會看到瑪莉和亨利，但是站在門口的竟然是迪誕。他們一定是對迪誕說了剛發生的事。

「諾艾利小姐妳身體不舒服嗎？」他擔心地皺著眉。

「沒事，我沒有不舒服。」

「沒有頭痛？想吐？」

「我很好，真的。我只是需要獨處一下。」

「那明天早上見。」他脫帽致意後就離開了。我關上門，感覺到臉又再度扭曲，我嘴唇噘起、下巴抽動，眉毛也皺在一起。我彎下身發出啜泣的喉音。我覺得要參加這趟旅程時，就已經知道一定得自己一個人來，這樣我才不用把男友或是朋友當成依賴的拐杖。但是我突然之間好想家，我好想麥特、潔西卡、克里斯，還有康・艾迪森瓦斯暖氣公司。「**我再也不會視你們為理所當然的存在了！**」不過我最想念的是我的睡眠。我已經來這兒六天了，真不敢相信我還要五天才能夠回家。我想起了克里斯上禮拜對我說過的一件事情。

「我知道已經事隔多年，但我還是要跟妳分享一個以前在大學時當划船選手的小秘密。」他說以前在耶魯划船隊時，常常得在划艇機上做計時測試，這測試還有個很相稱的暱名叫「噁格」（erg）。「測試的那一小時是你人生中身體承受最大痛苦的時候，我總是告訴自己『不管怎樣，所有痛苦都會在一小時後結束』。無論我表現好還是不好，或是甚至有糟糕的事情發生，像是拉傷肌肉等，在不久的將來，我就再也不用做這件事了。這種想法好像有點阿Q，不過卻很有用喔。」

「只要記住一點，」他說：「情況變得棘手的話，就吃掉夏爾巴人吧！不然夏爾巴人住這麼高要幹嘛？」

我已經吃完晚餐了，而克里斯、潔西卡、比爾和麥特卻還沒吃午餐，這種感覺好怪異。他們身處的地方是夏天，我這兒卻是春天，彷彿我跨越到別的時空，他們住在一個和我平行的宇宙裡。我想我的確是到了不同的時空，我活在未來。我小時候老爸常去中國出差，每當他打給我，我第一句話問的就是：「你那邊今天幾號？」休士頓是禮拜一，而老爸卻在禮拜二打給我，光是想到這就讓我感到無比興奮。現在這種念頭卻讓我充滿了悲傷，所有我愛的人都活在過去。

我給自己十分鐘，讓一切回歸平靜。為了讓自己冷靜下來，我像唸經般不斷地重複愛莉諾說過的一句話：「你得去做你認為自己無法做到的事。」我非常感謝瑪莉和亨利在用餐時間多逗留，讓我有時間振作起來，他們回來後，我帶著笑容在就寢前和他們愉悅地聊天。

適應日的練習真的發揮了效果。隔天早上在前往奇波營地的過程中，我和迪誕一起橫越高原沙漠的紅灰色沙土，卻一點都不喘。亨利和瑪莉在更遠一點的前方步道，用極快的速度移動著。這裡的景致就跟火星一樣完全沒有樹木，杳無人煙，只有零星散佈、高度不超過三十公分的岩石，吉力隱約就在我們眼前。雖然離山頂還有好幾個小時遠的路程，但是我已經可以看到筆直蜿蜒往山頂的那條步道了，當天晚上我們就要沿著步道登頂。多年來經過數十萬雙靴子的踩踏，這條步道的顏色比山的其他部分都還要淡。溫度越來越低，我現在身上穿了好幾層衣服，也穿上了最厚重的外套，還戴著手套。

某個東西正朝著我們而來，是個男人，登山客之一。他正躺在一個三輪的手推車擔架上，躺在睡袋裡包得像個法老般幾乎看不見臉，一路由人扛下山。他們經過我們身邊時，迪誕用斯華西里語和其中一位推著手推車的挑伕講了幾句話。

「他的頭劇烈疼痛。」迪誕為我翻譯。「開始失去平衡，沒辦法走路。」我點點頭，努力不去想每個月都有一位登山客死於腦水腫的統計數據。高山腦水腫很容易致命，因為這種病症需要立即進行醫療處理，而且通常都在已經入山好幾天、在海拔最高的地方才發生。下山到最近醫療院所的路途不但漫長而且也很危險。

我改變話題問：「冰河真的在逐漸消失嗎？」

「沒錯，大概再二十年就沒了吧？只會少不會多。」他嚴肅地說。他指向山的底部說：「有沒有看到白色屋頂？那裡是奇波營地。以前冰河會一路往下延伸到那裡。」我知道現在是枯水季，但山上的雪少得讓我震驚。整座山幾乎都是褐色的，只有在左邊有一條令人心酸的小冰河，好比一撮太小的假髮。

我們停下來吃午餐時，那位下身麻痺患者也在這兒，耐心地在椅子上等候他的朋友輪流餵他吃飯。離開霍倫波七個小時後，我們抵達四千五百公尺高的奇波營地，也就是登頂前最後的紮營地。奇波不像其他的營地有小屋，而是一棟原始石造的社區型建築物，錫製屋頂終年在陽光底下閃耀，建築物裡的石造長廊兩側有上下鋪房間，就像宿舍一樣。走廊的盡頭是一間小小的用餐間，登山客下午五點會在這裡的野餐桌吃點輕食當晚餐，接著睡幾小時，出發登頂前再吃個消夜點心。這裡用太陽能板發電，不過沒有自來水也沒有暖氣。今天沒出太陽，所以室內感覺起來更冷。我們立刻開始加穿衣物，亨利用溫度計測量屋內溫度，上面顯示了攝氏零度。

我們小口地吃著晚餐的湯和粥，這種食物大概只有《孤雛淚》裡的奧利佛・崔斯特、還有《金髮女孩和三隻熊》裡的那個小女孩以及三隻大小不同的熊，才會吃吧（而且我跟你說，我真的不知道奧利佛腦袋裡在想什麼，竟然還要了第二份）。我吃完晚餐快速回到房間，舉起雙手放在眼前。我的身體只顯示出一個身處高海拔的跡象，就是浮腫，我的臉尤其嚴重。之前我用旅行小鏡子擦防曬乳時，覺得我好像是用湯匙背面看著自己的反射影像似的。我想起了藝人史提夫・馬丁說過的老笑話：「我喜歡肩膀連著頭的女人，我痛恨脖子。」

他們在晚上十一點半的時候來找我們，不斷提供茶水和餅乾。除了T恤和短褲外，我還穿上了每一件帶來的衣服。我總共穿著五層上衣、長衛生衣褲、羊毛絨褲還有防風褲。我丟了幾個打開就會熱的暖暖包到針織手套裡，手套是潔西卡借我的。每個人都有自己的挑伕跟著一起上山，他會揹著我們的行李，裡面裝著水、佳德樂運動飲料，還有讓我們一路能維持體力的小點心。

我們大約要花五個小時才能到達山頂，途中會在一塊叫做吉爾曼角的空地稍事歇息，然後沿著火山的周邊走一小時，再往上攀升海拔兩百零五公尺，就會到達吉力馬札羅山海拔五千八百九十五公尺高的烏呼魯頂峰。副領隊以及過去整個禮拜當我們服務生的傢伙會和亨利和瑪莉一起走，迪誕則是會陪我上山。其他挑伕會往下走回霍倫坡營地，我們今天下午會去那邊和他們會合。所有和我們一起住宿的不同團體要同時一起登頂。我們全體從住宿區踏上登山步道時，彼此安靜地點點頭祝對方好運。

「為什麼大家都得在半夜登頂？」我問迪誕。鞋子踩在柔軟的泥土上嘎吱作響。

「最適合觀光客，日出的天氣最好，而且風景也最美。」他停頓了一會兒，思考要不要告訴我下個部分。「而且這樣一來，登山客就不會看見山道有多陡峭，也看不見離山頂還有多遠。如果看得見的話，大部分的人會放棄，轉頭下山。」

一開始泥土很硬，後來步道越來越陡峭，混合了更多的硫磺灰和小石塊，其實和人剛燒成骨灰的樣子差不多。接著石塊消失，步道變得非常鬆軟。我們努力在煙灰缸裡往上爬，我踏出每一步都得把靴子的鞋尖刺在土裡，才不會往後滑。瑪莉和亨利很快就消失在我眼前，不過迪誕和我盡可能地走快一點，超越其他團的登山客。整個過程就像冥想一般，連續好幾個小時，我訓練自己把目光放在地上的光圈，看著迪誕的鞋後跟上下擺動。我想起了一句古老的諺語：**「你要怎麼吃掉一頭大象？一次一口慢慢吃。」**

我時不時回頭看，很驚訝地發現後方步道上閃爍點綴的頭燈形成一條非常陡峭的下降線條。

「不要四處看，諾艾利小姐。」迪誕看到我的光圈移開地面時，如此提醒我。「要專心盯著前方看。」除非有人用力推我，否則我無法想像現在還有什麼事情會讓我放棄登頂。都爬到這裡了怎麼能浪費？此外，唯一比上山更糟的就是在黑暗中下山。就跟一年前那副搖搖晃晃的高空彈跳梯子一樣，上去比較沒那麼可怕。

在這麼高海拔的地方，氧氣濃度只有平常的一半，我的任務就是要盡可能讓氧氣可以流到大腦。我結凍的鼻毛硬得跟石筍和鐘乳石一樣，張大鼻孔呼吸時，硬邦邦的鼻毛像刀般劃著鼻腔內壁。所以我改用嘴巴呼吸，像金魚一樣粗魯地張大嘴巴。每隔幾分鐘我就擤一次鼻子，我的手帕上沾滿了帶點血跡的脫屑，還混合了結冰的鼻屎。我鼻子下方的肌膚因為過度摩擦，刺痛紅腫得像希特勒的小鬍子。我聽見後方步道上有登山客嘔吐了。

迪誕偶爾會問：「妳還好嗎？諾艾利小姐？」

「嗯！我很好。」我到目前為止都沒有出現高山症的症狀，甚至連頭痛也沒有，雙腳也非常有力。我覺得很冷，但只要繼續走動就不會那麼不舒服。

「就一個以前從沒爬過山的女孩而言，妳的表現很令人驚訝呢。」他詫異地搖搖頭。「大部分的人到現在這個時候，都會非常非常疲倦。」

連續爬了四小時後，地形轉為大圓石，挑戰也不同了。有些岩石甚至比我還要大，斜坡陡峭到我必須用雙手雙腳攀爬。由於我運用到了手臂和背部肌肉，身體就開始感到疲倦了。我似乎呼吸不到足夠的氧氣，每隔十分鐘就得休息。我稍稍領先教會那群人，告訴自己不可以讓他們超過我。我可不想卡在一群人龍後面。我休息的時候坐在一顆大圓石上，看著他們的頭燈排成一列朝我而來，好比是一串聖誕燈泡要向我宣戰似的。他們越來越靠近，我非常不情願地站起來告訴迪誕：「好了，我可以繼續走了。」

我很難保持洞察力，因為人在山裡的時候唯一缺乏的就是整體的概念。我離山太近，根本就看不清楚也不知道自己和山頂的相對位置。我以為我就快攀登到頂峰，但是當我攀上去才發現還有一個頂峰，這還真是前所未見！我手腳並用地爬過下一個「頂峰」，才發現還有另一座更高的山脊。

「這座山怎麼一直在製造更多的山啊?!」休息的時候，我氣喘吁吁地對迪誕說。「這裡到吉爾曼角還有多遠？」我再也無法專心看著前方地面，而是一直想著終點目標。我把一條冷硬得跟粉筆似的巧克力棒塞進嘴裡。

「我們已經走了百分之八十五了，諾艾利小姐。」

「才百分之八十五?!」我大聲嚷嚷，有幾塊巧克力碎屑掉到泥土上。「你見鬼的開什麼玩笑？我以為我們現在好歹已經走了百分之九十五！」

現在我們又開始繼續移動，我快要窒息了。我笨拙地摸索著外套上的壓釦，不一會兒我就把前面的釦子全打開。「離我遠一點！」我對著外套尖叫，彷彿它是隻跳到我背上的動物。我扯掉一隻手套，手指往喉嚨摸去。我的脈搏速度快得連跳動的聲音都快聽不清楚。迪誕耐心地等候，什麼都沒說。他看這種場面已經看慣了。

十五分鐘後，我們站在一塊上面寫著吉爾曼角的牌匾前，旁邊沒有其他人。迪誕偷偷離開去上廁所，我盯著底下呈之字形的燈火朝山上而來，每個光點都代表一位不同的登山客。

「嗚——呼——！」我對著一片漆黑歡呼大喊。

「幹得好啊，小妞！」有某個人大聲回我，我猜不是教會那群人。

我努力想喝一口水，但水卻結凍了。我試了試運動飲料，也結凍了。迪誕回來後，我們出發繞著火山周邊走。

「這裡很危險，諾艾利。妳只能走我走過的地方。」

我們一路緊貼著大圓石走，以免筆直墜入右邊陡峭的火山口。我知道火山口就在那兒，二點四公里寬，一百八十公尺深，不過我卻看不見，也許這樣比較好。地平線上的天空已經開始泛白，讓我充滿急迫感。我想在太陽升起前抵達烏呼魯頂峰。

「要走快一點，要走快一點。」我不斷重複說著，但是說出來的話卻因為下巴感覺麻痺，聽起來緩慢又模糊不清。

我的上嘴唇已經非常刺痛了，所以我不再繼續擤鼻子。鼻涕順著一叢鼻毛流下來，凍成鼻涕冰棒。我們沿著壯觀、巨大、看起來就像白鯨的冰河走，聽見有人交談的聲音。我不斷往東邊地平線的方向看過去，我得比太陽快才行。我進入空地時，疲倦地將拳頭舉向空中。我很訝異地發現我是第四個到達山頂的人，我本來以為我前面還有很多人。第一個抵達的是一位戴眼鏡的紐西蘭男子，亨利和瑪莉緊接著抵達，比我早到半小時。

我以為我會覺得很驕傲，但是我現在卻很謙卑。「只有純粹鋼鐵般的意志才能讓妳爬上山頂。」貝卡這麼說過，但她錯了。我不相信飛十六個小時又爬了四天山的人會因為決心不夠而放棄。在上山的路上，我看到一位下身麻痺患者坐在輪椅上由他的朋友拖著上山。而我沒有碰上高山症、偏頭痛、嘔吐、腹瀉、肌肉疼痛，甚至沒起水泡；天氣完美極了，沒有雨也沒有雪。這些

事情原本都可能會阻撓我上山的。意志力當然和我的成功有點關係，但絕大部分的原因還是要歸於機緣——就像被酒駕撞到下半身癱瘓也是天外飛來的。我的體力沒有比落後我的人好，也不比那些放棄回頭的人佳。事實上，我心想，搞不好回頭的人更勇敢。選擇放棄回家的人，還得應付朋友和同事不經意地問：「你有爬上山頂嗎？」得面對別人的失望帶給你的罪惡感和自我懲罰——這才需要勇氣。成功攻頂與其說是達成一項成就，不如說是獲得一個省悟。爬上山很幸運，而我的人生一路走來也是這麼幸運。

不過山頂的景致真的是太美了。帝國大廈是四百二十公尺高，確切地說，你得把十三座帝國大廈疊在一起才等同於吉力馬札羅山的高度。吉力馬札羅山的頂峰是我去過的地方中最令人印象深刻同時也最低調的，那兒只有一塊粗糙的木板，上面用明亮的黃色寫著海拔高度，宣示著自己是世界上最高的獨立山峰。它知道自己無法與周遭的美景相比，所以根本連試都不試。我站在這兒看著即將在二十年內消失的冰河，也真的看見了地表的弧線。我突然意識到今年我看了兩次地表的弧線，一次是高空跳傘時，另一次就是現在。

我聽見啪的一聲，轉過頭看見迪誕拿起一瓶銀藍色的罐裝飲料喝。

「你現在竟然在這裡喝紅牛？」我一邊笑著說，一邊難以置信地盯著這瓶咖啡因含量超高的能量飲料。紅牛竟然在零下的溫度都沒有結凍，這點就夠讓大家擔心了。

我的相機電池一到頂峰就沒電了，還好貝卡之前就警告過我要帶備用電池。我站在木板前拿著自己畫的手製硬紙板，請迪誕幫我拍照。我等不及趕快回家，用這些照片讓爸媽還有麥特大吃一驚。瑪莉、亨利還有我對著彼此微笑，擺姿勢拍了一張團體合照，不過我們並沒有擁抱。我現在覺得自己和他們已經沒有情感上的連結，我是自己一個人完成了登頂，並沒有依靠他們。

也許只是我的想像吧，但過去幾天來，我總覺得我拍照時亨利就故意不拍，彷彿他不想承認我選的拍照地點很好似的。我舉起我的相機，他就立刻放下他的。我現在往他那兒望去，看見他的相機掛在旁邊。

我難以置信地問他：「你不拍一下冰河嗎？」

「不用。」他固執地說。

我聳聳肩轉過身，詫異地倒抽一口氣。在山的另一頭（日出照不到的那一面），下方層層的白雲一朵接一朵密實地往外綿延，我花了好一會兒的時間才意識到這白茫茫的一片不是雪。今天天氣很好，吉力馬札羅山的深色影子完美地映照在這片白色上。我盯著這片風景看時，覺得自己幸運得不可思議。要有多少事情聚在一塊兒才能讓眼前的片刻發生呀！我得在日出時準時抵達這裡、天氣要夠晴朗無雲沒下雪、白雲要厚到可以形成一片白色畫布，讓山的影子可以映照其上。

「實在是美得太驚人了！」我舉起相機大喊。「你一定得拍一下這個！」

亨利不屑一顧地瞥一眼後就走開了。

現在我們沒有繼續走動，就開始覺得冷了。每次拿掉手套拍日出對我的手都是種折磨，但我想要抓住每個片刻。通常日出都會讓我聯想到討厭的事：大學時通宵熬夜的苦日子；有幾次我帶著宿醉偷溜回家，身上還穿著前一晚參加派對的衣服，也不知道喝醉時跟哪個不可靠的男人鬼混。但為了這一次的日出，我放下了自己的偏見。日出的顏色不斷變幻，閃耀著光芒的金色變成了炙烈的銅色，接著又變成美得令人心痛的紫色和燦藍色。每一次我以為自己已經找到最喜歡的日出顏色時，太陽馬上又融出更引人注目的色澤。簡單來說，這次的日出是我畢生見過最壯觀美麗的景致。

之前一直有人提醒我們要小心「高山發狂症」，也就是身處高山缺乏氧氣而引發的精神錯亂。到目前為止我們沒有半個人行為異常，可是迪誕不想冒這個險。

二十分鐘後，迪誕說：「我們得走了，待在我的主辦公室太久可不好呢。」

下山要花三小時，步履艱難地往反方向走是個難得的機會，可以讓你重溫一下自己的成就，看看自己一路到底走了多遠。迪誕說的是對的。如果我早就知道在眼前的路是什麼樣子，我很可能就會放棄。在大圓石那段，我們從一個岩石踏到另一個岩石上，祈禱著岩石不要鬆動引發山崩。我們來到火山灰區時，火山陡峭又無垠地在我們眼前一路延伸而去。

我疲倦地看著迪誕說：「我能不能縮在一根大管子裡面，一路滾下山啊？」

這裡完全沒有可以踏腳的地方，地勢又太陡峭，根本無法在上面行走，結果我們是一路如「滑雪」般滑下山的。滑下山可是挺痛苦的呢，我們得一邊往後仰，一邊彎曲膝蓋，雙腳一路滑過漫天的火山灰。我可以自信滿滿地說我的膝蓋鐵定受損了。我們身上沾滿了硫磺灰、蹣跚地走進奇波營地。迪誕只給我們一小時睡覺。我只脫掉靴子，小心翼翼溜進睡袋裡閉目養神。

接著我們又回到步道上，瑪莉和亨利依舊活力充沛地往前方走去。迪誕和副領隊走在後方陪我，用史瓦希利語交談著。他們就像父母一般，一邊閒聊大人的事情，一邊還得注意不要讓自己還在學步的小孩離開眼前視線。我突然想到也許他們兩個人都不喜歡我，也不想和我一起走，但我連在乎這件事的力氣都沒有。我完全不知道要如何走完接下來十二公里的路途，感覺上像是個不可能的任務。

「就某些方面來說，下山是整趟旅途中最難的部分。因為你已經沒有努力的目標了。」貝卡曾經說過。

一般來說，上山耗損的是肌肉，下山耗損的是骨頭和皮膚。我步伐僵硬地走著，就像《綠野仙蹤》裡想幫自己的膝關節上油、在奧茲國裡不斷找尋失蹤油罐的鐵皮人。我的腳趾頭冒出了水泡，不斷頂著靴子的前方。我拉開背包側邊口袋的拉鍊，拿出了某個白色塑膠狀的東西。因為我想要用各種感官充分體驗吉力馬札羅山，所以我一直不去使用我的iPod，但是有的時候只有音樂才能讓你度過痛苦。六個小時以來，我不斷踉蹌地走在傾斜的步道上，靠著iPod裡面的播放清單奮力前進。幾小時後我的iPod沒電了，我很嫉妒它，至少它可以停下來休息。我為了讓自己渙散的心有事可做，就開始朗誦詩詞。「**我越來越老……越來越老……我穿褲子將閒散地捲起褲腳！**⑩」我抵達之前我認為和蘇斯博士童話很像的荒原時，努力地回想童書《喔！你將要去的地方！》裡面的字句。在我拍攝申請進入耶魯就讀的錄影帶時，這故事我讀了非常多遍，曾經背得滾瓜爛熟。

「你會和有潛力的人一起飛往高處。」我對著自己喃喃低語。

我踢到一顆石頭往前踉蹌了幾步。「波利——波利啊，諾艾利小姐！」迪誕在我後面大聲喊道。突然間，我發現自己有點亢奮，會是高海拔招致的腦部損傷嗎？腦部損傷的人有能力說出「招致」這種字嗎？我告訴自己，要是能背出這首詩剩餘的部分，我就一定沒有頭殼壞去。

往上啊往上，你會不斷走著，
我知道你會到達遠方
面對你的問題
不管他們來自何方。

「孩子，你的毅力可以移動整座山！」我口齒不清地大喊。

你都要出發去美好的地方了！
今天真是好運連番！
你的山正在等待，
所以……快快出發！

「妳在說什麼啊，諾艾利小姐？」迪誕喊著。

十五分鐘後，我在霍倫坡營地的三角形小屋間蹣跚徘徊。我買了一瓶可樂慶祝，不過我們

⑩譯註：取自美國詩人艾略特（T.S. Eliot）的詩《普魯夫洛克戀歌》（The Love Song of J. Alfred Prufrock）。

在幾小時內即將就寢，所以我打算明天早上再喝。我們準備好上床時，我擤了第五百次的鼻子。「拜託——諾艾兒，挑伕要挑的東西已經夠重了。」瑪莉拿我溼透的手帕開玩笑，我心想要不要趁她睡覺時把她做掉。我很享受這上山以來睡得最好的一晚，我只花了一個半小時就睡著了。想想之前我得清醒地躺六個鐘頭，還考慮要如何撞頭讓自己失去意識才不會造成真正嚴重的損傷，現在這樣真是苦盡甘來。隔天早上醒來時，我真的相信自己可以戒掉十年來對安眠藥的依賴，這是多我年來第一次這麼有信心。手上有拐杖時不去依靠是一件很難的事，但在這兒吃安眠藥就等於拿自己的生命開玩笑。對我來說，我是被迫不能吃藥，但卻讓我了解到其實我不需要安眠藥。

我們的小屋充滿了儲肉櫃的味道，隔天吃早餐時我打開非常冰涼的可樂，貪婪地大口灌下。可樂在我的舌間冒著氣泡，在喉嚨裡留下令人滿意的微刺感，說它是我喝過最好喝的東西真是一點也不為過。

儘管今天的要走的距離是昨天的兩倍，有二十公里遠，但今天已經不像昨天從奇波到霍倫坡的路途那般折磨人了。不過由於昨天的下坡「滑雪」，我的膝蓋已經發出抗議的尖叫。我慢慢走，像行屍走肉般搖搖晃晃地前進。瑪莉和亨利照樣往前衝。真是見鬼了，那些總是想要超越別人的人到底想要證明什麼？我對迪誕發牢騷說：「他們有想到我們要坐同一台車回阿魯沙市吧？所以不管怎樣他們都得在停車場等我耶！」

他笑著說：「波利——波利啊，諾艾利。」

我們在曼德拉營地停下來吃午餐，我在那兒又買了一瓶可樂，口感跟昨天的一樣舒爽、令人忘我。瑪莉和亨利已經離開了，所以我自己一個人用餐。為了打發時間，我拿出數位相機瀏覽在頂峰拍的照片。我在看有拿標示牌的照片時，心裡突然湧上一股緊張感。喔不！我的心狂跳。我一路看到最後一張照片，心沉到了谷底。我竟然沒有拿著「我　麥特」的牌子照相。我拿著爸媽的標示牌拍了數都數不清的照片，甚至還拿著「我現在很High」的標牌拍照。我還以為每個標示牌都有拍到，我怎麼可以忘掉麥特的牌子呢？這可是千載難逢的機會耶，我竟然就這樣錯過了。

我們穿過雨林、踏過原木、欣賞溪流形成的小瀑布時，我都在責怪自己。我在想要不要聯絡一位以前一起在雜誌社工作的影像編輯朋友，他可以幫我拍一張我拿著麥特標示牌的照片，然後把其他山頂的照片加印在上面。或許我可以用photoshop把其中一張的標示牌改成「我♥麥特」？我腦中突然浮現一個恐怖的念頭。我忘記拿麥特的標示牌拍照，是不是代表他對我沒那麼重要？忘記他的標示牌是不是一個預兆，顯示我們兩個不應該在一起？或者，我只是太專注於看美景（更別提我好不容易成功登頂，早就已經筋疲力盡），所以才會忘了？我不斷地和這些問題角力好幾個小時，最後決定放下不去想。有時候，標示牌就只是個標示牌，不具有其他意義。

最後，我終於汗流浹背、臉色潮紅地走出了雨林。在停車場裡，亨利、瑪莉和我把錢湊一湊，拿了小費給挑伕和領隊，感謝他們一個禮拜來的照顧。給了小費後，我身上帶的三百美金幾乎全花光了。不過，我額外塞給迪誕二十塊美金，儘管坦尚尼亞的每天的平均薪資不到一塊美金，我還是覺得這些錢並不足以代表我的心意。

我們排隊等候在一本簿子上簽名，這本簿子上簽滿了以前曾經登上吉力馬札羅山頂的登山客名字。輪到我的時候，我把自己拖到櫃檯前。好多名字啊！格子劃分得很整齊嚴密，所以沒有人可以把自己的名字簽得特別大。整個過程並沒有什麼儀式，簡直就像在排隊點名。這本寫有我名字的簿子簽滿之後，會有新的簿子接替，而舊簿子會被收放到它前輩的棲身之處（誰知道那是什麼地方？）。不知為何，這想法帶給我安心的感覺。女櫃檯小姐指出我應該要簽的位置，下面只有一小條線，但我需要也只有這麼多而已。我帶著微笑握筆簽下名字，我在這裡。

尾聲

說「我辦不到」或「我願意試試」比說「我辦得到」還容易，
所以許多人一輩子都不知道自己還有尚未利用的力量，甚至未經開發的能力。
他們沒有探索過自己的潛力，所以也不知道自己的長處在哪裡。

——**愛莉諾．羅斯福**

三十歲生日的當天早上，我醒來時發現潔西卡和克里斯雖然沒有事先說好，兩人卻分別寄了一模一樣的生日卡片給我。卡片上畫的卡通是一個穿著比基尼的女人在滑水，她頭上說話的泡泡裡寫著：「**很高興妳的生日讓所有朋友聚在一起，而且還是在一個大家都能充分了解我為什麼曬這麼黑的時節。**」克里斯在底下的空白處加了自己要說的話：「其實我穿比基尼看起來就是這樣子啦！希望妳今天過得開心，要記住：一輩子只有一次三十歲喔！親親抱抱，克里斯。」

「爬完的感想如何啊？」比爾打電話來祝我生日快樂時問。

「我想我今天早上看見了人生中第一條的魚尾紋。」我悔恨地說。

「我現在連蛋蛋都有魚尾紋了。不過妳不用擔心，這種魚尾紋要到三十三歲才會開始長啦，況且妳又沒有蛋蛋。」

我從非洲回來後的三個禮拜都在克服日常的恐懼。吉力馬札羅山感覺好像是整個克服恐懼計畫的高潮，從那之後我就很放鬆。當然，這個計畫即將結束讓我感到難過，不過也是時候了。

過去一年來，好多事情都不一樣了。我仍然繼續做著奶昔，但貝卡搬去波士頓讀醫學院了。喬許和莫妮克搬去柏克萊，正在計畫婚禮。庫柏和克里斯已經同居，正在討論結婚事宜。潔西卡交了一個男朋友，她非常開心地和他到處去自助旅行冒險。我的小妹決定要休息一下享受人生，所以先暫停游泳的練習，不過她說最後很可能還是會走回游泳這條路。以前打來告知我被裁員的舊同事羅芮娜受到我的計畫鼓舞，決心辭掉工作搬去澳洲待一年。許多事情都改變了，只有比爾沒變，他和以前一模一樣。

「對妳來說，今年還真是高潮迭起的一年啊，諾艾兒！」包柏醫生幾天前的會診時說。「愛莉諾一定會為妳的成就感到非常驕傲。」

「謝啦。」我回答，但是事實上我有點不好意思。「愛莉諾改變了世界，我只改變了自己。」我說。

他坐在椅子上往前傾。「我不認為妳需要**改變**自己，妳需要的是去**發現**自己。」

我發現，面對有形的挑戰讓我成長為有能力應付無形挑戰的人了。人生不是只有獲得，也要學會放手。一旦我不再試圖掌控自己的恐懼，恐懼就再也不能夠掌控我。回首過去，沒有任何事情和我原本想得一樣糟。事實上，結果通常都比我預期的還要好。任何事物都會消逝，快樂的時光和難過的時光同樣地短暫，所以我學到了我們應該更認真或是更輕鬆地看待每一刻。

三十歲的生日，我決定要用比較傳統的方式來過，只要開個派對就好，不要在什麼東西上盪來盪去，也不要簽署什麼「若有意外傷亡」的切結書。一開始我就說了不想大肆慶祝，今年我沒那個力氣去計畫其他的事情。不過麥特堅持三十歲是個值得好好慶祝的大日子，就租了一間酒吧，叫了一群我的朋友來幫忙計畫慶祝活動，甚至還有人傳言要播放幻燈片。

派對開始前，麥特帶我去用晚餐，我們回到公寓躺在沙發上喝了幾杯酒。我的幾隻鸚鵡在房內的另一端吵著架，憤怒喧鬧的嘎嘎聲不絕於耳。一切看起來好像和以往沒什麼不同，但其實都已改變了。

「生日快樂啊，寶貝。」他邊說邊用他的玻璃杯輕敲我的杯子。「準備好要看禮物了嗎？」

我熱切地點點頭，但其實內心很不安。麥特送禮總是不太按牌理出牌，前年他送我一座東方風格的手工風扇，還有一套迷你的陶瓷茶具組，他說我可以把迷你茶具放在鸚鵡的籠子裡當裝飾品。我已經準備好要擺出我最真誠的假笑了。

他把我的手握在他手裡，我感覺到有某個冰冷的金屬物體碰觸到肌膚。往下看向自己的手腕，是一個非常美麗的純銀手環。

「好漂亮喔！」我深吸一口氣，來回擺動手腕，欣賞著在光線下閃閃發光的手環。

「我知道妳幾乎不戴手環，但是我認為試試不一樣的東西很符合妳今年計畫的精神。」他說。「此外，耳環上面很難刻字。」我把手環從手腕上拔下來，看看刻在裡面的句子：

「你得去做你認為自己無法做到的事。」——愛莉諾．羅斯福

感動的眼淚聚集在我的眼眶裡，她說的這一句話，不像其他句那麼有名，我從來沒對他提過這句話。

「我找遍了她說過的話。」麥特說。「一開始我想刻的是『每天做一件自己害怕的事。』但是我覺得妳已經展開人生新的一頁，這一句話裡的大膽無畏會讓我想到妳。」

我眨回眼淚，帶著調皮的微笑說：「我現在膽子很大了吧？」

麥特聳聳肩。「對我來說，」他說：「妳一直都是這麼大膽啊。」

當然，麥特和包柏醫生說的都對。一直以來，我以為我是努力想要變回以前的我，但其實是成長為我本來就應該要成為的人。我覺得我就像是放鬆後慢慢變成了真正的自己。

現在我很期待自己可以擺脫掉舊思維，我知道愛莉諾也會同意我這樣做。「自我反省是有風險的。」她寫道。「有些人變得非常投入、非常著迷於自我發現的旅途，以至於再也無法回頭，從此以後完全沉浸在自我研究的過程中。」

我把手環戴回手腕上。剛過完的這一年，我的注意力都放在自己身上，幾乎都沒有陪伴麥特。「今年我只專注在自己的事情上，很抱歉冷落了你。」我曾經因為麥特的多才多藝，擔憂自己配不上他，但今年我霸佔舞台的聚光燈時，他一直都在旁邊支持我。我迎接各式各樣的挑戰時，他總是和我一起面對（嗯，大部分是開車接送），這讓我更能心存感激地去看待我們擁有的一切。

「什麼意思？能夠支持妳做妳想做的事情，我一直都很開心啊，寶貝。我們可是在同一條船上呢！」他說。

過去這一年來，我也漸漸不再覺得麥特壓過我的丰采。坦白說，這個過程讓我明白，只要自己表現得更精采，就沒有人可以搶走你的舞台。愛莉諾說的沒錯：「只要你不同意，沒有人可以讓你覺得自己不如人。」他握住我的手，親吻了我的手背。

我沉默了幾秒鐘，也許現在不是提起這件事的最佳時機，但是管他的，我還有一個恐懼得去面對。

「還記得在南塔克特島參加婚禮的那一晚嗎？」我問。「你本來要說的話是什麼？」

「什麼時候啊？」

「就是跟我們同桌的傢伙問『你們兩個何時要結婚？』的那時候。」

他皺眉皺了一會兒，回想著那晚的情景。接著他笑著說：「我是要說：『我們現在甚至都還住在不同城市耶！』首先我們得先搬到同一個城市，接著我們會同居、訂婚、然後再結婚。」

我的內心鬆了一口氣。長久以來，我都沒勇氣問出口，因為怕聽見他的答案。我怕自己還沒準備好他就想結婚；我怕他說他從來就沒想過要結婚；我怕他會躲躲閃閃不肯正面回答；我怕不管他說什麼都會破壞我們現在所擁有的美好關係。不過，現在他卻給了我最棒的回答，一切都會照計畫展開。

麥特看看公寓四周說：「我想妳的家具和我的家具應該很搭喔。」

「嗯嗯。」我發出認同的聲音。「我也這麼認為。」

「那妳現在打算幹嘛？要繼續每天克服一項恐懼嗎？」

「其實，我已經快找不到恐懼了。過去幾個禮拜我都在拚命尋找自己還有什麼恐懼。這個世界現在已經一點都不可怕了。」但是現在我明白勇氣就像肌肉一般，需要常常鍛鍊才不會鬆弛。

我說：「此外，現在我得先專心找工作！」

「意思是？」他用他的手指頭包覆著我的手，用力地擠了一下。「妳打算做什麼工作？」

「我不知道耶。」世界可是遼闊得很，光是想到有無限的可能，我就忍不住微笑。「我的意思是，我什麼都能做啊。」

一九六〇年是愛莉諾過世前兩年，她在這時回顧了自己人生路上的改變，看自己和當年那個被自我懷疑拖累的膽小女孩有多大的不同。「直到邁入中年，我才有勇氣發展自己的興趣，」她說，「雖然我已經處理過許多問題，嘗過大多數人都會背負的悲傷和寂寞，我還是不曾覺得人生無趣，也從來不覺得日子太過漫長，想做的事情有做得完的一天。我早在學會壓倒恐懼之時，就達到了『不畏懼任何人，同時願意接受任何挑戰』的境界。」

我的個性不是很硬，因此不覺得自己有天能像愛莉諾那樣無所畏懼，但她教會了我一個道理：勇氣如肌肉，需要鍛鍊。

我得花一些時間，才能徹底明瞭這一年我改變的地方有哪些。有意義的經驗就像一杯酒，需要先醒酒再打開，只有稍做沉澱再品嘗，你才能充分體會酒的香醇芬芳。說不定，我在未來還是會需要再過幾次面對恐懼的一年。將來，隨著生日一個接一個地過去，有越來越多回憶會慢慢褪色、最終會消失。但我知道自己會永遠記得我頭下腳上跳出機外時的那種驚嚇感，空氣瞬間推擠進我的肺部，整個世界衝到我眼前和我打招呼，彷彿在說：「這一年妳跑哪兒去了？」

後記

為了保護當事人隱私，我改變了某幾個朋友的名字⓫，也幫他們換了個性。本作品屬於非小說，也就是說，所有事件都是真實發生過的。我真的嚇自己嚇了三百六十五天，沒有一天作弊偷懶。我原本打算把每個挑戰都寫出來，但這樣頁數會爆量，也會讓人讀到麻木。所以囉，我只按照時間順序挑了幾個重點挑戰來寫，偶爾會壓縮、更動某些時間。

⓫作者註：想四十個人的假名真是一大挑戰，因為你一旦知道某個人叫某個名字，你就很難用其他名字來稱呼他了。（對了，我原本想幫少數幾個討厭鬼取一些糟糕的名字，例如迪克，但我忍住了。可以看得出我人格的成熟吧。）不過，潔西卡、克里斯和比爾三個人的名字和性格都沒有經過修正，他們從來就不知道什麼叫小心謹慎。

國家圖書館出版品預行編目資料

不要和鯊魚接吻，但要和勇敢一起睡覺 /
諾艾兒・漢考克著；畢非譯. -- 初版. -- 臺北市：
皇冠, 2012.04　面；公分. --
(平安叢書；第0381種) (UPWARD；038)

譯自：My Year with Eleanor
ISBN 978-957-803-818-9 (平裝)

785.28　　101003862

平安叢書第0381種
UPWARD 038

不要和鯊魚接吻，但要和勇敢一起睡覺

My Year with Eleanor

作　　者—諾艾兒・漢考克
譯　　者—畢非
發 行 人—平雲
出版發行—平安文化有限公司
台北市敦化北路120巷50號
電話◎02-27168888
郵撥帳號◎18420815號
皇冠出版社(香港)有限公司
香港上環文咸東街50號寶恒商業中心
23樓2301-3室
電話◎2529-1778　傳真◎2527-0904
美術設計—王瓊瑤
著作完成日期—2011年
初版一刷日期—2012年4月
初版十四刷日期—2018年8月
法律顧問—王惠光律師

讀者服務傳真專線◎02-27150507
電腦編號◎425038
ISBN◎978-957-803-818-9
Printed in Taiwan
本書定價◎新台幣280元/港幣93元